基督教文化研究丛书

主编 何光沪 高师宁

九编 第 **11** 册

言像之辩：基督教的图像与图像中的基督教

杨 道 圣 著

花木兰文化事业有限公司

国家图书馆出版品预行编目资料

言像之辩：基督教的图像与图像中的基督教／杨道圣 著 ——
初版 —— 新北市：花木兰文化事业有限公司，2023〔民112〕
目 2+224 面；19×26 公分
（基督教文化研究丛书 九编 第 11 册）
ISBN 978-626-344-226-9（精装）
1.CST：基督教 2.CST：宗教艺术 3.CST：图像学
4.CST：艺术史
240.8   111021870

ISBN-978-626-344-226-9

9 786263 442269

基督教文化研究丛书
九编 第十一册   ISBN：978-626-344-226-9

言像之辩：基督教的图像与图像中的基督教

作　　者 杨道圣
主　　编 何光沪、高师宁
执行主编 张　欣
企　　划 北京师范大学基督教文艺研究中心
总 编 辑 杜洁祥
副总编辑 杨嘉乐
编辑主任 许郁翎
编　　辑 张雅淋、潘玟静　美术编辑 陈逸婷
出　　版 花木兰文化事业有限公司
发 行 人 高小娟
联络地址 台湾235 新北市中和区中安街七二号十三楼
　　　　 电话：02-2923-1455／传真：02-2923-1452
网　　址 http://www.huamulan.tw 信箱 service@huamulans.com
印　　刷 普罗文化出版广告事业
初　　版 2023 年 3 月
定　　价 九编 20 册（精装）新台币 56,000 元

言像之辩：基督教的图像与图像中的基督教

杨道圣 著

作者简介

杨道圣，北京大学哲学博士，北京服装学院美术学院教授，出版著作《服装美学》（西南师范大学出版社，2003 年）、《时尚的历程》（北京大学出版社，2013 年）、《作为科学和意识形态的美学》（商务印书馆，2015 年，与人合著）。主要研究领域，西方美学，西方艺术史论，服饰文化。

提　要

　　本书主要有四个部分组成，第一、二、三总论基督教与图像艺术的关系，对于西方艺术的影响，以及基督教图像的种类；第四、五、六章主要论述中世纪的基督教艺术，修会与图像艺术的关系，宗教改革对西方艺术的影响以及《神曲》中的圣母形象；第七、八、九则是基督教图像的个案研究，分别研究基督教释经学与图像的解释，安杰利科的《圣母领报》中的图像神学，以及卢云对于伦勃朗《浪子回家》的阐释的合理性。第十、十一是对于基督教艺术史的两本经典名著的评论，第十二章是对中国天主教图像艺术的历史梳理和分析。附录两篇是有关东正教圣像的译文。虽然是多篇文章汇编而成，但都围绕基督教的言语与图像的关系，基督教对于图像的使用以及图像对于基督教的影响这些问题展开，期望能够对于基督教图像给予一个比较系统深入的分析论述。

"基督教文化研究丛书"总序

何光沪 高师宁

　　基督教产生两千年来，对西方文化以至世界文化产生了广泛深远的影响——包括政治、社会、家庭在内的人生所有方面，包括文学、史学、哲学在内的所有人文学科，包括人类学、社会学、经济学在内的所有社会科学，包括音乐、美术、建筑在内的所有艺术门类……最宽广意义上的"文化"的一切领域，概莫能外。

　　一般公认，从基督教成为国教或从加洛林文艺复兴开始，直到启蒙运动或工业革命为止，欧洲的文化是彻头彻尾、彻里彻外地基督教化的，所以它被称为"基督教文化"，正如中东、南亚和东亚的文化被分别称为"伊斯兰文化"、"印度教文化"和"儒教文化"一样——当然，这些说法细究之下也有问题，例如这些文化的兴衰期限、外来因素和内部多元性等等，或许需要重估。但是，现代学者更应注意到的是，欧洲之外所有人类的生活方式，即文化，都与基督教的传入和影响，发生了或多或少、或深或浅、或直接或间接，或片面或全面的关系或联系，甚至因它而或急或缓、或大或小、或表面或深刻地发生了转变或转型。

　　考虑到这些，现代学术的所谓"基督教文化"研究，就不会限于对"基督教化的"或"基督教性质的"文化的研究，而还要研究全世界各时期各种文化或文化形式与基督教的关系了。这当然是一个多姿多彩的、引人入胜的、万花筒似的研究领域。而且，它也必然需要多种多样的角度和多学科的方法。

　　在中国，远自唐初景教传入，便有了文辞古奥的"大秦景教流行中国碑颂并序"，以及值得研究的"敦煌景教文献"；元朝的"也里可温"问题，催生了民国初期陈垣等人的史学杰作；明末清初的耶稣会士与儒生的交往对话，带来了中西文化交流的丰硕成果；十九世纪初开始的新教传教和文化活动，更造成了中国社会、政治、文化、教育诸方面、全方位、至今不息的千古巨变……所有这些，为中国（和外国）学者进行上述意义的"基督教文化研究"提供了极其丰富、取之不竭的主题和材料。而这种研究，又必定会对中国在各方面的发展，提供重大的参考价值。

就中国大陆而言，这种研究自 1949 年基本中断，至 1980 年代开始复苏。也许因为积压愈久，爆发愈烈，封闭越久，兴致越高，所以到 1990 年代，以其学者在学术界所占比重之小，资源之匮乏、条件之艰难而言，这一研究的成长之快、成果之多、影响之大、领域之广，堪称奇迹。

然而，作为所谓条件艰难之一例，但却是关键的一例，即发表和出版不易的结果，大量的研究成果，经作者辛苦劳作完成之后，却被束之高阁，与读者不得相见。这是令作者抱恨终天、令读者扼腕叹息的事情，当然也是汉语学界以及中国和华语世界的巨大损失！再举一个意义不小的例子来说，由于出版限制而成果难见天日，一些博士研究生由于在答辩前无法满足学校要求出版的规定而毕业受阻，一些年轻教师由于同样原因而晋升无路，最后的结果是有关学术界因为这些新生力量的改行转业，后继乏人而蒙受损失！

因此，借着花木兰出版社甘为学术奉献的牺牲精神，我们现在推出这套采用多学科方法研究此一主题的"基督教文化研究丛书"，不但是要尽力把这个世界最大宗教对人类文化的巨大影响以及二者关联的方方面面呈现给读者，把中国学者在这些方面研究成果的参考价值贡献给读者，更是要尽力把世纪之交几十年中淹没无闻的学者著作，尤其是年轻世代的学者著作对汉语学术此一领域的贡献展现出来，让世人从这些被发掘出来的矿石之中，得以欣赏它们放射的多彩光辉！

2015 年 2 月 25 日
于香港道风山

目
次

导言　基督教的图像与图像中的基督教

　　历史学家更愿意或者更擅长利用和处理文本，尽管今天出现了"以图证史"的方法，甚至"形象史学"，图像基本上还是作为辅助的工具来证实文本记载的历史。艺术史家愿意并且擅长处理图像，但是把图像同其功能以及环境分离开来，单独考察其审美的风格和形式。这种倾向同样表现在基督教的历史研究和基督教艺术研究领域，基督教的神学史和教会史很少使用图像，即便有图像，也只是插图，仅具有附带的参考作用，而不具有与文字同等的价值。[1]而研究基督教图像的艺术史家大多对于教会史和神学史缺少深入研究，所以也无法看到图像中对于这些方面的特殊表达。Robin Margaret Jensen 在其《理解早期基督教艺术》一书中已经开始处理这个问题，她认为基督教图像不仅像6 世纪的格里高利教皇所理解的"穷人的圣经"，而是需要对于神学、礼仪等各方面观念的熟悉和了解才能读懂的，甚至是神学表达的一种修辞方式。[2]而我在对于基督教图像研究的过程中越来越意识到，不仅需要教会史、神学史的文本的帮助才能理解图像，而且基督教的图像可能拥有一个相对独立的表达信仰或者神学的方式。图像中表现的信仰和神学可能与文本中表达的有很大的不同。当然这是后来才意识到的。最初只不过觉得语言和图像始终构成基督

1　笔者所见比较好地利用图像的英文教会史有两种：Justol. Gonzalez, *The Story of Christianity*, Prince Press, 1984; Roland H.Bainton, *Christendom: A Short History of Christianty and Its Impact on Western Civilization*, Harper & Row Publishers,New York,1964.后一种开始对图像一些解释和使用。
2　Robin Margaret Jensen, *Understanding Early Christian Art*, Routledge, 2000, p3.

教发展过程中的一对矛盾，使用不使用图像，怎么使用图像，这会激发一些重要的神学问题，也会对于教会的发展产生重大的影响。可以说图像的问题在很大程度上塑造了基督教的形态。本书中的这些文章基本上是围绕这个问题来撰写的，故我将本书命名为"言像之辩"。

国内对于基督教图像的研究，最初是从一些艺术史的著作开始，这些艺术史更多谈论中世纪拜占庭、罗马式、哥特式三种艺术风格。我想更多了解一些，就读了 Arnold Hauser 的《艺术社会史》的中世纪部分，当时这本书还没有中译，我就把中世纪部分翻译出来，供学习，但觉 Hauser 更多谈及政治、经济的部分，关于基督教对艺术的具体影响却是语焉不详。后来读到了陈平翻译的乔治·扎内奇的《西方中世纪艺术史》，算是对于中世纪艺术有了一个比较系统的了解，但同时又引起我更深的兴趣，前面提到的三种风格都是基督教艺术，为何会有那么大的不同呢？从扎内奇的著作中看到教会对于中世纪艺术的巨大影响，东西教会的差别，东部教会内部产生的对于图像的不同态度，修院制度同罗马式艺术之间的关系，圣母像与圣母崇拜之间的关系等，觉得除了要阅读《圣经》了解基督教艺术的内容之外，还要了解教会史，教会的发展演变，教会各个教派之间的神学的不同等。后来又阅读了 Leonid Ouspensky 的《圣像神学》，对于神学中关于图像的争论有了比较清楚的认识，我也把第一章"基督教图像的起源"翻译出来，其中对于早期基督教对于图像的态度有非常清楚的论述，这里把它收在了附录之中。在这本书的引导之下，又读了大马士革的约翰，看看早期神学家赞成与反对图像的原因究竟何在，我也把其中一部分翻译出来，也放在了本书的附录中。

在这种问题的引导之下，我写了第一篇关于基督教艺术的论文《言像之辩——基督教关于图像艺术的论争》（此文曾发表于《艺术百家》2008 年第4 期，图像为新增），这也是本书的第一章，梳理了《圣经》中对于图像的态度，早期基督教，偶像毁坏运动时期以及宗教改革时期教会对于图像的争论和对于艺术的影响。这是一篇概论性质的文章，帮助掌握基督教图像艺术的关键的阶段，同时也注意到对于图像的不同观点在今天的教会依然存在，并且在影响当代艺术的发展。当然，此文也提出了另外一个角度，就是基督教不仅会影响图像艺术的发展，图像反过来也会影响甚至塑造基督教的表现形态。此后，我就比较关注基督教对于西方艺术发展的影响，这是在艺术史甚至艺术社会学中很难看见的内容。第二章"基督教与艺术史"就是对于这一问题思考的结果，其中结合本雅明和卢卡奇的观点提出，西方艺术是在宗教中孕育出来，并且在宗教的影响下发展，东方由于有具体的神学规定图像的创作形成了圣像固定的风格和特点，西方没有成型的图像神学，于是艺术就适应社会环境，发展出不同的风格。宗教衰落之后，艺术开始独立，产生了艺术的自律，成为一个专门的领域，但同时承担宗教的功能，因此18世纪开始把艺术推到很高的位置，代替了传统社会中的宗教。在对于基督教与图像艺术的关系有了一个整体把握之后，我开始考虑基督教图像艺术的类型和特征，这就是第三章"神圣的图像"，因为艺术是为宗教服务，和世俗艺术区分开来，用马里翁的观点来看是一种圣像，具有神圣的性质，主要为宗教的教导、灵修和敬拜服务，因此基督教图像艺术主要就有三种类型：叙述性图像，象征性图像和默观性图像。这三章内容都是概述性的，对于很快地了解基督教对于西方艺术发生，发展的影响以及大致的类型比较有帮助。

因为中世纪的图像艺术是基督教图像艺术发展的最重要的阶段，我对于基督教图像艺术的研究也主要专注于这个阶段，想对于几个重要的主题深入探讨。第四章"贝纳尔多与基督教艺术"是要通过对西多会的贝纳尔多的艺术观念的具体研究来分析中世纪的修会制度及其神学观念对于艺术的影响，其中也会看到不同修会如教会的不同派别一样对于图像艺术也会有不同的态度。第五章"《神曲》中的圣母形象"（此文曾发表于意大利刊物 Sacra Doctrina，发表时由于受印刷条件的限制，去掉了很重要的图像，这里重新加上）则通过但丁的《神曲》研究了中世纪的圣母形象，概括了圣母作为"救恩的发起者"，"人类的代祷者"，"美德的典范"和"天国的王后"这几种形象，圣母的文学形象和图像中的形象是一致的，甚至受后者的影响，可以看到图像确实不仅反应当时对于圣母的信仰，同时也在塑造对圣母的信仰。第五章"宗教改革与艺术的变革"（此文曾以《宗教改革与西方艺术图像志的变化》发表于《国学与西学国际学刊》2019年16期，图像是现在所加）则是深入研究改教者的神学观念以及天主教的特兰托会议对于当时北欧和南欧艺术的主题和形式带来的巨大影响，以及对于艺术独立的推进。这三章可以说是从教会史、神学史以及信仰的历史对于中世纪的艺术进行系统深入的研究。

第七、八、九章是对于基督教图像艺术的三个个案研究。第七章"基督教图像与释经学"（此文曾发表于《基督教文化学刊》2014年第2辑）通过对于一幅象征图像"生命与死亡之树"的阐释，来研究中世纪的寓意释经对于中世纪图像创作的影响，由此可以看到神学如何具体通过图像来表达的。第八章"安杰利科《圣母领报》的图像神学"则是具体研究一位虔诚的修士画家如何以一个特殊的具体场景"圣母领报"表达微妙难言的"道成肉身"的神学。其中可以看到图像在中世纪和文艺复兴时期的教会教导和民众信仰中发挥着多么重要的作用，同时也可以看到民众所信仰的和神学家的理论之间的距离，真实的信仰不是通过神学家，而是通过画家的图像表达出来的。第九章"卢云《浪子回头》中的言像之辩"分析当代的一位神学家如何借助伦勃朗的一幅画来灵修默想，讨论圣经经文（言）和绘画作品（像）之间的关系及对于观者的不同影响，研究媒介对于信仰的影响。

第十、十一章是有关基督教图像艺术研究的两本经典著作的书评。第十章"中世纪艺术传统的建构"评论艺术史家德沃夏克的《哥特式雕塑与绘画中的理想主义与现实主义》，（此文曾发表于《艺术设计研究》2017 年第 1 期）看到这本书实际上也是关注到基督教的神学观念（"唯灵论"）不但影响了象征的艺术，而且也促成了自然主义艺术的形成，这就把中世纪的写实的艺术同古典传统完全分离开来，为中世纪艺术建立了自己的评价标准。第十一章"从艺术史到图像史"，（此文曾发表于《艺术设计研究》2013 年第 1 期）通过评价汉斯·贝尔廷的《相似与在场》确定从艺术史到图像史，也即从对于艺术的风格形式的研究分析到对于艺术的社会功能的研究，中世纪的艺术在这种意义上更宜于被称作图像，图像的形式，意义都是为其功能决定，这是研究基督教艺术特别要注意的。可以说，这本著作为基督教图像的研究确立了方法。

第十二章"天主教艺术的中国化与当下化"是基督教艺术研究的再一次拓展，尝试利用从西方基督教艺术研究获得的一些经验对于中国的天主教艺术给予一个大致的分析。这一分析帮我们看到实际上基督教的地方化从基督教一开始传播就自觉不自觉地开始了，这一点从图像中可以很清楚地看出来。就如宣教士到一个地方一定会使用当地的语言，适应当地的生活方式一样，不同文化中的画家一定使用该文化中所熟悉和常见的色彩，图案，服饰，人物形象，来传递普世宗教的观念。

由此看来，基督教地方化是必然的，当然，不仅要地方化，还要适合当下的情况。今天的基督教艺术虽然各个文化都有自己的传统，但是如何创作出吸引今天民众，能够有效为教会使用的艺术，这就是当下化的问题。可以说就是基督教如何使用图像，影响图像的发生，发展和演变，反过来，图像也通过具体的物质形式的展示，更能清楚地反映出各个时代神学具体的应用，或信仰的真实情况，比起神学家的理论可能更合乎实际，比起用文字撰述的教会史更清楚更真实。在研究中世纪的图像艺术时，也能通过图像来认识了解更真实的中世纪的教会，中世纪的信仰。这就是我把副标题定为"基督教的图像与图像中的基督教"的原因。当然这个研究只是开始，偏重于基督教的图像，我期待能够收集分析各个时期的基督教图像写一本《图像中的基督教》，以图像来展现各个时期的基督教，可能会揭示一个和现在的教会史所表达的不太一样的基督教。

第一章　言、像之辩——基督宗教
关于图像艺术的论争

　　在中国的传统思想中，言不尽意，所以要立象以尽意，因此形成了一种尚象的文化。在中国的宗教艺术史中，如果要谈到毁坏雕塑、绘画这一类的艺术，真可谓令人匪夷所思。但在西方的宗教艺术史中，毁坏雕塑和绘画的运动不仅发生过，而且还不仅一次。这也是因为对于言和像之间的关系的理解而产生的。尚言和尚像并非中西文化的差异，就是在西方文化，在基督宗教里面也同样存在着这样的差异，甚至引起冲突。这种差异和冲突对于西方的艺术史产生了巨大的影响。西方艺术如果离开了基督教是无法想象的，在很长的一段历史时期中，西方的艺术可以说就是基督教的艺术，但西方艺术，尤其是造型艺术或视觉艺术同基督教的关系极其复杂，基督教对于艺术的态度究竟是怎样的呢，它与艺术之间有着天然的亲缘关系，还是相互敌对的呢？艺术对于基督教又产生了怎样的影响呢？它对于基督教的传播、教义的表达、信仰的深化能够起着完全积极的帮助吗？本文试图从言、像之间的关系来研究基督宗教与艺术之间的关系。

一、基督宗教的言、像观念

　　基督宗教的尚言的倾向是很明显的。《圣经·创世纪》一开始就是神用言或者说用话创造天地万物和人的。神的话在《圣经》中被描述为充满能力和权柄，《圣经·希伯来》四章十二节说："神的道是活泼的，有功效的，比一切两刃的剑更快，甚至魂与灵，骨节与骨髓，都能刺入、剖开，连心中的思念和主意都能辩明"。[1]而《圣经》中也非常明白地表达了对于图像的反对与禁止。摩西十诫的第二条就是"不可为自己雕刻偶像，也不可做什麼形象彷佛上天、下地，和地底下、水中的百物。不可跪拜那些像，也不可事奉他，因为我耶和华你的神是忌邪的神。恨我的，我必追讨他的罪，自父及子，直到三四代"；因为当时中东的各个民族都有拜偶像的习俗，这条诫命特别要使作为神的选民的以色列人同其他外邦的民族分别出来，保持自己的圣洁。以色列的神同其他民族的神完全不同，他是创造主、是唯一的、圣洁的、没有可见形象的神。《新约》中则指出"神是个灵"，所以不能以任何有形的受造物的形象来摹仿他，这实际上也强调了造物主和受造物之间完全没有任何的相似之处。旧约中也记载过很多因着雕刻偶像而触犯神的事情。最有名的就是在摩西到西奈山接受律法时，以色列人让摩西的哥哥亚伦制造金牛犊供他们敬拜的事情，这件事差点导致以色列人被神灭绝。尽管十诫对于偶像的禁忌表达得非常清楚，但这是否意味着绝对禁止任何图像呢？《旧约》中所记载的关于帐幕和圣殿的建造无论如何不会使人认为犹太人对于图像完全地弃绝，而且这两处敬拜场所的建造也成为基督宗教艺术创造的巨大的灵感和不竭的泉源。比如从神所传递给摩西的律法中有专门关于帐幕建造的内容就可以看到这一点。帐幕指的是在圣殿建造之前存放约柜供以色列民向神敬拜奉献的地方，其中提到，要在施恩座的两头用金子做两个连接一块的基路伯。基路伯是一种什么样的形象呢？解经家普遍认为可能类似于《以西结》书第一章所描绘的以西结在异像中所见到的那四个活物的形象：有人、狮子、牛、鹰四个脸面、四个翅膀，直腿，好像牛犊之蹄的脚掌。（这四种形象在中世纪成为圣像中四福音作者形象的象征，图1）。

---

1 本文所引《圣经》皆据中国基督教协会出版的合和本。

图1 Christ in majesty in a mandorla, surrounded by emblems of the evangelists: ivory plaques on a wooden coffret, Cologne, first half of the 13th century （Musée de Cluny）

这基路伯还被能工巧匠绣在帐幕的幔子上。另外还有祭司圣服上的以弗得，所罗门圣殿中驮着铜海的十二只牛等。这些形象不仅被神允许制造，而且还在敬拜活动中承担着重要的功能。这样看来，十诫中所禁戒的只是把这些形象当成偶像，把被造物当作神来去拜，而并不禁绝形象。可能与禁绝形象最为冲突的是摩西在旷野中遵照神的吩咐制造铜蛇，让以色列看见可以免除死亡这样一件事。当然，有一个事实还是很明显的，尽管《旧约》并没有表现出对于图像的禁绝，但正如神学家也是基督教艺术专家的屈格勒（A.Guegler）所指出的"希伯莱人从不敢越出他们平静的内心世界和情感的一步，他们的雕塑和音乐一直意义不大，相对于他们的修辞术来说只是一种附庸和装饰，因而低上一等"。这是"由于希伯莱人十分接近神圣的内心（黑暗）世界，因此，他们对幻想的出让以及符号的整个外形漠不关心，他们的艺术必定是处于发生状态"。[2]

---

[2] *Die Heilige Kunst*, Landshut 1814, 338，参见巴尔塔萨《神学美学导论》，三联书店，2002 年，119 页。

在《新约》中，无论是基督耶稣还是使徒的教导都没有提及在敬拜中运用图像或视觉形象的事情，由于早期教会多是家庭教会，甚至没有关于专门敬拜场所的建造和装饰的论述。这也为后来的新教对于图像的反对提供了根据。但在《新约》中，救赎工作中一个突出事件被描述为"道成肉身"，作为言的神现在具有了人的形象。言与像之间具有了一种神学上的相互容纳的关系，这为像在基督教神学中最起码提供了一种必要的地位。与此类似还有《旧约》中所提出的人是按照神的形象造成的这一观念。一位耶稣会士对此是这样理解的："人被创造是为了做天主的肖像。在没有什么别的天主形象可以让人去形象化或去想象天主，因为人不是被指定去做天主的肖像，而是自己成为天主的肖像。当天主的话语在某个人中产生影响时，这个人就成为天主的肖像。在这个人中天主有力的运作便成为可见的"。[3]布尔加科夫在《东正教》一书中谈及东正教圣像崇拜时也以此为据，他指出："圣像存在的前提是在人身上可以塑造神的形象，因为人按其被造之态本具有神的形象，虽然这个形象由于原罪而模糊了"。[4]如果说《圣经》中这两处的描述从神学上为像提供了合法的依据，那么还可以单纯从传达上来理解形象与语言的关系，这两者作为工具都可以同样传达神的信息，形象实际上可以被看成一种语言，当然只要是通过形象去从内心深处邀请神进入的话。12世纪法国圣丹尼斯修道院院长于格在一首诗中表达了艺术形象对于信众的象征意义：

> 无论谁来赞美这门的光辉，
> 请不要凝视它的黄金和珠玉，
> 赞美吧，那时匠人的技艺。
> 高贵的杰作永放光芒。
> 惟其放射光明，
> 它将把心灵照亮，
> 透过纯真之光，流散光明
> 基督就是通向纯真之光的真正大门。
> 黄金大门规定了接受光明的方式：
> 愚钝的心智从物质中升腾、迈向真理，

---

3 亨里克·菲佛，《基督形象的艺术神学》，中国社会科学出版社，2005年，7页。
4 C.H.布尔加科夫，《东正教》，商务印书馆，2001年，173页。

一旦见到光明，它就从沉迷中苏醒[5]。

刚才提到的那位耶稣会士指出："在《旧约》中，对于天主形象的表现，法律允许的只有语言，而不允许成像。但是由于每一个词汇都带有相应的形象，这种禁令便制造了一种张力"。对他而言"《圣经》话语被转述为形象，如同从一种语言翻译为另一种语言，比如从希伯莱语翻译为希腊语，这样便没有违背不准为神造像的禁令"。[6]布尔加科夫同样认为："主基督的地上生活事件也是可以画出的，正如这些事件可以在《福音书》中用语言描绘一样，在这个意义上，《福音书》不是别的，正是基督的语言圣像"。[7]

尽管基督教会内部不断地为这种用形象传达教义寻找各种根据，甚至建立起一种系统的基督教的艺术神学，我们可以看到对于基督教，言、像之间关系是很明白的，言具有根本的地位，而像只能在如何作为言的传达的功能上具有一定的地位。即便在艺术中，也是如此。如菲佛所说："基督教艺术传统中，语言相对于形象来说占统治地位，内容相对于形式来说占统治地位"。[8]基督宗教的历史上关于言像之间的论争不可能脱离这一根本的观点，那么争论的关键就在于像所产生的功能究竟是怎样的。

二、偶像毁坏运动中言、像关系的论争

中世纪艺术史家乔治·扎内奇指出："紧接着米兰赦令的那些年标志着真正的基督教纪念性建筑的发端，在皇帝们的庇护下，基督教胜利地公开化了。穷人的宗教现在变成了一个强大国家的官方信仰。在这一过程中，基督教的性质发生了显著的变化。牧师们获得了新的地位，礼拜仪式变得排场起来，要使之更配得上帝国的官方宗教。朴素的宅邸教堂已不能满足新的庄严的礼拜仪式的需要了，因此开始兴建起大型教堂"。[9]基督教教会开始建造各种形制的教堂作为崇拜的场所，但在如何装饰教堂的问题上，基督教内部产生了极为激烈的争论。按照贡布里希的论述"早期基督徒几乎一致同意下述观点：上帝的所在，绝对不可摆上雕像。雕像跟圣经里谴责过的那些木石偶像和异教偶像太

---

5 转引自 E.潘诺夫斯基，《视觉艺术的含义》，辽宁人民出版社，1987 年，151 页。
6 亨里克·菲佛，《基督形象的艺术神学》，中国社会科学出版社，2005 年，5 页。
7 《东正教》，173 页。
8 《基督形象的艺术神学》，17 页。
9 乔治·扎内奇，陈平译，《西方中世纪艺术史》，中国美术学院出版社，2006 年，7 页。

相像了"。但对于绘画却有不同的看法，西部教会即后来的天主教一致认同六世纪末的教皇格雷戈里（Gregorius Magnus，590-604）的观点，认为绘画不仅可以作为教堂的装饰，更是作为教化信众的手段。[10]通过将《圣经》中一些重要的人物和事件通过绘画表达出来，使得不识字的民众便于接受。在东部教会即后来的东正教，问题则朝着不同的方向发展了，本来辅助信众祈祷的图像慢慢地变成了祈祷的对象，这不仅是希腊罗马异教的影响，在人的心理倾向上也非常容易发生这样的转变。图像现在变成了圣像，成为人们崇拜的对像，到六世纪，这一现象在东部教会已经很普遍了。据说当时不仅一般民众存在着对于神像的迷信，甚至修道士也对此大肆渲染。[11]拜占庭帝国从八世纪开始，着力要废除圣像崇拜。有学者指出，对于偶像的反对在帝国的东部特别明显，"帝国东部地区出现的毁坏圣像斗争就是从追求纯粹精神的基督教信仰的影响中产生出来，拥有毁坏圣像教派的教义、古代基督教神学的异端和非基督教，如犹太教特别是伊斯兰教等多种宗教的影响"。[12]先是对穆斯林持友好态度的利奥三世下令"把所有的图像全从至圣所和圣坛上移出，放置到教会中更高的位置上"，防止人民去崇拜这些图像。当发现这仍然无法阻止人们对图像的热情，甚至激起反抗以后，干脆下令禁止"保留和利用任何宗教图像"。在利奥三世统治下，"君士坦丁堡和各省的教堂都清除了一切偶像崇拜活动；基督、圣母和圣徒的画像全被消灭，或用一层薄薄的灰浆把建筑物墙上的图像盖住"。（图 2）偶像破坏运动在他的儿子君士坦丁主持召开的宗教会议上取得了神学上的合法地位。754 年在君士坦丁堡召开会议，指责"圣像崇拜者必定要导致一性论派或聂斯脱利派异端，因为他们或者是在圣像中表现人性，这样就会像聂斯脱利派那样使基督的神、人两性分开，或者把基督的神性包含在他们的画像中，从而像一性论派那样把基督在单一人格中有所区别的两性混合起来"，[13]会议最后宣布"除了在圣餐面包等物上，一切有形的基督形象都是渎神的或异端邪说的产物；图像崇拜是对基督教的败坏，也是异教的复活；一切这类有关偶像崇拜的物件都应当打碎和涂抹掉"。[14]

---

10 贡布里希，《艺术发展史》，天津人民出版社，1991 年，73 页。
11 G.F.穆尔，《基督教简史》，商务印书馆，2000 年，141 页。
12 乔治·奥斯特洛夫斯基，《拜占庭帝国》，青海人民出版社，2006 年，135-6 页。
13 乔治·奥斯特洛夫斯基，《拜占庭帝国》，青海人民出版社，2006 年，145 页。
14 爱德华·吉本，《罗马帝国衰亡史》，商务印书馆，2004 年，下册，294-295 页。

图 2　Byzantine iconoclasm,Chludov Psalter, 9th century

　　教皇格列高里在与利奥三世的通信中曾经为图像辩护时指出：古代的偶像和基督教的图像完全不一样，"前者是假想的幻象和魔鬼，因为那时真正的上帝还不曾以任何可见的方式显露出他的真容。后者则是基督、他的母亲和他的圣徒的真实形貌，他们已通过众多的奇迹，表明这种间接崇拜是无罪的和有益的"。[15]之后大马士革的约翰专门写了《论圣像》一文，为圣像的崇拜辩护。约翰以圣经、教会对于图像崇拜的传统作为坚固的论据，强调在道成肉身之后，图像所具有的完全不同的神学意义。神的恩典可以存在于肉身之中，也可以存在于图像之中，因此对图像的敬拜同样引导人产生对神的敬虔，因此敬拜的不是圣像本身，而是圣像所描绘的神圣的人格，而且对于圣像的敬拜与对神的敬拜完全不同，由此发展出一种圣像神学，这也成为第二次尼西亚会议的重要神学资源。在艾琳皇后摄政时，于 787 年召开了第二次尼西亚会议，"下令恢复神像，对它们给与宗教上的尊敬地位，并可在神像前焚香点烛"。[16]，他

---

15 爱德华·吉本，《罗马帝国衰亡史》，商务印书馆，2004 年，下册，301 页。
16 《基督教简史》，141 页。

们的论据是："如果说大慈大悲的上帝可以决定让自己以基督的人性展现在凡人眼里"，"为什么他就不会同时也愿意把自身显现为一些可见的图像呢？我们并不是像异教徒那样崇拜图像自身，我们是通过或超越这些图像来崇拜上帝和圣徒"。[17]这次大会的决议成为后来东西教会共同遵守的原则，而偶像毁坏者则被谴责为异端。此后争执又产生，断断续续一百多年，东西教会虽然在原则上可达成一致，但逐渐发展出不同的实践。结果就是我们今天在东正教教会中所看到的，以各种绘画形式存在的圣像被接受并成为崇拜礼仪中重要的内容。西部教会一直拒绝这种圣像的崇拜，强调"敬礼"（$\delta o \upsilon \lambda \varepsilon i \alpha$、veneratio、veneration）和"崇拜"（$\lambda \alpha \tau \rho \varepsilon i \alpha$、adoratio、adoration）之间的区别，前者可用于圣徒，后者只能指向神。同时接受了雕塑作为教堂的装饰，认为它可以起到同绘画一样的功能。

由于对于这些艺术作品功能的认识不同，在东西教会影响之下发展出来的艺术也表现出巨大的差别。东部教会把圣像看作是对彼岸世界的见证，是对神的洞见和感知，强调其像征意义而非其具体形象的意义，所以东部教会的圣像"不容许画面上有肉感，圣像画只具有形式性、抽像性和轮廓性。圣像所表现的不是脸面，而是面容"。圣像画不仅同西方的写实绘画完全不同，而且与印象主义也不一样，"它更接近具有明晰形式和固定的色彩的美观。……没有三维，没有深度，……只满足带有背景的平面图，这就在圣像中消除了肉感，使其以具有象征性的形式和色彩为主"。[18]（图3）西部教会强调艺术作品能唤起人的记忆，提供对象的知识，所以使得欧洲发展出了极具现实感的油画和雕塑。以至于东正教据此流传着这样一种说法："圣像是平面的，偶像是立体的"。[19]但是，无论教会如何教导，以当时那些信众的心理，能否将圣像与其象征的意义，将提供知识的媒介和知识本身区别开来，这是颇为让人怀疑的。

---

17 《艺术发展史》，75页。

18 《东正教》，177页。

19 关于偶像破坏运动的史料，本文参考了http://www.newadvent.org/cathen/index.html 网站的天主教百科全书 Veneration of Images 和 Iconoclasm 辞条

图3　The oldest surviving panel icon of Christ Pantocrator , encaustic on panel, c. 6th century, Saint Catherine's Monastery, Mount Sinai

　　约翰·赫伊津哈指出："中世纪的精神仍是极易朴素和易受影响的，它渴望使每一个概念都具体化。每一种思想都寻求以形象来表达自身，但在这个形象里它固定下来而变得死板起来。由于这种以可见形式表达思想的形象，所有的宗教观念时刻都面临着僵化成为单纯的形式主义的危险。因为思想一旦有了一个明确的形象化的形式就会丧失它的精微、模糊的特性，而且虔诚的情感也易于消失在这个形象中"。[20]也就是说，这些艺术作品都有失去其所指向的以外的意义，而获得独立的价值的危险。对于基督教而言，这些绘画和雕塑作品就不再是圣像而变成偶像了。观念和思想的接受现在转变为一种情绪上的发泄和感官上的满足了。这从那些艺术家创作的自由也可窥见一斑，卡斯特尔在对文艺复兴时期的艺术家研究时指出，那时"并没有一个关于艺术的明确的理论，即使在教会的经典中也是如此，并没关于形象的神学，如在拜占庭那样，没有基本的法规，只有传统和习惯"。[21]因此艺术家在怎样画的时候，

20 约翰·赫伊津哈，《中世纪的衰落》，中国美术学院出版社，1997年，159页。
21 欧金尼根主编，《文艺复兴时期的人》，三联书店，2003年，256页。

具有非常大的自由，他们的作品在很大程度上就称为其"天赋"的表现，那些作品的拥有者都在为拥有这些杰出的作品而自豪，民众们到底去怎么看待这些作品就可想而知了。文艺复兴时期艺术家们获得的名气和地位都在表明宗教艺术正在走向世俗化的道路上。

关于圣像的论争并没有由此消失，在宗教改革中再一次出现，而各方提出的论据与前一次如出一辙。慈运理根据《圣经》中禁止偶像崇拜的戒律指出："教堂里被瞻仰的画像都是神像，所以必须予以禁止，即使是悬挂上帝画像，也是对第一条戒律的违背，因为它会马上取代上帝被人敬奉"。[22]加尔文在其《基督教原理》中也提出禁止挂画像，不仅在教堂里，基督徒都不能拥有或制作这些画像。所以伴随宗教改革运动再次掀起了一场毁坏偶像运动，过去天主教教堂里的装饰被清除，新建的新教教堂也不再使用这些艺术的装饰，所以"在慈运理教派和加尔文教派统治的城市里，艺术品的制造处于停顿的状态"。（图4）以后在这些地区发展出一种"新教话语文化和阅读文化"，其中的诗歌和文学往往比较发达。[23]天主教对此也作出了积极的应对，在1563年的特兰托宗教会议（1545-1563）专门为圣像一事制定了法规，肯定圣像崇拜，"强调圣像的教育意义，同时强调必须消除其中的弊端"。[24]这次会议引发了一场反宗教改革运动，反宗教改革运动的神学观点允许敬拜时采取感官和感知的形式，从而推动了强调感官感受的巴洛克艺术的产生，并使得整个17世纪成为巴洛克文化繁盛的世纪。这两次关于圣像的论争对于西方的艺术史而言无论多么强调都不过分，使得教会为西方视觉艺术的发展不仅提供了神学思想上的支持，并且成为艺术的发源地、庇护所，成为艺术精神上和物质上的支柱。但艺术的发展也很快超出了教会为其所规定的范围，巴洛克艺术确实吸引了很多的民众归向天主教，甚至吸引了许多新教的改宗者。但这种将神圣性因素通过感性化的方式进行普及的做法很容易使其蜕变为世俗化的东西，它也迅速成为人们追求感官满足的对像。从艺术史的发展上看，巴洛克艺术更为引人注目的并非是其对于宗教情感的引发，而在其诉诸感官的纷繁的装饰。

22 彼得·克劳斯·哈特曼《神圣罗马帝国文化史》，东方出版社，2005年，89页。
23 《神圣罗马帝国文化史》，180页。
24 《神圣罗马帝国文化史》，92页。

图 4　 Print of the destruction in the Church of Our Lady in Antwerp, the signature event of the Beeldenstorm, August 20, 1566, by Frans Hogenberg

　　一般的观点会根据上述的情况得出这样一个简单的结论：新教与艺术是敌对的。事实上，新教内部对于教堂可否运用绘画、雕塑装饰的问题上意见不一，比如马丁·路德派并没有发生像加尔文教派那样大规模的圣像毁坏，据哈特曼的说法"路德教派只是在个别地区毁坏圣像，在大多数地区，人们仍然让教堂内保留圣坛、十字架和圣徒雕像"。[25]而且即便是加尔文教派也并不是敌视艺术。在这方面，加尔文传记作者茜亚·凡赫尔斯玛做了详尽的论述。她给出的一些事实充分表明加尔文和加尔文主义对于艺术的重视，她得出的结论是"加尔文主义视艺术为圣灵所赐的礼物，作为我们今生的安慰，使我们透过这个充满罪的今生能看到一个更丰盛更荣耀的背景。站在这个一度曾是美好奇妙的被造世界的废墟上，艺术对于加尔文主义来说，既指出了那原始蓝图依稀可辨的轮廓，又指向那位超然艺术家、建筑大师有一天将要重新修复、比当初创世之时更美的新天地"。[26]因此她指出，加尔文主义并没有反对艺术，反对的是教会对于艺术的误用和限制，而加尔文主义则使信仰脱离这这种象征的低级阶段，进入到更高的属灵水平；同时就使得艺术脱离了教会的监护和限制，获得了独立发展的自由。[27]

25　《神圣罗马帝国文化史》265 页。

26　茜亚·凡赫尔斯玛，《加尔文传》华夏出版社，2006 年，341 页。

27　《加尔文传》，346 页。

三、宗教与图像艺术

我们可以看到，基督宗教中关于图像的论争实际上就是对言和像之间的关系的论争：到底像的使用是有助于言的传达，还是阻碍了言的传达？基督宗教对于艺术的利用是否达到了自己的目的呢？从历史上看，宗教对于艺术的利用往往适得其反，这是由于宗教本身的精神性的特质所决定的，利用感性的形象传达出来的宗教同时也限制了宗教自身的含义。黑格尔把宗教分为自然宗教、艺术宗教和天启宗教，我们可以看到早期的宗教以及宗教的低级阶段确确实实需要利用艺术形象帮助人们释放灵性，摆脱那些多愁善感的因素，而一旦这一目的达到，宗教要上升到更高的阶段，必须摆脱感性形象，而沉浸到纯粹的灵性之中。黑格尔把艺术放在绝对精神最低级的阶段也是由于这个原因。从另一方面看，艺术为宗教所利用，在宗教的所提供的氛围中得以成长，而一旦成长起来，它就会摆脱宗教的束缚而走向独立。很多理论家特别强调资本主义经济体系的建立是艺术自律的根本原因，也有人认为是宗教世界观的瓦解促成了科学、道德与艺术的独立。但事实上，艺术与宗教的结合中就酝酿着艺术从宗教中独立出来的力量，艺术的独立发生在宗教社会的内部而非之外。而在宗教达到成熟的阶段之后，不再依赖艺术，同时也就放弃了对于艺术的限制，艺术就完全从宗教中独立出来。但由于艺术最初与宗教的关系，又被赋予了一个特殊的地位。它成为人们所放弃的宗教的精神意义的世俗性的表达，或者称为彼岸世界的世俗化。艺术本身成为宗教的代替物，成为现实中被压制的不能得以实现的理想的表达，或者可以说成为了一种世俗性的宗教。这也可以让我们看到，如果宗教继续依赖艺术，必然会破坏自身的意义。

基督教之所以采用图像艺术目的是为刺激大众的参与，参与到宗教的敬拜中，培养信众对于教义的理解，对于神的虔敬。而大众的参与的方式则可能与刺激的目的相左，大众可能会陷入到对于感性的形象本身的敬拜。在巴罗克的艺术中表现得尤其明显，随处可见的感性的宗教形象可能会培养一种对于形象的依赖，离开这些形象，就不能够思想神，不能够向神祷告了，从而将精神性的宗教感性化了；更糟糕的是陷入到对于感性对象的纯感官的享受了。宗教利用艺术的目的与人们接受的目的产生了错位，形成了艺术的世俗化。正如屈格勒所说的，"尽管一切艺术，乃至各个民族的最高艺术都是宗教艺术，亦即都想传达神圣经验，它们或多或少还是成了神圣之流的'障碍'，成了'一汪死水'，甚至成了'混浊的泥潭'、'糜烂和腐臭之作'"。[28]在这里可能会有人说，这是形象的使用目的与形象的实际接受之间存在着无法避免的距离的问题，这问题即使是语言本身也存在。麦克卢汉的"媒介即信息"虽然过于强调了媒介的作用，但我们也不得不承认，信息本身有其特定性质，这决定着与其相适合的特定的媒介。言和像作为两种媒介，它们的功能有着本质的差别，宗教即便能够利用图像，也要限制在一定的程度。对于基督宗教来说，还需要考虑的问题是，能否使用图像的问题究竟是一个神学问题，还是一个在具体的文化情境中的实践问题。今天是一个读图时代，这会诱使很多的领域将信息转变为图像，或者借助于图像来去传递，基督宗教当然也面临着这样的问题。在为艺术史提供了无数的宝藏之后，基督宗教是不是在当代的图像艺术即影像艺术中还能如此呢？这是我们需要继续思考的问题。

---

28 *Die Heilige Kunst*, Landshut 1814,34，38/9,参见巴尔塔萨《神学美学导论》，三联书店，2002 年，115 页。

第二章 基督教与艺术史

对西方艺术起着关键性影响的有两种宗教：希腊宗教，基督教。很多人都知道西方文化的两种渊源是两希文明，即希腊和希伯来文明，但我们比较少的关注希腊文明的宗教性。黑格尔认为西方艺术的发展首先是受希腊的影响，希腊宗教的影响，艺术宗教的概念就是从黑格尔这里形成的，以后很多人运用了艺术宗教这个词，但是含义已经不同。因为希腊的艺术首先表现的是宗教的精神，反过来宗教又以艺术的形式表现出来。这是因为希腊宗教的创造者是诗人和艺术家。最主要的是荷马的《荷马史诗》和赫西俄德的《神谱》两部著作。希腊神话不是由专门的神学家提供的，而是由艺术家提供的。黑格尔说："古希腊艺术就是希腊人想象神和认识真理的最高形式，所以诗人和艺术家们对于希腊人来说，就是他们的神的创造者，这就是说，艺术家们替希腊民族建立了关于神的事迹、生活和影响的明确观念，因此也就是替他们建立了明确的宗教内容"。[1]它有自己的特点：神人同形同性；其次，希腊宗教的表现形式是艺术，希腊的宗教是通过形象的形式表现出来的，黑格尔称其为古典型艺术。中世纪的基督教艺术被黑格尔称作浪漫型艺术，但其中宗教和艺术之间的关系与古典型艺术完全不一样。

一、基督教对于艺术的接纳和孕育

基督教和艺术之间有着复杂的关系，不仅仅很多艺术的题材是宗教，而更主要的是基督教对西方艺术的形式、概念、功能以及最后脱离此功能变成一个

---

1 黑格尔著，朱光潜译，《美学》，商务印书馆，1996年，一卷，130页。

独立的领域也就是艺术的自律起到了非常重要的作用。旧约摩西五经中摩西十诫的第一条就是不可制造耶和华的像，禁止制造神的像，禁止偶像崇拜。这一条成了利用艺术最大的障碍。人们对此也产生了争论，有人认为我们可以制造图像，只要我们不对图像进行崇拜就可以了。而神学上的道成肉身为我们找到了绘制图像的神学依据。在圣经中，人犯了罪之后，上帝道成肉身来拯救人类。上帝化身为人，成为人能够看得到、摸得着的耶稣基督。我们不能崇拜我们制造的图像，图像在这里承载的只是教化的功能。格里高利教皇写信指出，图像并非用来敬拜的，图像对不识字的人来说就相当于圣经对于识字的人。这里就确认了图像的教化功能。总的看来，我们为制作图像找到了两个充分的依据。一是神学上的依据：道成肉身；另一是功能上的依据：教化信众，特别是不识字的信众，特别需要图像作为帮助。

如果重要的是实现教化的目的，图像本身并不重要，那么只要能达到目的，什么样的风格、形式、文化环境中产生的都应该是可以的。这一点产生了艺术可以在基督教内部得以发展各种形式的可能。佛教是无像不离教，佛教经典中对佛像也有严格的规定，32 种像，80 种好。佛教艺术几乎不可能离开佛教而独立发展。1054 年基督教分裂为天主教和东正教。东正教艺术风格从拜占庭风格继承而来，形成了严密的圣像神学，几千年来图像风格没有大的改变，形成了关于基督圣母圣徒颜色风格的固定模式，艺术没有自由发展的可能。天主教内部，艺术则呈现出各式各样的风格和形式，因为艺术可以运用各种各样的手段来达到教化的目的。教会从来没有把某一种艺术风格看成是一直固定不变的，而是就各民族的特性和环境，就各派的需要采纳了各时代的作风。所以说艺术可以在天主教教会内部自由地发展。

当艺术还在基督教体系内的时候，艺术已经开始追求其自身的逻辑，追求自身的风格和形式。基督教一开始形成了拜占庭风格，8 世纪时在西部产生变化，教会内部产生了不同的风格。罗马式艺术，哥特式艺术，巴洛克式艺术，都是由教会以特定形式赞助而产生的艺术风格。罗马式艺术是一种修道院的艺术，当时各个修道院建立在荒僻的地方，为了防备强盗的劫掠，要建立高大坚固的墙体，因此墙体很厚重，窗户小，内部看起来比较昏暗。（图 1）哥特式艺术是建立在城市里面，大多是城市的主教教堂，决定了它形式高大，注重装饰，窗户非常多，又明亮。（图 2）而巴洛克式艺术是耶稣会提倡产生所形成的艺术形式，强调打动人心，所以特别注重动态化的形式，戏剧性的效果。（图 3）

单纯看这些艺术形式的演化，好像开始形成了艺术自身变化的规律。

图 1　The monastery of San Vittore alle Chiuse, Genga, Italy, 1011

图 2　Notre-Dame de Paris, 1163-1260

图 3　Facade of the Church of the Gesù Rome（consecrated 1584）

　　基督教使用艺术为自己服务，但是只是把艺术作为手段，艺术本身并不是目的。因此会使艺术和各种教义结合在一起，以至于形成各种不同风格的艺术。基督教和艺术的关系特别复杂，这点不同于希腊。纯粹形成宗教的艺术虽然感性的形式不一样，但是引发的情感是一样的，是敬虔的情感。所以黑格尔论述，古希腊的艺术是古典的艺术，基督教的艺术是浪漫型艺术，因为在基督教中最重要的是传递基督教的精神引发敬虔的情感，精神的因素远远超越感性的因素，感性形式只是手段，而希腊艺术中精神因素和感性因素要达到完全和谐。

　　所以研究西方艺术的演变过程不能不去了解基督教，基督教和艺术之间不像希腊艺术和希腊宗教之间单一的关系，而是非常复杂的关系。其次，艺术形式随着各个时代发展变化，所以在基督教内部可以产生艺术自身发展的一个规律，给了艺术一定的自由性。假设基督教没有这样一个观念，那西方的艺术又是一种怎样的情况？也许就像东正教艺术和佛教艺术，那就完全不同了。

二、基督教与艺术自律的形成

很多人认为，艺术到文艺复兴时期，就开始慢慢地走向自律，因为绘画开始从神圣性向世俗性转变，题材、结构形式、风格都表现出和以往不同的特点。所以文艺复兴时期好像是艺术自身开始呈现独自发展规律的时候。在这里，我想提出一点，基督教和艺术之间的关系并不是像人们想象的那么简单。文艺复兴时期，艺术之所以会呈现那样一种面貌，也是由于基督教的影响。我们借助乔托这位艺术家来看，乔托之前拜占庭艺术是基督教艺术主要的风格。乔托风格转变最明显的是在阿西西的圣弗兰西斯教堂绘制的 28 幅壁画，他风格的形成和这些壁画有很大的关系。乔托绘制这些壁画是受方济各修会的委托。一开始修会是逃离世俗的社会，他们在沙漠和旷野之中自己修行，但是到了 13 世纪，开始在城市里面建立修会，这和刚开始的修会变得不一样了，刚开始的修会是为了自己的修行，到了 13 世纪之后，在城市里修建的修会是为了向大众传播福音。当时形成两个影响较大的修会，方济各修会（弗兰西斯会）和多明我修会（道明会）。方济各修会由圣方济各（Saint Francis of Assisi，1181-1226）创建，主要向下层民众传福音。多明我会由圣多明我（Saint Dominic，1170-1221）创建，更强调讲道和使异端皈依。方济各会有个倾向，对自然有特殊的热爱，方济各不只是向人传道，还像各种动物传道，通过自然来体现造物主的伟大和全能。艺术史家陶德（Henry Thode）说，方济各修会从根本上改变了艺术的观念，之前艺术是象征性的，传统的，以模仿的清晰为目标，之后，艺术作品需要唤起对于一个能够辨认出来的世界真实的、甚至是个人的经验和感受。[2]这种观念也传给乔托，因为修会是乔托的赞助人。乔托开始把眼光从神圣的理想化的人物形象转移到现实中的人物。瓦萨利曾经在《名人传》中评价乔托是"大自然的出色模仿者"。[3]乔托笔下已经不再完全是理想化的人物，而是开始像现实中的人物了。瓦萨利评价在乔托的笔下人物第一次得到稳固的站立。从目光、神情、头的姿势都开始了很大的变化。从他开始，绘画中的人物更像现实中的人物。（图 4）我们可以从中看到，教会对绘画的形式发展产生了巨大的影响，而不单纯是艺术自身的规律所致，所以我们在研究艺术和

2　参见 Louise Bourdua and Anne Dunlop edited, *Art and the Augustinian Order in Early Renaissance Italy*, Ashgate, 2004, p4.

3　Giorgio Vasari, *The Lives of the Artists*, Tr.by Julia Bondanella and Peter Bondanella, Oxford University Press, 1991, p15.

艺术家时要考察教会的影响。

图 4　One of the Legend of St. Francis frescoes at Assisi

　　艺术开始脱离宗教，走向自身发展的道路，这也是宗教自身影响的结果。宗教改革导致的艺术世俗化的结果。基督教对艺术既想运用又害怕偶像崇拜的矛盾态度是一直存在的。宗教改革时期出现了对艺术的另外一种态度，加尔文所形成的新教的观念，为了反对天主教（体制、神职人员的腐败）和天主教的组织形式，甚至连其观念也不接受，并把其中一些不重要的因素都推翻了，比如圣礼体系。天主教的教堂主要用于做弥撒，这对于教堂装饰的形式有很大影响。（图 5）对于新教来说圣餐只是一种象征性的礼仪，重要的是对教义的传授。新教着重的是讲道而不是仪式，所以新教教堂中最重要的地方不是圣坛，而是讲解圣经的讲台，教堂的装饰变得无关紧要。

图5　High altar of St. Michael's Church, Munich

　　新教为了反对天主教甚至把教堂里的人物绘画、雕塑等装饰都看成是偶像，将其毁弃。中世纪由于民众的水平参差不齐，有些人把耶稣、圣母的图像当成神自身来敬拜的行为，都成为新教反对用绘画、雕塑等图像装饰的借口，尤其是立体的雕塑，更容易让人误以为是真实的形象。所以新教产生了和8-10世纪的拜占庭同样的对艺术的反对，即圣像毁坏运动，把教堂的壁画刮掉、把

雕塑、祭坛画毁掉。(类似于我们文革时代的破四旧，每个民族都有出自不同的观念对艺术的毁坏，观念会影响他们对艺术的看法。[4]) 宗教改革运动造成了新教教区里面对传统的绘画、壁画、雕塑等被毁掉。造成的第二个结果是，艺术家失去了教会的赞助的依靠，只好去寻找自己的出路，开始为市民阶层、商人、贵族等制作艺术，宗教性因素慢慢失去。开始创造艺术供个人使用，慢慢开始出现不同于教会所赞助的各种艺术形制。到 17 世纪南方地区，意大利、法国、西班牙等宗教艺术还是最主要的形式，但在宗教改革的北方，德国、荷兰等地，这些艺术家开始创造一些真正世俗的艺术，世俗人物肖像画、民众所喜欢的风景画、描绘他们日常生活场景的静物画，如荷兰小画派就与宗教的改革有密切的关系。因为宗教改革使得教会不再成为艺术的赞助人，所以，第一使得艺术家寻求世俗的赞助人；第二宗教改革对于艺术的题材提出了很多的限制甚至禁止。艺术家只好去探索世俗性的内容如何表达，表达新题材时需要新的创作技巧和新风格，使艺术自身不得不往前推进，这才产生了艺术独立发展的规律，才形成艺术开始真正从宗教脱离出来走向世俗化。所以艺术的世俗化并非艺术自身的意愿，乃是因为基督教内部的体制、宗派发生变化的结果导致了艺术的世俗化。因此我们看到后来的肖像画不再是基督、圣母、圣徒，而是现实中的名人。比如人文主义学者伊拉斯谟，霍尔拜因为其所画肖像画，不再是一位圣徒的形象，而是一位学者的形象，不再表现他的敬虔，而是表现他的职业。(图 6) 表现下层民众的绘画如布鲁盖尔的《盲人的寓言》，即便是日常生活中的场景也具有寓意寓言的形式，后来潘诺夫斯基指出荷兰的绘画里面存在着"隐蔽的象征主义"，看似日常生活中的描写，实际上也表达一定的宗教寓意，但是用人们非常熟悉的场景，画中瞎子带领瞎子，带头的跌倒在坑里。《圣经》中的一句话"瞎子领瞎子"意思是说，不知道的人带领别人，只会把别人陷入欺骗之中。(图 7) 维米尔的《多尔夫特的风景》开始描绘日常生活的绘画。所以在 16-17 世纪，艺术的世俗化首先是从北欧开始，艺术与宗教之间的关系逐渐脱离，但是并不能最终说艺术已经完全自律，因为在南方，法国、意大利、西班牙这些地方宗教对艺术还是有很强的约束和限制。那么艺术真正的自律何时出现的呢？

---

4 详见彼得·伯克，《图像证史》第 4 章，北京大学出版社，2008 年。

图 6　Holbein, Hans the Younger, Erasmus, 1523, Oil on wood, 43×33
cm,Musée du Louvre, Paris

图 7　Pieter Bruegel 's 1568 satirical painting The Blind Leading the Blind

三、艺术对于宗教的代替

基督教会的衰落与艺术的自律，宗教改革导致了部分地区艺术家寻找新的赞助人，导致了艺术去寻求新的内容和新的题材来表现，并且发展出新的风格，开始出现艺术的世俗化。但是在西方艺术真正形成的自律、真正产生独立的领域，并不是在北方特别出现的，这是在整个欧洲的基督教会衰落之后艺术才走上了自律的发展，才形成了一个独立的领域。

我们知道 18 世纪，启蒙运动攻击当时封建专制，攻击教会对人们思想的限制。像伏尔泰、卢梭、狄德罗等人开始对基督教会猛烈地攻击，本来像宗教改革一样攻击教会的机构、机制和产生的腐败现象，但最终启蒙运动发展成为对于整个基督教的攻击，后来马克思从启蒙主义者得出"宗教是人民的鸦片"这一影响深远的观念。启蒙运动引发了从法国大革命开始的欧洲一系列的资产阶级革命，这在现实中产生了两个重要的结果，第一取消了等级制；第二使得政教分离（对西方文化产生的最严重的影响）。教会不仅不能再通过政府产生各种各样的影响，而且教会的资产被没收，教堂被征用，教会的阶层和政权脱离开，不再和世俗权力发生关系，甚至导致很多神父被剥夺职业。这对于当时的基督教，特别是天主教产生了巨大影响，教会的机制受到重创，使得他们再也没有能力成为艺术主要的赞助人，影响到艺术家无法寻求教会的庇护来创作基督教的艺术。基督教在整个欧洲的衰落表现在两个方面，第一教义的影响不再普遍，基督教更多的被否定；第二教会的组织结构受到重创，仅仅被限制在非常狭窄的规模和领域里，只能是对人的信仰产生影响，教会不再可能再对艺术产生巨大影响。

基督教衰落，艺术从基督教里面完全的脱离，艺术开始走向独立发展的道路。艺术家不再按照订货的形式创造艺术，而是把艺术作品创作出来拿到市场上出售，艺术家开始独立出来、艺术作品开始独立出来，那么艺术作品的评价标准也开始独立出来，艺术成为独立发展的领域。这也并不能说明艺术能够上升到非常高的地位，并不能说明人们接受艺术具有很大影响力。在传统的世界中科学、哲学、艺术等都是宗教的婢女，当宗教的世界观不再成为主导，那么各个领域科学、哲学、艺术都开始独立出来。这些领域中，唯独艺术被赋予非常崇高的地位，艺术对整个整个民众产生了巨大的影响。

为什么在 18 世纪艺术具有非常崇高的地位，不仅从宗教中独立，而且成为人类精神生活的一种引导呢？西方马克思主义者卢卡契写过一本著作《审美特性》，谈到最早的艺术在宗教内部蕴育形成的，在宗教内部蕴育的艺术，被宗教赋予了两种特性，第一艺术非常容易引发人们的情感；第二艺术被赋予一种超越的世界，宗教有彼岸的世界，艺术以感性的形式表达了一个彼岸的世界，或者说超越了经验之外的一个世界，是一个理想的世界。这两个功能是其他的领域很难达到的。艺术激发的情感是对超越的、理想世界的一种渴望，这种情感给人们提供超越现实世界的一种途径。以前的信仰和宗教是人们达到理想世界的途径，但基督教衰落，不能承担激发情感，引发人们去超越、追求理想世界的这种功能，社会也因此产生了诸多问题。资本主义迅速发展，将人的欲望完全激发出来，人们沉溺于现实的生活，满足感性的欲望。尽管各国都建立了法律规章制度，人们受到制约，但无法在内心里面达到一种和谐的状况。康德、席勒、黑格尔等很多人都意识到这些问题，席勒非常明确的提出：人的感性和理性脱节了，脱节的结果使得上层腐败堕落，下层粗野败坏。如何使人恢复到和谐的状态？席勒就提出这样一种观点，通过审美教育，将人的理性和感性恢复到一起，成为一个和谐的人，也就是通过艺术。因此艺术就被赋予非常崇高的功能，被推到如黑格尔所说同哲学、宗教等同的地位。为什么艺术能够达到如此的地位？这是因为艺术在宗教里蕴育，因而具有激发情感、让人们达至理想世界的功能，宗教衰落需要艺术代替宗教的功能。在 18 世纪人们又重新产生了一种观念，艺术宗教。希腊的艺术宗教是宗教以艺术和美的形式表现出来，但在 18 世纪所说的艺术宗教完全是另一种含义，以艺术来代替宗教，艺术承担了过去宗教在社会中所承担的功能。在 20 世纪初，中国蔡元培提出：美育代宗教，也是从席勒那得到的。人们对艺术有如此高的期待，以为艺术可以承担宗教的功能。那么艺术的价值就被人们推崇，艺术就不再成为宗教和政治的手段，艺术本身就可以实现人们的精神目的。所以很多人推出极端的结论：人的最高形式是审美形式、一个人如果成了审美的人，就成为和谐的人。这就对艺术赋予了非常崇高的目的。这样艺术就走上了自由发展的道路，我们来评判艺术的时候不再依它的功能，而是依他自身的价值来评判，那么 18 世纪艺术自身的价值是什么？

　　这就是艺术自律的形成，就是美学形成的背景，当宗教衰落之后艺术需要有自身价值的评判标准，人们就以美作为评价标准，之前彼此相联系的三种价值真、善、美就分离开，但人们相信艺术在宗教中蕴育可以承担这种功能。艺术的发展并非像我们所想象的有一个完全独立的发展道路。艺术是从 18 世纪才完全走向独立发展的道路，它之所以如此，乃是因为与宗教之间的关系。西方马克思主义思想家本雅明的《可技术复制时代的艺术作品》一文指出，艺术最开始的功能是一种膜拜的价值，到后来艺术功能开始转变，从神圣性向世俗性过渡的过程中产生，从膜拜的价值转向展览价值，开始仅仅供人们观看和欣赏，这个时候艺术的标准开始从神圣转向美。我的基本观点是：艺术的独立并不是自身发展所形成的结果，而是在基督教内部蕴育逐渐形成的结果，结果的形成是基督教的教义的影响。教义本身如何看待艺术？是宗教能够和艺术完全结合在一起，艺术本身就能够承担宗教的功能？还是说艺术只是达到目的的手段，这两种观念会产生不同的结果。在基督教内部没有形成自己的艺术的神学，而东正教和佛教都形成了各自艺术的神学，如果形成神学，感性的形式就不再有独立发展的自由。西部基督教没有形成艺术的神学，在基督教内部所产生的艺术形式非常容易走向世俗化的道路。

四、结论：基督教视野下的艺术史

基督教的组织结构对艺术的发展产生了巨大的影响。以前的研究是艺术形式风格的研究，也就是艺术自身发展的规律，哥特式、巴洛克式、古典主义、浪漫主义等。如果从艺术社会学的角度来研究，某一种艺术形式风格的形成可能并非是艺术自身发展的结果，而是某一具体的社会机构和机制产生的影响。在基督教里面是基督教的教会机制对艺术风格形式产生的具体的变化和影响，比如修会制度教派之间产生的不同和争论，对艺术的风格，甚至具体的、细微的变化都产生影响。比如法国艺术史家阿拉斯在《绘画史事》中提及，透视法的产生，以及最终选择单焦透视的运用，就是与当时佛罗伦萨的艺术赞助者相关：美弟奇家族为反对其政敌斯特罗奇家族，连其所支持的"国际哥特风格"（图 8）也一起反对，先择了与这一风格不同的采用透视法的"托斯卡纳风格"，（图 9）因此才使透视法在文艺复兴的佛洛伦萨大行其道。[5]基督教的各个教派对艺术产生的影响也同样是如此。基督教某一个教会的机构、体制、某些观点和方法，可能会对艺术的细节变化产生影响。所以我得出一个结论：之所以艺术史家这么说形式风格，是因为对背景不了解，只好就说艺术自身的变化。其实变化有很多的原因，都需要从社会学方面对历史背景研究考察得

---

5 达尼埃尔·阿拉斯著，孙凯译，董强校，《绘画史事》，北京大学出版社，2007 年，30-32 页。

到。教会自身的历史和艺术的历史不能分裂开，研究艺术史应该研究基督教教会的历史。读教会演变史可能让我们对艺术史的发展演变有着更为清晰的认识。从以上的论述我得出的结论是：西方艺术的发展也就是西方基督教发展的一个伴随物，并不是自律的发展。

艺术的研究有两种，研究艺术形式风格变化的内部的研究，研究外部因素变化的影响是外部研究。我转向了对艺术发展外部影响的研究。艺术并不存在固定不变的概念，艺术的概念随着功能发生变化，我更倾向说功能决定艺术的定义，随着功能的变化而艺术的定义发生变化，比如基督教内部感性形式承担的功能，教化的功能或是敬拜的功能，就可能会产生不同的艺术概念，产生艺术的形式和风格的不同。中世纪基督教功能有三个方面，一是教化的功能，更多的采用叙事的形式，乔托对于基督的生平，对于圣方济各的生平的描绘，用一幅幅的连续图画的形式展现；第二是象征的形式，比如拜占庭的圣母像不仅仅是表现人，圣母姿态的含义与教会的象征及教会的基督论之间有密切关系；第三作为崇拜的对象，在东正教里，图像不是神，但神借着图像与人同在，所以图像本身就具有了神圣的味道。（图10）

图 8　Gentile da Fabriano 's Adoration of the Magi（1423–5）Tempera on wood, 300×282cm.

图 9　Fra Angelico and Filippo Lippi, Adoration of the Magi, mid-15th century

图 10　Our Lady of Vladimir, 12th century, Tretyakov Gallery

对图像三种不同的看法, 可以形成三中不同的概念: 第一, 艺术就是叙事, 看图说话; 第二, 艺术是一种象征形式, 后来的许多艺术流派的发展就是希腊的艺术观念和基督教的艺术观念相互作用的结果, 对于前者来说表现形式比较单一, 古典主义的艺术形式、文艺复兴时期的古典主义、17 世纪新古典主义、后来的现实主义都是希腊艺术形式的一种演变, 其它的巴洛克、洛可可、后来的浪漫主义等都是基督教的艺术观念产生的影响。这里是为了说明象征形式使得图像本身具有了很多值得人们去解释的内容, 本身蕴含着很多神秘的因素。所以在对中世纪和文艺复兴艺术解释的时候, 人们甚至会利用对圣经的解释, 去解释图像的表面的意义、隐含的意义, 道德的意义进行几种层次的划分。比如刚才所说的拜占庭圣母像, 表面的含义就是圣母子, 隐含的含义就是教会是基督的身体, 如果不了解神学的教义, 艺术的形式就看不懂。在文艺复兴时的很多作品中都具有丰富的象征含义。第三, 艺术形象就是一种神圣的形式, 它本身包含了神圣的意义, 所以艺术本身值得人们尊重。在基督教的艺术概念里至少包含了这三种概念, 在后来的艺术发展中, 不同的时代有不同的观念被使用, 所以艺术的风格、功能和概念, 这些重要的艺术的因素都是在基督教内部产生、形成和发展起来的, 然后被世俗的艺术所使用。如果说艺术的发展史就是基督教历史发展的附属物的话, 我们从这个角度来分析是合理的。

这只是我的一家之言, 我从基督教这个角度来研究艺术, 会不自觉的强调基督教对艺术发展的重要性, 而不是从艺术自身, 或者从政治、经济方面去描述。这方面当然存在其有限性, 但也给大家提供一个比较值得深思, 可以启发艺术史从不同角度探讨的一种可能, 欢迎大家批评指正。[6]

---

6 本文据在中国传媒大学博士班的演讲稿修改而成。感谢张莹、崔金霞两位同学的记录。

第三章　神圣的图像[1]

　　我对中世纪图像的兴趣是从一本书开始的，大约十多年前，我在北京服装学院开了一门课，叫"欧洲文化要义"，主要讲欧洲文化的历史和特征。这时我读到了一本书，也非常愿意推荐给大家，就是法国的历史学家基佐所写的《欧洲文明史》，也是这本书引起了我对中世纪的兴趣。这本书中表达了一个非常重要的观点，他说在西方有三种文化源流，古典文化（指的是古希腊罗马文化）、基督教文化和蛮族文化。所谓蛮族文化就是指日耳曼民族的文化。这三种文化是在中世纪的时候才融汇在一起，也就是说真正的欧洲文化是在中世纪才形成的。在此之前，它们分别存在于三个不同的地方，到了中世纪才真正的融合，形成我们今天所称的西方文化。这让我觉得中世纪真的是个非常重要的时期，于是我开始对中世纪的艺术，尤其是图像艺术，进行研究。

　　中世纪是一个读图时代，我们常常说今天是一个"读图时代"，但实际上，中世纪也是一个名副其实的"读图时代"。在那个时期，真正能够阅读圣经的人非常少。教皇格里高利曾经说过，图像是不识字者的圣经。中世纪的读图和今天读图的区别在于，虽然说今天我们识字，但是我们不喜欢读文字，而选择了读图。而在当时，因为不识字，所以只能选择图像。但当时图像的内容并不容易掌握，当中有什么含义？应该怎么样去读？中世纪图像的功能和含义到底是什么？我发现中世纪的很多图像，在如今都摆放在博物馆和艺术馆等场馆当中，但是在中世纪时期，这些所谓的艺术作品，都存在于教堂、城堡中，也就是说它们存在于它们本应存在的地方。换句话说，图像就是为了存在

1　本文据在中国人民大学演讲稿修改而成，谢谢王子、王岚二位的记录。

于这些地方而创作出来的。而今天却将这些图像，从本来属于它们的地方剥离出来。所以这些图像失去了生命，成为了我们今天所说的艺术品。这些作品是为了我们的审美欣赏而创作吗？事实上并非如此。所以，今天我想跟大家一起来探讨，这类图像的功能到底是什么？由这种功能，来给这些图像进行分类。我这里所讲的图像主要是基督教图像，中世纪也有一些世俗的图像，但今天我们在这里不讨论。

这类图像我给了它一个名字叫——神圣的图像。最近有翻译过来的一本书叫——《神圣的艺术》（Sacred Art），是德国著名的艺术史家罗尔夫·托曼（Rolf Toman）的著作，（他带领编辑写作的三本研究中世纪基督教艺术的著作也都已经翻译过来，分别是《罗马式风格》，《哥特式风格》和《巴洛克式风格》）他根据自己的研究，给予了基督教艺术一个非常适合的名字。我就是借用的这个名字，但我并不认为是神圣的艺术，而应该是神圣的图像。图像与艺术之间的区别，正如我刚才所讲到的，图像存在着各种功能，而不仅仅是审美，图像在它最开始产生的时候并不是艺术。

我这里特别讲到的是观看图像的两种方式：一种是观者作为主体，图像作为客体。图像就在那儿，而它的意义等着观看的人去解释，所以我们是主体。所谓主体就是我们具有主动性，可以对存在的事物赋予意义。但这种观看会存在很多问题，因为我们是观看的主体，可以随意地去解释图像，图像就会变成马里翁（Jean-Luc Marion）所说的"偶像"。第二种是观者作为主体，而图像也作为主体。我们观看图像的时候，图像并不是被动的客体，等待我们去赋予意义。图像好像也具有主体性，可以跟我们进行对话。图像的意义不是来自于我们所赋予它的，而是来自于我们与它之间展开的对话，是两个主体之间的交流。这种对话使我们不仅仅局限于图像可见到的。我们能"由这可见者，而引向不可见者"，这是马利翁的《可见者的交错》当中提到的，可见者之可见性是由不可见者引发的。这种图像可以引起你产生对自身的一种真实的认识，而前者的观看态度可能会引起你对于自身的一种虚假的认识。所以在这个意义上，前者面对的图像，称之为"偶像"。就是当你在看的时候，对自己产生一种虚假的认识。而第二种观看态度，马利翁称为"圣像"，就是让你产生一种对自己真实的认识。虚假的认识会让你认识不到自己的有限、短暂和缺憾，好像从这种图像里面获得了一种极大的满足，让你觉得这种满足是一种永恒。而在第二种观看中则不是如此，会让你认识到你作为一个观者是一个有限的存在。这个图像会引导你追求一个无限者、完满者。并不是说所有宗教的图像，都会成为圣像，具有神圣意义的图像，而是决定于观看者和图像之间是否能展开一种交流和对话，并且让这个观者有一种敞开的心灵和态度，意识到自己的有限、短暂和不完满，引起你对于一种完满和无限的追求，在这种情况下才会成为神圣的图像。St. Bonaventure（1221-74）就提出过三种图像，外在的物质性的图像、内在的精神性的图像和灵魂中的超越的图像[2]。其中内在的精神图像，就是当对它进行解释的时候，要运用自己的理智，会产生一些精神性的意义。这种超越外在的物质性，进入内在的真实性已经是比较高的层次了，但他还提出了第三种图像。将你的心灵通过可见之物，引向一个超越者，让你看到自己是有限的。第三种图像就是我这里所称的神圣的图像。由这两种观看方式所引起的三种类型的图像，依据它们的功能区分为不同的类型：一是叙述性图像；二是象征性图像；三是默观的图像。

一、叙述性图像

叙述性图像的特点是以教导为目的叙述圣经、次经和伪经或圣徒传中的事件。这种图像是一种对文字的代替，不光让人们看到画的是什么，并且还教导人们应该怎么做，通过故事传达神学的真理。这幅 15 世纪林堡兄弟的作品就是典型的叙述性图像。（图 1）这里的图像和我们之后所接触到的艺术性图像有很大的不同。

在绘画当中，核心人物一般只出现一次，但是在这幅图像当中，亚当出现了三次，夏娃出现了四次。画家用这一图像叙述了一个发生在伊甸园当中完整的故事。从蛇引诱夏娃，夏娃不但吃了，还将善恶树的果子也给了亚当，亚当也吃了，他们就堕落了。他们没有听从神的命令，受到神的惩罚，然后天使将他们逐出伊甸园。这与神学当中的"堕落"有密切的关系。让观者借着这个故事了解到人是如何堕落的，了解到关于原罪的概念。吃这个果子是对上帝命令的违背，堕落就是指人类不再遵从、顺服那个在上者的命令。这个情节后来成为绘画当中反复表现的情节。

---

2 圣波纳文图拉著，溥林译，《中世纪的心灵之旅》，华夏出版社，2003 年，126 页。

图 1　The Garden of Eden from the Très Riches Heures du Duc de Berry by the Limbourg Brothers, 1410s

　　马萨乔（Masaccio）的作品当中，将它分成不同的场景来表现，但仍然是一个叙述性的图像。我们可以观察到人物的神态，出乐园时多了堕落之后的羞耻，失去了平安和喜乐，带来了败坏，图像依然在传达神学的思想。米开朗基罗所绘的天顶画同样也是叙述性图像。这里值得注意的是，左右两边的两个夏娃不同的表现。右边被驱逐的夏娃，比左边的看起来更加丑陋。因为罪会使人变得丑陋和衰老。（图 2）在叙述图像中，一个人物在一幅画面中反复出现，这一方式也被后来许多文艺复兴画家所接受。马萨乔的《纳税钱》，（图 3）中心人物是耶稣，但有个人物也反复出现了三次，那就是圣彼得。

图 2　Masaccio,Expulsion from the Garden of Eden,Part of Brancacci
　　　Chapel fresco 1426-1428

图 3　The Tribute Money, fresco in the Brancacci Chapel in Santa Maria
　　　del Carmine, Florence

后来波提切利（Botticelli），也采用了这样的叙述方式。这幅作品描绘的是《出埃及记》中的场景，摩西带以色利人出埃及，来到了上帝的应许之地。（图 4）摩西也在画面中多次出现，这也是典型的叙述性图像。但也有相应的神学含义，"出埃及"在神学思想中意味着获得救赎。这些图像创造出来，并不是为了人们的审美欣赏，而是为了教导的目的，让人们了解圣经的内容，并且要告诉你关于神学的真理。所以它不仅要引导你去解释这个作品，而是引导你与作品之间产生对话和交流，让你去思考那个超越的意义是什么。在这个层面上，这些图像都是神圣的图像，而不只是审美的图像。

图 4　Botticelli, Youth of Moses, Sistine Chapel.1481-2

下面这幅是 17 世纪伦勃朗描绘的《圣经》路加福音 15: 11 当中浪子回头的故事。（图 5）这幅作品非常有名，主要是因为一位天主教作家卢云的一本书《浪子回头——一个归家的故事》的阐释。这幅作品中，父亲抱住自己"失而复得"小儿子，而大儿子并不高兴，认为自己一直与父亲同在，却并未受到如此的待遇。这是耶稣对犹太人上层人士说的话，用来比喻这些人天天在神的面前，却没有一颗爱神的心，反而是那些悔改了的罪人更接近于上帝。这幅画也与卢云自身的经历有相似之处，因而在亲眼所见之时，能够与之产生对话，觉得这幅画在邀请他进入其中。一般表现这一题材的作品，将浪子放在画面的中心，而这幅作品的中心却是父亲，虽经受了痛苦，却仍满有怜悯，盼望儿子的回归。父亲双手拥抱儿子，左手指弯曲分开，有力而坚定，代表着父亲之手；而右手温柔充满慈爱，代表着母亲之手。同时兼具了父亲的坚定，母亲的慈爱

来拥抱这个儿子。这是一种伟大的人间少见的父亲的形象。卢云就与这幅画之间产生了一种交流，借着可见的画面，好像有一道不可见之光，透露到他的心里，让他看见自己内心的缺憾。

图 5　Rembrandt, Return of the Prodigal Son, c. 1668, oil on canvas, 262×205cm, The State Hermitage Museum, Saint Petersburg

二、象征性图像

象征性图像和叙述性图像在作为神圣的图像时，具有同样的功能。但象征性图像比叙述性图像，更难解读。在不了解其象征的情况下，很难看懂这些图像。它的创作和欣赏，都和当时对于圣经的解释相关的。在中世纪有一种对于圣经的解释叫做寓意释经学。一段圣经，具有字面的意思，但还有其他的寓意，这个寓意包括三个方面：第一是预言意义；第二是道德意义，第三是类比意义。图像也是如此。例如这幅 15 世纪的作品（图 6）

图 6 *Tree of Death and LifeBerthold Furtmeyer*, 1481, Miniature
Munich, Bayerische Staatsbibliothek

　　我们看似熟悉，但仔细观察会发现出现了之前此类题材所没有出现的事物。在旧约当中第一个亚当犯了罪，而在新约当中，却因着第二个亚当——耶稣，获得救赎。夏娃的悖逆，让人类陷入罪中，却也因着圣母的顺服，诞生了人类的救赎。这里显然将圣母玛利亚与夏娃进行类比。这里所要表达的是两条道路：一条是人类陷入罪中，将会带来死亡；而在另一边圣母将代表生命之粮的圣饼，分给众人带来了生命。通过这样一套象征体系来传递生命胜过死亡的含义。引发观者的思考，自己将要选择一条什么样的道路？是因着悖逆而导向

死亡，还是应该因着顺从而获得生命。下面这幅作品表现的是《圣母领报》的场景，（图7）其中也充满着象征意义。在神学思想中有一个非常重要的概念，就是道成肉身。神化身为人，圣灵感孕，让玛利亚怀孕生下耶稣。法国的艺术史家阿拉斯（Daniel Arasse），曾在《绘画史事》一书中详细解释过这幅画中的含义。上方的鸽子象征着圣灵。天使向玛利亚说话，圣母来回应天使的这句话中，说"情愿照你的话成就在我身上"。"成就"这个词被廊柱挡住，而廊柱在拉丁语中，也是对于基督的象征。也就是说在天使向玛利亚报告的过程当中，耶稣就已经降临。画面中封闭的花园，也是圣母的象征。用这一系列复杂的形象来象征基督的道成肉身。

图7　Fra Angelico, Annunciation, 1433-34, Tempera on wood, 150×180 cm，Museo Diocesano, Cortona

而救赎是另一个很重要的神学概念，亚当犯了罪，上帝让耶稣死在了十字架上来救赎人类。耶稣看似很柔弱地被钉在了十字架上，是一个被动的牺牲品形象。而十字架下的骷髅代表着死亡，圣经中说十字架上的耶稣胜过了罪，因此也胜过了死亡。脚下的骷髅就表现着他已经战胜了死亡，耶稣在这里不仅是一个受难者的形象，而是一个胜利者，表达了救赎。（图8）

图 8 Charonton, Enguerrand Missal of Jean des Martins c. 1465 Manuscript
　　　（Ms. nouv. acqu. lat. 2661），366×276 mm　　Bibliothèque Nationale,
　　　Paris

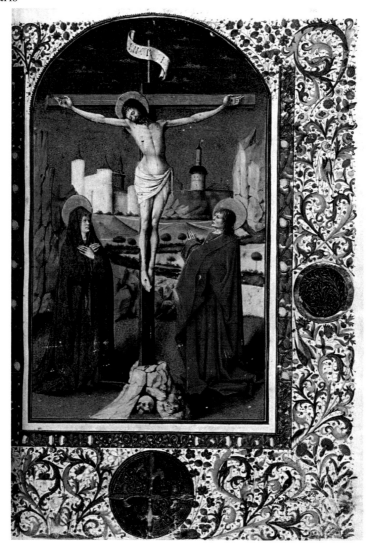

三、默观的图像

　　第三类是默观的图像。前面所讲的都是西部教会的图像，而东正教的图像我们将之称之为圣象，它是一种灵修的引导。与前者有所区别，它不仅使人沉思，而且作为一种敬拜的对象。圣像的创作首先不是随意而为，必须要依据一定的传统、标准和神学。圣象的特点，就是眼睛很大，直视前方。比如基督就表现为一个万主之主的王者形象，而西方基督的形象主要是受难的基督，所以教堂里基督主要的形象是十字架上的基督。在默观时，看到的是耶稣的神性借由图像表现出来，好像在与你对视，是一种神圣的相遇，而不是作为艺术供你欣赏。下面这幅画本来画的是亚柏拉罕所招待的三位天使，但象征着圣三位一体。（图 9）可以从衣服的颜色来分辨，红色象征着受难和流血，蓝色象征着高贵的身份，在祝福着圣餐的是基督的形象。身穿绿色外衣的是生命的象征，象征着圣灵。三位彼此相互致意，形成一种流动的关系，似乎也在邀请着我们加入其中。而圣母像当中圣母的目光既注视着我们也注视着圣子，圣子也是如此。像这样的圣像都是在引领我们，在与它进行交流。（图 10）借着现有可见的图像，去与不可见者相遇，不是获得欲望的满足，而是让我们面对真实的自我，这就是神圣的图像。

图 9　Andrei Rublev, 1411 or 1425-27, Tempera，142cm×114cm
　　　（56in×45in），Tretyakov Gallery, Moscow

图 10 Our Lady of Vladimir, tempera on panel, 104 by 69 centimetres
（41 in×27 in）, painted about 1131 in Constantinople

问: 我发现在观察这种图像的时候，就联系到您上课所讲的爱与激情的问题，现在的图像，比如说广告也好，是否可以理解为一种激情，让人们接受信息。而这种图像（神圣的图像），包括以往一些画家所画的图像，把它理解成为一种永恒的范式，可以这么理解吗？

答: 前面这部分我比较同意。但是对于艺术家的作品，我还是持保留态度。因为艺术家更多的是表达自我，不是所有的艺术作品都能具有一种敞开性，通过可见者显明一种不可见者，通过图像让你去认识到自己的有限、不完满。这不是艺术所能够达到的。当我们把一幅图像限定为艺术作品时，并不是增加了它的意义，反而有可能是减少了它的意义。那么哪些图像能够提供这种功能呢？比如说我讲的这些图像，它们不能简单地等同于艺术作品，因为它们创作出来并不是为了审美欣赏的目的。

问：您在谈到这个图像的时候，尤其是叙述性图像，您说到图像里面，让观者与图像进行交流，交流的过程中发现不可见的更深层的含义。我的问题是，您的这种观看图像的方式，和我们平常所说的阅读文本的方式在某方面很类似，您觉得读图和读文到底有什么本质的区别吗？

答：我关注的一个问题的核心就是"言"与"像"之间的关系。我认为文学里面也应该是如此，应该有一类文学，不是说你去阐释它。我认为在文本里面也该有一种神圣文本，和神圣的图像一样，它和邀请你与它之间产生一种对话。在我的课堂上我有讲到希伯来诗歌和中国诗歌的区别，比如说诗篇第八篇，人一看到自然就意识到自己的渺小，但很快的因着自己的有限，引领着他去和一种无限相遇，去思考与无限之间的关系，建立一种联系。而在中国诗歌当中，例如陈子昂的《登幽州台歌》，人感受到自然的伟大和人的渺小，但并没有一个无限和永恒的存在，人没有办法得到，所以更多的是无尽的感伤。

问：您主要探讨的是，神圣画像让人们进入到与不可见者相遇并对话的境界。那么中国绘画到底有没有这样一种超越的能力呢？我之前读到一位法国的汉学家朱利安所著的《山水之间》。其中所探讨的就是西方的风景画和中国山水画之间的区别，您之前在课上提到的两种观看的方式，他也是这样区分的，他认为西方的风景画大多将风景作为一个客体来对待，建立在主体的一个严格的透视法的基础上，从主体去描摹万物。主客体是有一个明确对立的分别的。但中国的山水更讲究的是一个交流和对话的关系，它要求人们进入到画里面与自然一起呼吸，一起进入到一个更神圣的境界。这一点是否很有意思，是否并不是只有在神圣的图像当中有神圣的效果，在中国的传统绘画当中也会有神圣的效果呢？

答：我并没有读过这本书。但是我会去想，他这样说的一个出发点是什么？人们一般讲西方的主客二分，而中国是主客交融。中国画不讲求透视法和光学效果的作用，所以不会给人一种威压。让人在其中可观可赏，很自由的，产生一种对话。如果是这样的情境下，这种对话与我所说的对话并不是同一个概念。我不是很清楚他是从科学的西方的思维方式来讲，还是从一个对神圣者的渴求来讲的。

问：刚才您也提到，中国山水画当中风景比较大，人比较小，这样能够体现人的一种局限性。但我有相反的观点，因为在西方的绘画当中也存在这样的情况，我认为这于感受人的局限性并没有太多的联系。我认为这可以解释为风景画技术发展到一定程度必然会出现的一个结果。

答：这的确是值得提醒的一点，从风景画出现开始出现，人物就开始变得越来越小，这是风景画主题的一个发展。一开始作为人物活动的背景，比如《蒙娜丽莎》当中的风景，之后发展为风景越来越大，而人物成为风景的陪衬和点缀，这是西方风景画发展的一个轨迹。从这一点来说，人物的大小是否有这样的联系，的确有待商榷，我同意你的观点。

第四章　贝纳尔多与基督教艺术

修会与艺术之间的关系目前是基督教艺术史研究的一个热点。修会在艺术史中的重要性是随着修会的改革而产生的。10 世纪的修会改革以克吕尼修会（Cluniac）为代表，强调恢复圣本笃（St. Benedict）制定的《圣本笃会规》（The Rule of St. Benedict）的基本精神，摆脱世俗贵族包括主教对修道院的支配和影响。但是修会改革增加了修会在社会上的影响力，吸引了更多世俗奉献。修道院得到了大量土地、金钱甚至政治地位，不自觉地陷入世俗化之中。[1]到了 12 世纪，这些以恢复《圣本笃会规》精神为己任的传统修会陷入极大的危机，拥有大量的财富，在政治上具有巨大的影响，礼仪形式繁复奢华，生活也慢慢变得舒适甚至奢侈，这又导致一些追寻真正修会精神的新的修会产生。在这新一批的修会之中，最有名的当数在贝纳尔多领导下的西多会（Cistercians）。[2]10 世纪时为改革派的克吕尼修会在 12 世纪变为了传统派，与新改革派西多会之间矛盾重重。12 世纪对于艺术的不同要求和观念也表现在这西多会和克吕尼修会的领导人即贝纳尔多与于格（Abbot Suger，1081-1151）之间。[3]于格一直被当作哥特艺术的重要赞助人甚至哥特

1　克吕尼修会的主要改革也可归纳为这几项：给修道院的土地均作为无条件奉献；修道院院长由修士选举产生；修道院院长不对当地主教负责，直接对教皇负责。参见毕尔麦尔：《中世纪教会史》，雷立柏译，北京：宗教文化出版社，2010 年，第 115-118 页。

2　对于修会的发展产生的繁荣和坚守与世俗隔离理想之间的矛盾的论述，参见 Conrad Rudolph, "Introduction," in The *"Things of Greater Importance": Bernard of Clairvaux's "Apologia" and the Medieval Attitude Toward Art*, Philadelphia: University of Pennsylvania Press, 1990, 3-16

3　目前的研究表明，贝纳尔多针对的可能是尊者彼得（Peter the Venerable, 1092-1156）的反应，而不是于格。尊者彼得当时是克吕尼修会更有影响的领导者。参 C. H.

教堂的创建者[4]。贝纳尔多反对于格的观点，一直被认为是艺术的反对者，或者是过于强调艺术宗教功能的禁欲主义者。贝纳尔多反对于格的文献《给威廉院长的辩护》（An Apologia for Abbot William）中有一段文字常常在脱离上下文以及论争背景来阐释，造成学界对贝纳尔多艺术史地位的诸多误解，本文希望回溯这封信的背景并重新阐释其中关键段落，从贝纳尔多同基督教艺术的关系来重新定位贝纳尔多在艺术史上的地位。

一、贝纳尔多对于修会与艺术关系的理解

在本质上，"西多会与克吕尼修会之争"是讨论修会如何尊崇《圣本笃会规》。[5]西多会强调严格守贫，与世俗保持距离，修士要参与体力劳动；而克吕尼修会因财富增加，越发强调礼仪形式，引发了贝纳尔多的批评。正如研究者所指出的，贝纳尔多不是批评克吕尼修会的生活方式，而是批评他们没有活出他们自己所坚持的修道生活的理想。这些涉及到吃、穿、住、用和体力劳动，当然更重要的是敬拜礼仪的形式和采用的物质。我们一定要看到，对于贝纳尔多多来说，不是基督教不能用奢侈的物质形式，是修士不能用。因为修士和世俗的教士不一样，他们有特别的使命，要遵守《圣本笃会规》，要效法基督的贫穷，守神贫，守贞洁，谦卑顺服。贝纳尔多对于艺术的批评是从修会的角度，而不是从基督教教会的角度，所以他的批评和早期的偶像毁坏者、宗教改革时期的加尔文等人有本质的不同。为说明这一点，我们需要全面呈现艺术史经常引用的《给威廉院长的辩护》第28节的内容，将之作为理解第29节的必要前提：

"但这些都是小事，我现在要讨论那些因为更普遍而显得似乎更小，但其实是更大的事。我要略过祷告场所巨大的高度，不合适的长度，多余的宽度，昂贵的装饰，费力的表达。这些表达只会扰乱那些处身其中祷告者的注意力，妨碍他们的灵修。对我而言，它们在某种程度上表达了犹太人古时的仪式。但如果要这么做，这些东西也都当为荣耀神而作。

然而，作为一位修士，我向修士们提出外邦人经常批评其他外邦人的问题，"告诉我，祭司啊"，他说："在圣所中金子有什么

Lawrence, *Medieval Monasticism Forms of Religious Life in Western Europe in the Middle Ages* ,London: Routledge, 2015, 184-185.

4　Abbot Suger, *Abbot Suger on the Abbey Church of St. Denis and Its Art Treasures* , ed. & trans. Erwin Panofsky ,Princeton: Princeton University Press, 1979, 1.

5　C. H. Lawrence, *Medieval Monasticism Forms of Religious Life in Western Europe in the Middle Ages* , London: Routledge, 2015.186-188.

用？"因为主教有他们的责任，而修士有另外的责任。我们知道因为主教既负责智慧人，又负责愚顽人，他们用物质的装饰激发肉欲之人的敬虔，因为这些人没法用精神之物来帮助。但我们远离了那些愚人，我们是为了基督弃绝世上宝贵和美丽事物的人，我们视那些闪耀美丽、听起来舒适、闻起来愉悦、吃起来可口、摸起来怡人——简而言之，所有物质上的享乐——的万事如粪土，为了赢得基督。我要问，对于基督的敬拜，需要靠这些事物引发吗？我们要从这些事物获得好处吗：愚人的好奇或者无知者的奉献？或者既然我们与外邦人混杂，就接受他们的方式甚至服侍他们的偶像吗？但我要坦诚地说：难道不是贪婪，也即拜偶像的行为引起的这些事吗？难道我们只求好处，不求本分吗？如果你问："以何种方式？"我说："以一种奇妙的方式。"钱以一种可以增值的技巧种下去，它被花出去是为了产生更多。原因是，看到这些昂贵而又奇妙的虚幻之物会激发人们更愿意奉献而不是祷告。如此，财富就来自于财富，金钱就吸引金钱。我不知道还有什么别的规则，看见越多的财富，就会越愿意奉献。眼睛看见被黄金覆盖的遗骨，就会愿意打开钱包。特别美丽的男女圣徒的图像被展示出来，人们认为圣徒的图像色彩越鲜艳，圣徒就越神圣。他们冲过去亲吻图像，被邀请奉献，与神圣相比，他们更崇拜美。教堂里镶着宝石的，不是王冠，而是在烛光之中的轮子，但镶嵌的宝石也同样闪闪发光。我们看到的不是烛台，而是所谓的"树"，它是用技艺高超的大量青铜设计出来的，不是透过烛光而是透过宝石闪闪发光。你认为在这些东西中要得到什么？是忏悔者的忏悔，还是观看者的惊奇？虚空的虚空啊，没有比愚蠢更虚空的了。教堂的墙壁闪闪发光，而其中的穷人却一无所有。它以黄金装饰石头，却任其孩童衣不蔽体。它满足富人的眼目，却牺牲穷人为代价。好奇的人在其中取乐，穷乏的人却得不到帮助。为何我们对践踏在脚下的路面露出的圣徒图像一点都不尊重呢？人们经常把唾沫吐在天使的脸上，圣人的脸常被过往行人的脚跟踩踏。如果我们不能避免使圣徒像被破坏，为何不能至少避免不要让美丽的色彩受破坏呢？你为何要描画必然要遭践踏的东西呢？这些优美的形式既然常被污垢损坏，又有什么益处呢？最后，这些东西对穷

人、属灵的人有何用处呢？除非在此诗人的话被先知的话推翻："主
啊，我喜爱你殿的华美和你荣耀的居所。"我同意，让我们容忍在
教堂里看到的这些东西，因为尽管这些对于浅薄贪婪的人是有害的，
对于单纯和敬虔之人并不如此"。[6]

贝纳尔多所说小事即指前面提及以克吕尼修会为首的传统修会违反《圣
本笃会规》对于吃穿住用等的规定，大事按鲁道夫·康纳德（Conrad Rudolph）
的说法即指艺术，或者他所说的"过度的艺术"（Excessive art）。但仔细阅读
这一段话会发现贝纳尔多认为克吕尼修会把这些当作获取财富的工具，这完
全违反了修道的精神，违反了《圣本笃会规》的精神，不是让修士专注于灵修，
而是扰乱他们的心神，败坏他们的灵性，这才是更大的事。鲁道夫·康纳德分
别从修道院的投资，从礼仪的艺术，从把奢侈等同于圣洁三个方面认为在当时
的背景下，修道院制作这些艺术的目的是为吸引更多的捐献。[7]因此贝纳尔多
不是反对艺术，而是反对修会对于艺术的滥用。

其次，贝纳尔多并非认为教会不可以使用这些所谓过度或奢侈的艺术，而
是要考虑将这些运用于敬拜礼仪的时候所针对的对象是哪些人。主教们在教
堂里是可以使用那些奢侈或过度的形式，因为那些愚顽之人，也就是世俗之
人，他们在敬拜之中依赖于具体的物质形式，可以通过这些物质的形式吸引他
们，帮助他们由物质的华美进而去发现上帝的荣耀，在这一点上，他和于格之
间的差别并不像潘诺夫斯基（Erwin Panofsky）所认为的那么大。但在修道院
里，完全由修士参与的礼仪形式，则是另外一回事。修士们已经是在精神方面
准备好了弃绝外在的物质形式，完全从内在沉思默想，进到上帝的面前。在礼
仪上利用这些奢华的物质形式不仅无益于修士的灵修，而且完全是对于他们
灵修的扰乱、阻碍和破坏。所以对于修道院的修士而言，巨大的教堂是不需要
的，各种雕刻是不需要的，复杂奢侈的彩绘本和玻璃窗是不需要的。贝纳尔多
认为"除了木制的耶稣受难像外，展出任何人物画或人物雕像都是不可容忍
的，宝石、珍珠、黄金和丝绸也都在禁止之列，祭服必须是用亚麻或粗斜纹布
做的，枝形烛台和香炉必须是铁制的；只有圣餐杯可以是银制品或镀金制

6　Bernard of Clairvaux, "From An Apologia for Abbot William," in *The Cistercian World: Monastic Writings of the Twelfth Century*, trans. & ed. by Pauline Matarasso, London: Penguin, 1993, p171-175.

7　Conard Rudolf, *The "Things of Greater Importance": Bernard of Clairvaux's "Apologia" and the Medieval Attitude Toward Art*, Philadelphia: University of Pennsylvania Press, 1990, 279-283.

品"。于是一些对于西多会建筑装饰的规定被制定出来："规定手稿必须是单色，没有图像；玻璃窗是白色的，十字架和图像在教堂中被禁止。抽象符号作为默想的帮助一直被承认，而在贝纳尔多的影响下，在西多会中被普遍接受。几何形状与交错形式，有时伴随简单有效的设计，成为西多会艺术的明显标志。西多会的教堂多以这些装饰的枕梁，纯灰色画的玻璃而闻名"。[8]

这就是说，修会必须要有与其精神相适应的艺术，不是所有的艺术形式都可以应用于修道院的装饰设计，适合于装饰修士祷告的环境。在贝纳尔多多影响之下，形成了一种更具修会精神的西多会的艺术。

二、贝纳尔多对于基督教艺术的理解

有不少学者引用贝纳尔多的传记表明他似乎专注于内心，而对于外在世界简直是视而不见：

> 贝纳尔多这位神的仆人，一旦进入修会，就全神贯注于精神生活，几乎不使用感官。他在见习修士室生活了一年，却没注意到那里有一个带穹顶的天花板。他常出入修道院的教堂，教堂的半圆室有三个窗子，他却认为只有一个。[9]

据说贝纳尔多沿日内瓦湖走了好几天，竟然没有对那湖看上一眼。在明谷，他长期生活在极度的贫困之中，以榉树叶为食，吃饭只是为了不晕倒，而非为享受。他把睡觉比为死亡，就如睡着的人在人眼中如死人，死人在神眼中如睡着的人。他能很好地控制对食物的渴求，甚至到了不辨其味的地步。比如他误喝了油而不知觉，直到感觉嘴的油滑；他错把血当成蜜来用。他只能尝出水的味道，因为水可以使两颊和嗓子觉得凉。穿衣也以破衣烂衫为满足，而不以此引人注意。[10]但现在研究贝纳尔多的学者都认识到了，他并非不能够欣赏美，包括物质的美。有学者指出，如果研究贝纳尔多的书信、比喻、圣经注释以及文章中所表达的对于艺术、美及奢华的态度，可以得到更为全面和客观的看法。比如这段描写从未见过的耶路撒冷圣殿的文字：

> 确实，用不朽的金银，精雕细刻的石头，精美的木头所装饰的

8　James France, *The Cistercians in Medieval Art*, Kalamazoo: Cistercian Publications, 1988,VIII.

9　James France, *The Cistercians in Medieval Art*, Kalamazoo: Cistercian Publications, 1988,VIII.

10　Jacobus de Voragine, *The Golden Legend*, Princeton: Princeton University Press, 1993, 509-510.

第一圣殿极其华美，但用于装饰目前这座圣殿的美与高贵的魅力却是使用者敬虔的热情和训练有素的行为。对于前者，你可以想到各类鲜艳的色彩；对于后者，你却会尊崇其各样的美德与懿行。实际上，圣洁是上帝殿堂最合适的装饰。在其中，你更喜悦的是高尚的行为而非闪光的石头，更会为纯洁的心灵而非镀金的面板所吸引。当然，圣殿的外观有装饰，是武器而非珠宝，在殿墙周围悬挂盾牌代替了古代的金冠。殿内以马鞍、马嚼、长矛代替了烛台、香炉和壶。[11]

潘诺夫斯基也指出，贝纳尔多是深切地感受到艺术的魅力，意识到艺术的危险，故而反对艺术。[12]从这方面看，他与柏拉图一样，他们都知道物质的或感性的美的意义和作用，但是都认为感性的美或物质的美都不是精神所追求的最终目标，物质性的美只有在其指向精神性的美时才具有意义。贝纳尔多更像柏拉图的地方在于，他认为一旦超越了需要借助于物质的美这一阶段，物质的美就失去了意义，修士属于已经超越需要借助物质的美去思考上帝荣耀的一群人。对于他们而言，不是奢侈华丽的物质形式，而是质朴的形式更为合适。修道院如果不是为了吸引更多的奉献，而是作为修士灵修避静的空间，当然不需要格所说的那些黄金珠宝的装饰，和各种奇形怪状的雕刻。正是在这样的观点之下，才有了贝纳尔多对于罗马式雕刻的严厉的批评：

但除此之外，在修院回廊之中，当兄弟们潜心阅读之时，展示在他们眼前的荒诞畸形又有何用？这是美的一种奇异变形还是美丽的残缺？污秽的猴子在此何用？还有残忍的狮子、凶暴的人马、半人半兽的造物、斑纹老虎、打斗的士兵、吹响号角的猎人，所有这些在此何用？在一颗头下，你会看到多个身体，相反多个头下却只有一个身体。这边蛇尾长在四足兽身上，那边兽头出现在鱼身上；那里前半为马后半为羊，这里头上长角身体为马。简而言之，到处都是令人惊异的对立形式，人们只会更专注于此，而非去阅读书籍；将整日时光耗费在对其中某个形象的困惑之中，而非冥想上帝的律

---

11 参见 Diane J. Reilly, "Bernard of Clairvaux and Christian Art," in *A Companion to Bernard of Clairvaux*, ed. Brian Patrick McGuire, Leiden: Brill, 2011, 291.

12 Erwin Panofsky, ed. & trans., "Introduction," in *Abbot Suger On the Abbey Church of ST.-Denis and Its Art Treasures*, Princeton: Princeton University Press, 1979. 10.

法。上帝啊！如果无人以此类荒谬为羞耻，为什么不让他至少因为花费而苦恼呢？[13]

可以说这些罗马式的雕刻被艺术史家所看重，主要是因其所具有的历史价值，而非其具有的审美价值。一个可以全心沉浸在对于上帝荣耀的沉思默想的修士当然无法欣赏这种形式的艺术，用这些雕刻来装饰修道院，就如把杨柳青的年画贴在北大哲学系的会议室里一样。修道院作为修士祈祷、阅读、沉思默想的神圣空间应该与在城市里吸引俗人的主教教堂有完全不同的装饰风格。

在贝纳尔多的影响之下，西多会也确实发展了适合于修道院的建筑风格，当然主要是为他们自己所采用来表达其修道生活理想的建筑和装饰。他们早期的教堂没有雕塑，西立面是平的，没有装饰，东端的礼拜堂是简单的方形，没有高塔。克吕尼修会发展完善的带有放射状礼拜堂的圆形半圆室的设计被放弃了。这种新风格最纯粹的形式可以从明谷的一个分支修道院丰奈特修道院（Fontenay Abbey）中清楚地看出来。这个修道院建于 1139 年至 1147 年间，受到了贝纳尔多的直接影响，其朴素的西立面、质朴的拱廊和光秃秃的柱头就是从视觉上对伟大的克吕尼教堂中丰富的人物雕刻进行的谴责，它对人们感官的影响是一种冷静和巨大的安宁。[14]

如果我们能够看到贝纳尔多对于艺术观众的分类，会发现实际上他与柏拉图一样针对不同的人群，建立了一个美的等级，以及与之相对应的艺术的等级：

1. 注重感官享受并停留于其中的人群更多依赖物质性的美，需要有奢侈的甚至过度的物质形式的艺术；

2. 借助于感官的接触，由感官的愉悦进入到精神的沉思，因此需要有一定的物质形式的艺术；

3. 完全不依赖感官的接触，直接进入到精神的沉思之中，艺术的物质形式就不是那么重要，因此不需要在这一方面浪费人力物力。所以在对修士的讲道中，贝纳尔多把听觉置于视觉之上，作为最主要的灵性感官。在描述《雅歌》中新郎与他所爱的新娘相遇时，贝纳尔多说："听觉引导视觉，信道是从听道

---

13 Bernard of Clairvaux, "From An Apologia for Abbot William," in *The Cistercian World: Monastic Writings of the Twelfth Century*, London: Penguin, 1993. 175-176.

14 C. H. Lawrence, *Medieval Monasticism Forms of Religious Life in Western Europe in the Middle Ages*, London: Routledge, 2015.160.

来的，"（罗 10: 17）因此她先听到他的声音，然后再看见他。甚至圣灵也认为是这样的次序，先知这样说："女子啊，你要听，然后看。"（诗 45: 10）《雅歌》讲道 28 篇是对于听觉的进一步的沉思，贝纳尔多又提到它传授真理的能力："在视觉不佳的地方，听觉却成功了。外表迷惑人的眼睛，真理却进入人的耳朵。"因此，先知说："你们要使我听见欢喜快乐，因为那得福的异象乃是忠心听道的赏赐。我们应以恒常的倾听来获得那福景。"[15]

从这个方面看，他确实对于视觉艺术没有太高的评价和预期。如果说第一类艺术对应的人群是俗人，无论是贵族还是百姓；第二类艺术对应的就是牧养这些俗人的教士；最后一类艺术对应的显然就是修士。这和我们对于艺术的分类显然是一致的，通俗艺术更多具有感性性质，而高雅艺术则更具有精神性，而对于以宗教的敬虔而非艺术的审美作为目的的贝纳尔多而言，能够提供最高的美的形式的艺术应该是在物质形式上是最质朴最简洁的艺术。可以说，贝纳尔多正是非常清楚不同人群的审美特点而对于基督教的艺术作了合适的区分，不同的人群所需要的宗教艺术是不一样的。我们平时谈到宗教艺术总是混为一谈，没有对诉诸不同人群的宗教艺术进行细分，贝纳尔多可以说是对于宗教艺术区分的第一人。信众有不同的群体，对于不同的群体，作为宗教教化工具的艺术应该具有不同的形式。贝纳尔多允许具有奢侈的物质形式的艺术存在，高大的教堂，精美的雕刻，动人的甚至是有趣的彩绘本和玻璃画对于一般的信众是适合的，甚至是必须的。但对于修士，只需要简单淳朴的艺术，这样更有助于修士灵修的专注，而不是把修士引向对于世俗财富的关注。

三、贝纳尔多与中世纪的圣母艺术

贝纳尔多自己确实严格按照《圣本笃会规》的精神生活，同时也要求西多会的修士如此生活。有时候他也似乎意识到自己没有太考虑人的软弱，对于人要求过于苛刻。但从他的书信来看，他严苛的要求之中充满了爱，认为只有摆脱这些感性的世俗的限制，才能达到更好更美的福气和恩典。但这位似乎拒绝一切感觉的圣徒，另一方面又充满了神圣的情感，非常能够怜悯世人的软弱，为中世纪的人们创造了充满人性，作为中介的圣母形象。中世纪的圣母艺术形象，可以说主要得益于贝纳尔多著作的塑造。

---

15 Diane J. Reilly, *The Cistercian Reform and the Art of the Book in Twelfth Century France* Amsterdam: Amsterdam University Press, 2018, 19-20.

12 世纪的罗马式艺术中，圣母形象非常流行，这与贝纳尔多的推动分不开，他强调圣母玛丽亚作为求情者的角色，她能够使人们成为她的儿子。一个冷酷的罪人也许会因为自己的内疚在上帝面前感到十分害怕。贝纳尔多为罪人勾画了一个温柔、宽厚、无比仁慈、乐于助人的圣母形象。大概就是在这个时期，以"圣母玛丽亚的奇迹"知名的玛丽亚的故事集开始广为流传，贝纳尔多的教导大大促进了对圣母玛丽亚的崇拜。[16]我们看看贝纳尔多在一段祷文中对于圣母的描述：

> 啊，恩典有福的发现者！生命之母！愿我们通过您可以接近您的儿子，藉着您可以被您的儿子接纳，他是藉着您给予我们的。愿您的正直和纯洁可以在祂面前除去我们败坏的污秽；愿您那为神所喜悦的谦卑，使我们的虚空在祂那里得到赦免。愿您丰盛的慈爱遮盖我们众多的罪，您荣耀的丰盛填补我们价值的贫乏。我们的夫人，我们的协调者，我们的中保，使我们与您儿子和好，向祂荐举我们，把我们献给您的儿子。藉着您已经找到的恩典，您配得的特权，您带来的怜悯，万福者啊，可以使祂愿意赐恩成为我们的软弱与可怜的分担者，可以使我们成为祂福分和荣耀的分有者。耶稣基督，您的儿子，我们的主，祂是永远受赞美的神，阿们！[17]

如果把这段话和《神曲·天堂》第 33 歌中贝纳尔多向圣母的祷告比较的话，我们会发现但丁几乎就是重述了贝纳尔多自己的祷告：

> 你是贞女兼母亲，你是你子之女，你最卑微也最崇高，超过其他造物，你是永恒旨意的固定不移的最终限度，你正是曾经使人类变得高贵的那一位，这就使人类的造物主并不厌弃使自己成为他本身的造物。在你的腹内，燃烧起爱，正是依靠这爱的热气，这朵花才如此萌芽在这永恒的平和里。在这里，你是如日中天的火把，点燃我们的仁爱，在下面，在凡人中间，你则是他们活跃的希望源泉。圣母啊，你是如此伟大，如此无所不能，谁想要获得恩泽而又不求助于你，他的渴望就等于想要飞翔而又不要双翼。你的善心不仅限于把祈求的人拯救，而且有多少次，它都是走在祈求的前头。你身

---

16 莱恩·蒂尔尼、西德尼·佩因特：《西欧中世纪史》，袁传伟译，北京：北京大学出版社，2011 年，第 296 页。

17 Dom. John Mabillon, ed., *Life and Works of Saint Bernard*, London: John Hodges, 1889, 264-265.

上有慈悲，你身上有怜悯，你身上有宽厚，你身上聚集造物身上所
能有的一切善意。[18]

正是由于贝纳尔多对于圣母如此推重，当然也是由于他完美的敬虔，贝纳尔多才成为引导但丁进到圣母面前的人。艺术史家马勒说："要真正了解 12、13 世纪对于圣母的情感，我们必须读贝纳尔多的布道集《赞美荣福玛丽亚》和《荣福玛丽亚之镜》，在其对于《雅歌》的广博注释中，圣贝纳尔多把其中所有的比喻都指向圣母。他以圣经中所有亲切、神秘的名字来建立圣母的形象。圣母是燃烧的灌木、约柜、星星、开花的枝条、羊毛、洞房、门、花园、雅各的梯子。他向我们表明，圣母出现在旧约中，每一页都有对她的预表……在所有这些对于圣母赞美的书中，最常提到的就是玛丽亚是王后"。在《荣福玛丽亚之镜》中，圣贝纳尔多说玛丽亚不仅是坐在宝座上被天使环绕的天国王后，而且也是经常彰显其权力的地上的王后，并且也是完全胜过魔鬼的地狱的王后。[19]在 12、13 世纪欧洲很多教堂中的雕塑，彩绘玻璃中充满了作为王后的圣母的图像。

图 1 《宝座上的圣母子》，（巴黎圣母院拱门细节）

---

18 但丁：《神曲·天堂篇》，黄文捷译，南京：译林出版社，2019 年，第 423 页。

19 Emile Male, *Religious Art in France: the Thirteenth Century*, Princeton: Princeton University Press, 1958, 235.

图2 《天使报喜》(里昂主教座堂彩窗)

马勒还指出,13世纪的"天使报喜"图中,在天使与圣母之间出现了一

只插在花瓶中的长茎的花，这并非后来象征纯洁的百合，而是中世纪的博士们的神学。特别是贝纳尔多提到，"天使报喜"发生在春天。[20]在某种意义上可以说，贝纳尔多的著述是中世纪乃至以后西方圣母图像最重要的灵感来源。贝纳尔多不仅影响了艺术史上圣母形象的塑造，而且，按照哥特艺术研究专家乔奥托（Otto Georg von Simson）的看法，贝纳尔多对于神圣之爱的强调也改变了12、13世纪《最后审判的图像志》，使得基督的形象从可怕的审判主变为更为温柔可亲的形象，同时还催生了《忧伤的人》这一主题在以后基督教艺术中的出现。[21]由贝纳尔多所带动形成的充满情感的圣母和基督的艺术形象和一般艺术的物质形式有本质的不同，这两种形象是神圣情感的具体表现，它们更适合作为宗教沉思默想的对象，而不是审美欣赏的对象。所以这一类艺术形式仍然属于特别适合于修士灵修的艺术形式，只是到了13世纪，俗人灵修的兴起，使得这类艺术形象成为普遍流行的艺术形象。

四、贝纳尔多的图像

历来反对图像的基督教人物，很少能够避免自己被图像表现，比如加尔文和慈运理，贝纳尔多也一样。且不说不能阅读的下层民众需要图像，教会也意识到图像在宣传和动员方面要远胜于文字。当贝纳尔多在世的时候，他的学生，曾在另一处西多会修道院担任院长的提里的威廉（William of Saint-Thierry, 1085-1148）就为他作了传记，即 Vita Prima，被认为是贝纳尔多最可靠的传记。其中有对于贝纳尔多外貌比较详细的描绘：

"作为他圣灵的伴侣，上帝使他的身体与之相配。他的身体具备明显的优雅，不过这种优雅不是肉体的而是精神的。他的脸上闪着并非尘世的光芒；他的眼睛如天使般纯洁，纯洁而又率真。他的精神之美如此丰富，在外表上凸显出来，他的外表似乎沐浴在内在纯洁和雅致大方之中。他的骨架很小，没有多余的肉；他精细的面颊上，经常泛着红润。他身上有某种天生的热情，来自他勤勉的沉思和忏悔的热情。他的头发呈金黄色，胡须呈红色，老年时夹杂着白色的毛发。他实际是中等身材，但看起来很高大"。[22]这些描述可能会成为贝

---

20 Emile Male, *Religious Art in France: the Thirteenth Century*, Princeton: Princeton University Press, 1958, 245.

21 Timothy Gregory Verdon, ed., *Monasticism and the Arts*, New York: Syracuse University Press, 1984, 115-137.

22 转引自亨利·奥斯本·泰勒：《中世纪的思维：思想情感发展史》，赵立行、周光

纳尔多图像的主要依据，但由于技巧或塑造圣徒图像的模式化，似乎并没有在图像中完全体现出来。

　　早期贝纳尔多的图像主要将其塑造为一位修士，着修士服，大多是白色，剃顶；或一位修道院院长，持权杖和书（院规）。[23]这类图像强调其写作和教导的职能。如下面出现于彩绘本中据说是贝纳尔多最早的肖像，作于其在世之时。图中，贝纳尔多坐在一本打开的书前，左手握刀，右手微举，作祝福状。这幅场景被置于他的第一本著作《谦卑的阶梯》开首的大写字母"R"中。（图3）这些早期的图像显然是供修士观看的图像，在这里贝纳尔多是作为一位可供效法的修道院院长，一位灵修导师的形象。

　　发译，上海：上海三联书店，2012年，第382-383页。
23 James France, *The Cistercians in Medieval Art*, Kalamazoo: Cistercian Publications, 1988. 35.

图3　贝纳尔多最早的图像（圣奥古斯丁本笃会修道院）

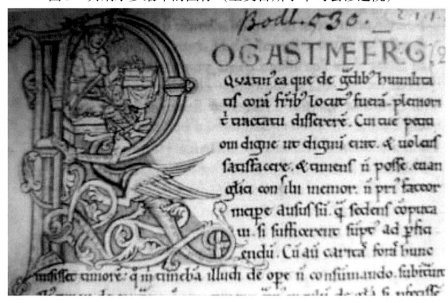

中世纪晚期更多有关贝纳尔多的图像将其塑造为行奇迹者和产生异象的神秘主义者，在不同的时期不同的国家出现了四个主题：

1. 与鬼相遇，表现贝纳尔多胜过鬼的挑战和诱惑，图中的贝纳尔多手拿一个链子拴住它，链子牵在手里；（图4）

图4　贝纳尔多与被锁住的魔鬼（15世纪下半页沙雕岩刻）

2. 耶稣的拥抱（Amplexus），这个故事首先出现于 1170 年左右，在十三世纪初又出现。这类图像表现贝纳尔多在祈祷时，他亲吻十字架，基督就离开十字架，弯下腰拥抱他。这个题材 15 世纪盛行于德国，16、17 世纪广泛流行于西班牙，但却没在意大利出现。（图 5）[24]

图 5　《基督拥抱圣伯纳德》（十四世纪上半叶上莱茵羊皮纸手稿）

3. 接受圣母的乳汁（Lactation），这是唯一一个没有出现在 Vita Prima 中的情节。但在中世纪晚期非常流行，刺激人们的情感，强调肉体、情感、媚俗，完全不同于早期西多会灵性的朴实和纯洁。多出现于祈祷书，小的灵修手册中，表达受西多会和贝纳尔多影响的对于圣母的崇拜。[25]这类图像表达的内容或者是把圣母表达为一位谦卑的母亲，以其乳汁乳养圣徒；或以乳汁表达智慧，圣母将神圣的智慧传递给圣徒。（图 6）

24 James France, *The Cistercians in Medieval Art*, 29.
25 James France, *The Cistercians in Medieval Art*, 31.

图 6　圣贝纳尔多的幻象，格林纳达，私人收藏

　　4. 圣母的异象（Doctrine），描绘当贝纳尔多在写作时，圣母向他显现，传递他所要写的内容。与"接受圣母的乳汁"图像中强调身体的喂养不同，这里强调话语和精神上的喂养[26]。（图 7）

26　James France, *The Cistercians in Medieval Art*, 28.

图 7　圣贝纳尔多的幻象，1489，木板油画，德国慕尼黑

　　在这四类图像中，所面对的信众群体显然也是不一样的，第一和第三类显然主要是把贝纳尔多作为供一般信众敬拜的圣徒来塑造的，而第二和第四类则把贝纳尔多作为灵修的榜样供修士或世俗灵修人士默想和模仿。贝纳尔多本人的艺术形象也同样表达了宗教艺术的分类与等级，这是和贝纳尔多本人的艺术观念非常一致的，所以应该会得到他本人赞同。

五、结　语

　　本文通过文本和图像的分析认为，贝纳尔多绝不是一个因为推崇禁欲而反对艺术的修道院院长，而是从修会和修士在当时社会中的作用出发，反对误用和滥用艺术。贝纳尔多的艺术观与西多会的使命相关，这个修会力图重寻或更新修道精神；其次与贝纳尔多本人的神学相关，他强调要爱上帝，因而轻看物质和感性的快乐等情感表现。这样的精神和情感发展出一种西多会风格的建筑样式和装饰样式。这位圣徒的行迹和著作在中世纪及以后产生了巨大的影响，以至于图像艺术并未因贝纳尔多反对对艺术的滥用而不表现他。因此，贝纳尔多影响了圣母图像，并成为一个受欢迎的形象和主题，不断出现在后世

的图像作品中，这些均构成了受贝纳尔多影响的艺术史。贝纳尔多对于视觉艺术的态度在艺术史中产生了复杂的结果，可以帮助我们在修会、神学与艺术的关系中更清楚地认识基督教艺术的复杂和多样性，更细致地区分面向不同群体的基督教艺术。希望本文能够引起学界对这方面的更多关注。

第五章 《神曲》中的圣母形象

　　我们常常慨叹但丁作为文学家对于神学、历史、天文等各个方面丰富的知识，简直就是一个百科全书式的学者。其实，这是他那个时代的作家普遍具有的特征。中世纪艺术史家马勒指出："13 世纪是百科全书式的世纪，没有哪个时期出现过这么多诸如《大全》、《大镜》、《世界图像》之类的著作。托马斯·阿奎那整合了所有的基督教教义（《神学大全》），弗拉津的雅各（Jacob of Voragine, 1228-1298）收集了所有著名的圣徒传奇（《金传奇》, *Aurea Legenda*），威廉·杜朗（William Durandus，1237-1296）对他之前的礼拜仪式进行了总括（《圣事通论》），博韦的凡尚（Vincent of Beauvais，1190-1264）将宇宙的知识尽都囊括于他的一部著作之中（《大镜》, *Speculum majus*）。基督教世界充分意识到了自己的才华，要使以前数世纪所发展出来的宇宙观念获得其最终的表达。在欧洲各地建立起来的大学，尤其是年轻的巴黎大学，相信可以建构人类知识的最终殿堂，他们充满热情地去做"。[1]布莱恩·蒂尔尼甚至认为《神曲》可与托马斯·阿奎那的《神学大全》媲美。[2]《神曲》不仅表达了那个时代的知识总汇，也传递了那个时代的具体的信仰状况。可以说，那个时代对于知识的热情和信仰方面的特色决定了《神曲》的结构和内容。

　　在《神曲》中，大家特别关注朝圣者但丁的三位引导者：维吉尔、比阿特丽切和贝纳尔多（St. Bernard of Clairvaux，1090-1153）。但真正使得朝圣者但

1　Emile Male, *Religious Art in France of The Thirteenth Century*, trans. Marthiel Mathews, Princeton University Press, 1984, pp.25

2　布莱恩·蒂尔尼等《西欧中世纪史》，袁传伟 译，北京大学出版社，2011，441页。

丁的信仰旅程得以开始，顺利进行并最终完成的乃是圣母。即便对于今天的基督徒读者而言，也会感觉到基督信仰的核心三一神，尤其是基督在《神曲》乃至《神曲·天堂》中的地位似乎并没有被特别表达，或者说被圣母所代替。其实，但丁在《天堂篇》32: 84 就直接把圣母类同于基督："你现在该把那张面庞张望，它与基督最为相像"。[3]而在《炼狱篇》第 8 歌中，把一般称为来自上帝或来自基督的两位守护君主之谷的天使描述为"来自圣母的肚腹"。圣母既是《神曲》的核心形象，也是其结构线索。Steven Botterill 对这方面进行了比较深入的研究，他认为"《神曲》对于圣母的表现由三个主要元素结合在一起：但丁对她的个人敬拜，圣母作为忠实信徒的榜样，以及她作为女王在天堂中的荣耀地位。每一个都在诗的不同阶段被强调，每一个都用一种特定的语言同其他的区分开来，但是这三个都融合在一起成为但丁对圣母描绘的高潮，即《天堂篇》第三十三歌的祈祷"。[4]可惜他对于这几个方面并未展开论述，并且过于强调但丁个人对于圣母的敬拜，而未能与 13 世纪的圣母崇拜紧密联系在一起。Ralph McInerny 在其《但丁和至福圣母》一书中从一位信徒的角度详细论述了圣母在但丁的《新生》，在《神曲》的三个部分中的作用，但只是对于文本中涉及圣母的诗句进行了分析，同样没有关注圣母崇拜的传统和在 13 世纪的特殊表达。[5]教会史专家帕利坎在其《历代圣母形象》中详细论述了圣母在历代基督教中的不同形象，其中第十章对于中世纪晚期的圣母形象的概括用的就是《神曲》中的诗句"最像基督的那张面容"，但其中主要通过《神曲·天国篇》强调圣母在天国的荣耀。[6]

　　本文认为，《神曲》中圣母的形象在《天堂篇》32 歌，贝纳尔多的祷告中被清楚的概括出来，当然这不是但丁个人的信仰表达，而是以贝纳尔多为代表的 12、13 世纪圣母崇拜的典型表达：

　　　　你是贞女兼母亲，你是你子之女，

3　但丁《神曲·天堂篇》，黄文捷译，译林出版社，2019，414 页。下文所引《神曲》皆出自黄文捷中译，同时参考 *The Divine Comedy of Dante Alighieri*，edited and Translated by Robert M. Durling, Oxford University Press, 1996. 以数目在引文后的括弧中标明歌和节，不再注页码。

4　Steven Botterill, *Dante and the Mystical Tradition, Cambridge University Press,* 1994, pp.153

5　Ralph McInerny，*Dante and the Blessed Virgin,* University of Notre Dame Press，2010.

6　Jaroslav Pelikan, *Mary Through the Centuries: Her Place in the History of Culture,* Yale University Press, 1996, pp.139-151

你最卑微也最崇高，超过其他造物，

你是永恒旨意的固定不移的最终限度，

你正是曾经使人类变得高贵的那一位，

这就使人类的造物主

并不厌弃使自己成为他本身的造物。

在你的腹内，燃烧起爱，

正是依靠这爱的热气，

这朵花才如此萌芽在这永恒的平和里。

在这里，你是如日中天的火把，点燃我们的仁爱，

在下面，在凡人中间，你则是他们活跃的希望源泉。

圣母啊，你是如此伟大，如此无所不能，

谁想要获得恩泽而又不求助于你，

他的渴望就等于想要飞翔而又不要双翼。

你的善心不仅限于把祈求的人拯救，

而且有多少次，

它都是走在祈求的前头。

你身上有慈悲，你身上有怜悯，

你身上有宽厚，

你身上聚集造物身上所能有的一切善意。

在其中，可以清楚地看到圣母在《神曲》中所呈现的几种形象：圣母还没有等朝圣者但丁开口祈求，就已经发动救恩的工程，所以首先她是对朝圣者但丁拯救的发起者，这一形象在《地狱篇》中表现得非常清楚；其次，圣母是所有需要帮助的代祷者，这贯穿整部《神曲》；第三，在《炼狱篇》中，圣母具备所有的美德，因而是人们所效法的美德的典范；第四，在《天堂篇》，她的伟大、仁爱和无所不能，使她成为天国的王后；另外，这几种形象都具有强烈的视觉化特征。圣母在《神曲》中所具有的这几种形象及其视觉化的特点实际上是中世纪的圣母崇拜所具有的观念的表达，所以要充分理解《神曲》中的圣母形象，有必要结合中世纪的圣母崇拜，尤其是 12、13 世纪对于圣母的信仰来分析，下面我们就依次论述。

一、圣母作为拯救的发起者

《神曲·地狱》开篇讲述朝圣者但丁的中年危机，成为歧路亡羊，面对内

外恶意、脆弱、贪婪的试探和攻击，不知如何进退，虽可以从当时意大利的政治环境来去解读，但其永恒意义在于朝圣者但丁乃是在信仰旅途或寻求真理过程中陷入迷惘者的代言人。一个处在困境中的中世纪信徒即便是习惯性的反应也会发出：Miserere（怜悯我）这样的呼求，一般会是向圣母发出，而这里，但丁却是向一个不知是鬼是人的影子似的存在发出。（《地狱篇》1：66）但在接下来会表明这样的呼求的确是向圣母发出，而圣母却是在朝圣者但丁尚未发出呼求时便已开始她的拯救。圣母在《神曲》中的重要性反映了圣母崇拜在中世纪尤其是 12、13 世纪信仰生活中的重要性。

研究中世纪灵性的历史学家都注意到 1050-1215 年之间信仰生活所发生的重要变化。这种变化开始于格里高利改革。Caroline Walker Bynum 在其著作《作为母亲的耶稣》中指出：11 世纪中叶的格里高利改革，推动了对于"使徒生活"的追寻，一方面使修道运动迅速发展，另一方面世俗的敬虔也不断发展，在这个过程中，女性进入修道院生活，发展个人灵性的生活也越来越普遍。这些敬虔方面的根本变化伴随着教会，神职人员以及使徒生活观念的变化。"早期中世纪著作和艺术中的上帝是法官和国王，修士们在无数的祭坛前通过献上正确而美丽的祷告向他祈求；基督作为王子，在击败人类的俘获者之后，在十字架的宝座上实行统治，玛丽亚就是他的王后。信仰关键的戏剧是基督与魔鬼、圣徒或天使与邪灵之间宇宙性的战争。这一时期的圣徒传集中于有巨大影响的宗教形象（比如主教、巡回宣教士、改革家、重要修院的创建者等）。他们通常具有贵族的社会背景，其神圣性常常为改变世界的奇迹所表明（比如使异教徒皈依等）。相反，11、12 世纪的作者开始强调耶稣的人性，既表现于对福音故事动情或感伤的反应（比如奥格尼斯的玛丽对于圣诞的婴儿的敬拜），也表现于将耶稣事工的细节逐字地编织进基督徒传记的新责任。关键的信仰戏剧现在定位于自我里面，很少是一场战争，更多是一个旅程，朝向上帝的旅程"。[7]在这个内在信仰的旅程之中，最合适的导游当然应该是基督。但虽然到 12 世纪，基督已经从一个审判者，宇宙君王的形象转变为一位受难者，一位忧伤之子的形象，但似乎还不能足以让人们感受到亲近，这时候，更能表达人性，更满足人们的亲近情感的圣母就成为基督的一种替代。

---

7 Caroline Walker Bynum,*Jesus as Mother: Studies in the Spirituality of the High Middle Ages*,University of Carlifornia Press, Berkeley,1982, pp.16-17

圣母在四福音书中并没有被赋予太多的超越于一般人之上的属性，但早期教会对于耶稣神人二性的强调，使得人们越来越关注圣母在其中担当的作用。325 的尼西亚会议之后的一封传给各处主教的信中，已经把马利亚称为上帝之母（Mother of God）。在 431 年的以弗所会议上，为反对聂斯托里派，圣母被确立了上帝之母（Bearer of God–Theotokos）的称号。圣母"上帝之母"的称号不但强调了基督的神性，而且强调了为母亲抚育的人性。教父们对于圣母的论述为中世纪的圣母崇拜提供了神学依据，安提阿的主教伊格纳丢（Ignatius of Antioch，? -108/140 年）被认为是第一位圣母神学家，他在《以弗所人书》中提到今世君王不能明白的三个奥妙就是："玛利亚的童贞和分娩，并主的受死"。[8]亚历山大的奥利金（Origen，184-253）把圣母与夏娃对比，认为夏娃带来死亡而圣母带来了生命，卡帕多细亚的格列高利（Gregory of Nazianzus，329-390 年）因此称圣母为"生命之母"，并将其作为顺服的典范。杰罗姆（Jerome，约 342-420 年）和安布罗斯（Ambrose，339-397 年）以及卡帕多细亚的巴西尔（Basil the Great，330-379 年）则确定圣母为"永远的童贞"，并将其作为贞洁的典范。亚历山大的西利尔（Cyril of Alexandria376-444 年）对于圣母充满情感的赞美极大地推动了圣母崇拜的发展，他在赞美中给予圣母很多的名称：致敬玛利亚，上帝之母，光之使者，纯洁之船。致敬，童贞女玛利亚，既为母亲又为侍女；因为从你童贞之身上生下来的那位，你是童贞女；因为你怀中抱过、用奶哺育过的孩子，你是母亲；因为那位取了仆人的形象，你是使女。因为王已经进了你的城，或者更确切地说，他进入了你的子宫，又按其所愿从其中出生，而你的门却一直关着。因为你未有精子而受孕，并藉神力而生......。[9]在拜占庭的东方，圣母则被看作是能够帮助信徒向上帝和基督代祷的中保。这些思想在 12、13 世纪都得到了充分的发展，并成为圣母崇拜的重要内容。

Miri Rubin 在研究西欧圣母观念的发展时注意到："在第二个基督教千禧年的早期几个世纪里，圣母出现在修道院生活中，不仅作为神学反思的主题，也作为灵修实践的对象。强调沉思和个人祈祷的修道院运动对于圣母玛利亚倾注了很多思想，使她焕然一新。到了 1200 年，一些欧洲人认为圣母在

---

8 Luigi Gambero,*S. M Mary and the Fathers of the Church*,trans. by Thomas Buffer, Gnatius Press 1999, pp.31

9 *S.M Mary and the Fathers of the Church*, pp.243

异教徒和犹太人面前是纯洁无瑕的，对圣母纯洁的信仰成为基督教会成员的绝对试金石"[10]。12、13世纪的圣母崇拜的内容在贝纳尔多关于圣母的布道《赞美至福圣母》（De Laudibus beatae Mariae）以及被认为是博纳文图拉所著的《至福圣母玛利亚之境》（Speculum beatae Mariae）中表现出来。贝纳尔多在降临节的讲道中论到圣母的名字时说："'玛利亚'这个词的意思是'海上之星'，对圣母来说，这似乎是一种奇妙的契合。因为她可以被比作星星。就像一颗星发出光芒而不伤害自己一样，童贞女生下了她的儿子而依然是童贞女。光线不会减少星星的亮度，儿子也不会减少圣母的童贞。她就是那出于雅各的高贵明星，其光线照亮整个世界，其荣耀之光既照进天堂又射进地狱。当它穿越大地之时，它会使心灵散发出美德，超过身体散发的热量，而罪恶在其中被燃烧消灭"[11]。而后一部著作大量利用教父和贝纳尔多关于圣母的论述，尤其是贝纳尔多的论述。这些论述依据圣经经文，特别是《路加福音》记载的天使加百列向圣母报告的一段话被给予充分的发挥，尤其是加百列对圣母的问候："蒙大恩的女子，我问你安，主和你同在了"。这句话被赋予了太多的意义，乃至成为12、13世纪圣母崇拜的核心经文。在《至福圣母玛利亚之境》中，据"主和你同在了"，论证因为主是普世的、最有能力的、最智慧的、最富有的、永远不会失败，主与圣母同在，所以圣母也是普世的、最有能力的、最智慧的、最富有的（在各样的美德上）、永远不会失败的。因此发出这样的祷告："最有能力的圣母，帮助我们这些无能的人吧！现在，最智慧的圣母，请成为我们这些愚者的帮助和顾问吧！啊，最富有的圣母，请做我们这穷苦人的恩人吧！哦，永不失败的圣母，请在每一件好的行为上，永远支持我们这些软弱的、失败的受造之物吧"[12]。这一祷告也成为当时信徒祷告的典范。斯旺森在其《欧洲的宗教与虔诚：1215-1515》中指出的："圣母崇拜因其自身的神秘内涵，成为中世纪晚期灵性最普遍也最富活力的一个方面。将礼拜六奉为她的圣日，几乎把她置于与基督同等的地位"[13]。了解了13世纪圣母崇拜的背景，我们才会明白为何圣母似

---

10 Miri Rubin, *Mother of God:A History of Virgin Mary*, Yale University Press, 2009, pp.124-125

11 *Life and Works of Saint Bernard*,edited by Dom.John Mabillon, John Hodges, 1989, Vol III, pp.315

12 St. Bonaventure, *Mirror of the Blessed Virgin Mary*, The Catholic Primer, www.catholicprimer.org, 2005, pp.37. 这部作品现在普遍被认为是 Conrad of Saxony 的著作。

13 罗伯特·诺布尔·斯旺森，《欧洲的宗教与虔诚：1215-1515》，上海三联书店，

乎在《神曲》中取代了基督的地位。

在《神曲·地狱》的第二歌中，朝圣者但丁刚从恐惧中脱离出来，又陷入怯懦之中，觉得自己并没有跟随维吉尔前去地狱的资格。这时，维吉尔才向他解释自己为何到这里来帮助他。维吉尔是受贝阿特丽切的委托，而贝阿特丽切则自述自己这么做："是爱推动我这样做，是爱叫我对你说"。（2：72）这爱当然非世俗之爱，更非来自贝阿特丽切，因为接下来贝阿特丽切向维吉尔解释时说了这么一番令人疑惑的话："感谢上帝使我得以享有天国之福，你们的不幸不会令我心动"。（2：91、92）似乎贝阿特丽切并非因过去的情感来帮助朝圣者但丁，她在天国之中似乎已成为不动情者。她的行动乃出自圣母的推动："天上的慈悲女神怜悯此人面临危境，命我来请你前往救援，使他绝处逢生"。（2：94-95）虽然 2：72 可能与《天堂篇》的最后诗句相呼应："但是，那爱却早已把我的欲望和意愿移转，犹如车轮被均匀地推动，正是这爱推动太阳和其他群星"。（33：34、35）后者更多被解释为上帝的爱，而推动贝阿特丽切行动的则明确地是圣母的爱。尽管这两种爱本质上仍然是一回事，但圣母显然是这一救赎事件的发动者，开启者，无论是贝阿特丽切，还是露齐亚都是受圣母的呼召。贝阿特丽切和露齐亚的被动也不能以她们不了解朝圣者但丁的状况来解释，因为当露齐亚受圣母的吩咐去找到贝阿特丽切时，以明显责怪的口气说："贝阿特丽切，上帝真正赞美的女神！你为何不去搭救如此爱你的人？他曾为你脱离了世上庸俗的人群。难道你不曾听见他痛苦的哭泣？难道你不曾看见威胁他的死神？那死神就伏在那大海也难以匹敌的波涛汹涌的江河！"（2：103-108）可见无论露齐亚还是贝阿特丽切应该都知道朝圣者但丁此时的处境，她们的被动唯一的解释是：她们不具有突破天堂与地狱界限的权力和能力，唯一具有这种能力和权力的应该是三一神，而这里则是圣母。所以说："她打破了上天所作的严厉决定"。（2：96）这正显明圣母具有同基督，甚至三一神同等的权力，同样的地位。圣母是天上的慈悲女神，她怜悯地上之人的困境，她希望所有的人都能享受到她的儿子带来的救恩。圣母在《神曲》里的这种特殊的地位和角色使她成为救恩的发动者。

二、作为众人祷告的对象

在《旧约》中，以色列人是向那位创造天地，掌管万有的耶和华祷告；在

_____

2012，154 页。

《新约》中，耶稣与圣灵也成为祷告的对象。三一神作为祷告的对象是无可替代的，但代祷的观念和实践在旧约和新约中一直存在。亚伯拉罕的代祷、所罗门的代祷以及众先知的代祷被认为特别为神听允，保罗也要求信徒要为在世的君王和万民代祷。既然这些忠心的先知和君王，门徒和圣徒的祷告似乎更能够得到允准，而且即便他们死后，也仍可以在上帝面前代祷。向这些圣徒祈祷，请这些圣徒为活着的人祷告在基督教早期就已经比较普遍。在这些圣徒之中，当然圣母的地位最高，因此，她也成为主要祷告的对象，和主要的代祷者。尼撒的格列高利在一次布道中提到一位贞女在受到魔鬼的诱惑时向圣母祷告，这被认为是教会第一次把向圣母祷告看作被允许和提倡的行为。[14]

　　Miri Rubin 注意到在 12、13 世纪，作为祷告对象的圣母形象发生了很大的变化："圣母被祈求保佑新的冒险者并成为其保护者，她被邀请进入市议会和宫廷，成为城市和国家的赞助人。对于那些复杂、官僚和抽象的事业，比如十字军东征、铲除异端邪说、征服新的地方并使其皈依，她展现了人性化和平易近人的一面。诞生在第一个千年中的教堂和修道院经常呼吁基督教殉道者的美德和保护，而现在，新的村庄和城镇，如西笃会这样的新的宗教运动，则向圣母祈求。她不仅参与了向异教徒和犹太人传播基督教的斗争，而且参与了由家庭、社区和宗教机构组成的基督教社会的整个事业。……在这些世纪里，圣母成为了本地本族的，她从当地的材料和语言中重生，在城市的街道，家庭，教区教堂和路边的神龛中，她被世俗的兄弟会和宗教女性重塑"。[15]中世纪中后期的修士们对圣母的特别尊崇以及这一时期的特殊经历也使人们更倾向于向圣母寻求帮助。Steven J. McMichael 指出："对修士们来说，她也是上帝的信使，继她的儿子之后，她也是上帝在世界上施恩的主要渠道。修士们同样地把她看作是伴随她的儿子从子宫到坟墓的人，作为第一个复活的见证人和五旬节的参与者。她和儿子分享一切，包括她的肉体，这对圣母升天学说的发展至关重要。在中世纪后期，她参与儿子的苦难也同样成为大众虔诚的主要焦点：由于中世纪人们的主要经历之一是遭受疾病、瘟疫、饥荒、暴力，对于某些例子来说，则是忏悔。没有比圣母更好的榜样来展示人类苦难的救赎作用。由于她的圣洁，她作为仁慈的化身，以及苦难的承载者的角色，圣母玛利亚理应在天上坐在她儿子的右边。她支持那些寻求神圣、自己体验上帝的仁慈、自

---

14 *S.M Mary and the Fathers of the Church*, pp.165
15 *Mother of God*, pp.192

己理解和拥抱生命中救赎的苦难的人"。[16]

在这一时期，大量的奉献给圣母的教堂被建立，修建于 1170-1270 年间的 580 座教堂，几乎都是为圣母玛利亚而建。而教堂中的主要的图像，当然也都是圣母的图像，这些图像就是供信徒祈祷的。以夏特尔大教堂（建于 1194-1220）为例，里面有 175 幅圣母的画像，既有辉煌的圣母形象，又有谦卑的少女形象。不仅有这些公共仪式中供祈祷的圣母图像，私人的家里，贵族的祈祷书上也有大量的圣母图像作为祈祷的对象。[17]在公共仪式中，主要是把周六作为敬奉圣母的日子，在历书中增加纪念其生平要事的节日，主要有：圣母洁净礼日（2 月 2 日，纪念圣母在圣殿奉献耶稣）、圣母领报节（3 月 25 日，纪念天使加百列向圣母报告她要怀孕的消息）、圣母往见节（7 月 2 日，纪念圣母去见自己的表姐伊丽莎白）、圣母升天节（8 月 15）、圣母诞生节（9 月 8 日）、圣母无玷受孕节（12 月 8 日）。圣母的重要性也产生了专门的祷告辞和颂辞，主要就是"圣母经"和"女王颂"。"圣母经"是在福音书中记载的天使加百列问候圣母的经文改编而成，具体内容如下："万福玛利亚，满被圣宠者，主与尔偕焉。女中尔为赞美，尔胎子耶稣并为赞美。天主圣母玛利亚，为我等罪人今祈天主，及我等死侯。阿们"！（Ave Maria, gratia plena, Dominus tecum, benedicta tu in mulieribus, et benedictus fructus ventris tui, Iesus.Sancta Maria, Mater Dei, ora pro nobis peccatoribus, nunc, et in hora mortis nostrae. Amen.）这是中世纪欧洲所有信徒每天都要念诵的祷文。[18]

在《天堂篇》的 23 歌中，朝圣者但丁说："那美丽花朵的名字，使我集中精神去观看那最大的火焰，而我一早一晚总是把那名字祈祷呼唤"。中世纪对于《雅歌》的解释，倾向于把其中的佳偶等同于圣母，其中很多的比喻如"沙仑的玫瑰花"、"谷中的百合花"等，都被认为指向圣母，尤其是在贝纳尔多对于《雅歌》的解释中，玫瑰就成为圣母的一个象征。因此中世纪奉献给圣母的教堂都有很多的玫瑰花窗。朝圣者但丁在这里提到的玫瑰，当然指的就是圣母，他像当时很多的信徒一样，自己的日常生活中，每天一早一晚都要念诵"圣母经"。特别的时刻，又会更多地念诵，会向她的名字祈求。朝圣者但丁念诵"圣母经"即便在《天堂篇》中也不是孤例，在第 2 歌中，康斯坦扎皇后

---

16 *Medieval Franciscan Approaches to the Virgin Mary*, pp.2

17 玛格丽特·迈尔斯，《道成肉身：基督教思想史》，中央编译出版社，2012 年，222 页。

18 《欧洲的宗教与虔诚：1215-1515》，155 页。

与朝圣者但丁谈话："随后则开始唱到：'万福玛利亚'，一边唱着，一边销声匿迹，犹如重物沉入深暗的水底"。对于"圣母经"的念诵已经成为敬虔者的习惯，后来甚至出现与念诵"圣母经"相匹配的念珠，通过数念珠来计算自己念诵的次数。

当然，对于圣母的祈祷不仅是一种敬拜方式，更是要通过向圣母祈祷解决问题，尤其是紧急时刻，面对重大问题和难题时。贝纳尔多在布道中宣称："不论你是谁，你知道你自己是在这混乱世界的风暴和暴风雨中颠簸，而不是在海岸上平静地行走，如果你不被暴风雨压倒，就不要把你的眼睛离开这颗星的光辉。如果诱惑之风吹起，如果你正驶向苦难的岩石，请仰望星空，呼求圣母玛利亚。如果你被骄傲、野心、嫉妒、竞争的浪潮所激荡，请仰望星空，呼求圣母玛利亚。如果愤怒，贪婪，肉体的诱惑攻击你脆弱的思想之舟，仰望圣母吧。如果你为你的罪行大而烦恼，为良心的卑劣所迷惑，为审判的恐怖而绝望，你感到自己被拉入悲哀和绝望的深渊，在危险、困难、困惑中，呼求并思想圣母。不要让这个名字离开你的心，离开你的嘴唇，以便你可以在她的祈祷中获得一席之地，不抛弃她生活的榜样。如果你思想她，跟从她，你就不会走错路，如果你求她，你也不会绝望。有她的帮助，你不会跌倒或疲倦，如果她有益于你，你一定会到达"。[19]在《天堂篇》的第15歌中，但丁的太曾祖卡恰圭达讲述自己降生的时候，他的母亲在洗礼堂里不停地向圣母呼求，圣母使他降生在佛罗伦萨安静美好的时期。

这样的祷告在《炼狱篇》里出现得更多。在整部《炼狱》中，玛利亚被塑造为密切而积极地关注拯救人类灵魂的形象，即便那些灵魂最终进入幸福的希望似乎已经消失。比如《炼狱篇》第5歌中，暴死者蓬孔特·达·蒙特菲尔特罗（Buonconte da Montefeltro）一生虽做尽恶事，但他在断气的那一瞬间因呼叫圣母玛利亚的名而得救。因他的呼求，天使将他几乎是从地狱的使者手里抢走。在《炼狱篇》第7歌中，按照黄文捷的翻译，在君主之谷中的那些君王的灵魂，坐在绿草和鲜花丛中歌唱："圣母，向你致敬"。这种场景似乎是一种欢快享乐的时刻，但与下面同一场景中那些君王捶胸叹气的气氛非常不合。那么他们唱的到底是一首怎样的歌呢？原来这首"Salve Regina"是一首祈求圣母怜悯拯救的歌，大约作于11、12世纪之间，看看这首歌的内容，便知道他们为何此时此地唱这首歌了：

---

19 *Life and Works of Saint Bernard*, Vol III, pp.315-6

恭贺天主圣母，仁慈之母，

我等之生命，我等之贻，我等之望，恭贺。

旅兹下土厄娃（夏娃）子孙，悲恳号尔。

于此涕泣之谷，哀涟叹尔呜呼。

祈我等之主保。聊以回目怜视我众。

及此窜流期后，与我等见尔胎普颂之子耶稣。

吁其宽哉，吁其仁哉，吁其甘哉，卒世童贞玛利亚。

S Salve, Regina, Mater misericordiæ,

vita, dulcedo, et spes nostra, salve.

Ad te clamamus exsules filii Hevæ,

Ad te suspiramus, gementes et flentes

in hac lacrimarum valle.

Eia, ergo, advocata nostra, illos tuos

misericordes oculos ad nos converte;

Et Jesum, benedictum fructum ventris tui,

nobis post hoc exsilium ostende.

O clemens, O pia, O dulcis Virgo Maria.

　　显然这些人正在为自己以前的行为悔恨，恳求圣母怜悯拯救。之所以把这群流泪悔罪的君王放到这么一个美丽的山谷之中，很可能在化用《圣经·诗篇》84: 6: "他们经过流泪谷，叫这谷变为泉源之地"。本来炼狱中的灵魂已经得到保证，在经历试炼之后，一定可以得救，升上天国。即便如此，在炼狱中的经历中仍然可以向圣母呼求，求圣母帮助。这表明向圣母的祈祷不仅在人活着的时候发出能够具有效力，在死后的炼狱中仍然可以继续向圣母祷告并被应允。

　　《炼狱篇》中，圣母不仅是一个祷告的对象，向基督和上帝所发出的祷告基本上在这里都向圣母发出，而且圣母也是一位代祷者。在第 13 歌中，那些贴着石壁坐着的嫉妒者的灵魂在持续地向圣母呼求："玛丽亚，现在请为我们祷告吧"。当然，他们不仅求圣母代祷，也求天使和圣徒代祷："还呼喊'米迦勒'、'彼得'和'所有圣者'"。《圣经·罗马书》提到，耶稣在复活之后，"现今在上帝的右边，也替我们祈求"。[20]圣母的角色一方面在众圣徒甚

20　《圣经·罗马书》8: 34，中国基督教协会，和合本。

至天使之上，一方面又几乎可以与耶稣相等，当然是最理想的代祷者。

三、作为美德的典范

在《圣经》福音书中，圣母已经被描述为一位谦卑、顺服、温柔的女性。早期教父的圣母论中，诸如德尔图良（Tertullian，160-220 年）、亚历山大的克里蒙特（Clement of Alexandria，150-215 年）等都特别强调圣母的贞洁，并以此作为众人美德的榜样。米兰主教安布罗斯（Ambrose，340-397 年）从一个新兴的基督教帝国出身高贵的基督徒的有利地位来思考圣母的可能性，他把她塑造成一个纯洁、美德和尊严的榜样，在他 377-8 年的小册子《论贞女》和《论贞洁》中，圣母代表了一种优雅，这种优雅体现了内在的尊严和力量："她的眼睛里没有狂野，她的话语里没有放肆，她的动作里没有不庄重；没有比这更温柔的姿势了，没有比这更放松的举止了，仿佛她的身体就是她心灵的缩影，一个有价值的形象"。[21]当中世纪的圣母崇拜达到高峰时，圣母就成为修士以及俗世敬虔者追求和效法的道德典范。这一点又是在《至福圣母玛利亚之境》中充分表现出来，其中不仅把圣母表述为在各样品德上都是至高的模范和典型，而且认为"世界因七宗罪招致诅咒，圣母却是凭相反的德行得到祝福。因此，你在妇女中是受祝福的，哦，圣母，有福的人，以谦卑对抗骄傲；以爱对抗嫉妒；以温柔对抗愤怒；以勤劳对抗懒惰，以节制对抗贪食，以贞洁对抗淫欲"。这样圣母的德行就和中世纪的七宗罪一一对应起来，不仅激励人们追求效法，而且成为与罪恶抗衡的重要力量。作者在其中把《圣经》中每一个敬虔的女子都看成是圣母的预表：圣母的谦卑犹如被祝福之泉充满的山谷，因此《士师记》1: 13 中向父亲求水泉的押撒就成为圣母的预表；圣母的爱如火被点燃，《创世纪》中的撒拉，因其名字意思是"碳"而被看作圣母的预表；圣母的温柔不仅使自己不发怒，而且也使得上帝的愤怒变为温柔，于是《撒母耳记上》中的拿八的妻子亚比该因为帮助大卫消了怒气而成为圣母的预表；圣母的勤奋就如总是在美德之梯上不断上升一样，因此《士师记》4 章中用橛子杀死迦南将军西西拉的拉亿就被当作圣母的预表，因为"拉亿"的意思就是"上去"；圣母的慷慨在于她轻视一切世俗的财物，因此《启示录》中那位身披日头，脚踏月亮的妇人就被作为圣母的预表，因为月亮象征世俗的财物；圣母的节制和夏娃的贪婪恰成对照，于是夏娃成为圣母的反向的预表，

---

21 *Mother of God,* pp.26

圣母就是新夏娃；次经《犹滴传》中的犹滴被看成是圣母贞洁的预表，并且由此推论，犹滴这么一个贞洁的寡妇都是这么有福，何况圣母是一位贞洁的童女呢？次经的多比亚、苏珊娜也都被当成圣母的预表。最后结论是："圣母是最谦卑的，最有爱心的，最温柔的，最勤劳的，最节制的，最贞洁的"，因而是最有福的，所以我们可以向她祷告，她可以帮助我们避免陷入那七宗罪的咒诅。[22]

之所以大段引用《至福圣母玛利亚之境》的内容，是因为当我们看《炼狱篇》的时候，会发现其中对于七宗罪的描述总是或隐或显地把圣母的某一美德与其对应，基本上就是按照《至福圣母玛利亚之镜》的描述安排组织的。《炼狱篇》从第 10 歌到第 26 歌分别描述七宗罪的犯罪者的罪以及在炼狱山各层的悔改，每一宗罪总是先描述与之相反的美德典范，而在这些典范之中，最先提到的，当然也是最有力量的典范就是圣母。

在第 10 歌中，因无法再现圣经中发生过的事情，便以《圣母领报》的雕塑来表达，其中圣母的肖像被这样描述：

"她正在转动钥匙，把崇高的爱开放；

这句话也刻在她那启动的唇上：

'我是主的使女'。恰如印章打在蜡上一样"。

贝纳尔多在降临节的讲道中论及天使传信，表达了对于圣母开口回答的强烈渴望之后说："圣母啊，请将你的心向信心打开，将你的嘴唇向顺服打开，将你的胸怀向造物主打开。看哪，万国所羡慕的，就站在门外叩门。哦，假如他在你耽搁的时候过去了呢，你将如何带着悲伤重新开始寻找你灵魂所爱的人！起来，跑过去，打开，以信心起来，以虔敬跑过去，以顺服打开。玛利亚说：'我是主的使女，情愿照你的话成就在我身上'"。[23]接着贝纳尔多就长篇大论谈论圣母的回答所表达的谦卑。所以但丁以圣母的这句话表达圣母的谦卑，基本上是对于贝纳尔多的转述与引用，当然也就是当时信仰的表达。谦卑在中世纪的基督教信仰中被视为首要的美德，贝纳尔多专门著有《谦卑与骄傲的阶梯》（The Degrees of Humility and Pride, 1118/19）来解释圣本笃的会规中的谦卑的 12 阶梯。在《至福圣母玛利亚之镜》中也是把谦卑作为圣母的首要美德，没有这一美德，其他的美德都将不存在。

---

22 St. Bonaventure, *Mirror of the Blessed Virgin Mary,* The Catholic Primer, www.catholicprimer.org, 2005, pp. 66-69

23 *Life and Works of Saint Bernard,* Vol III, pp.341-342

在第 13 歌中，论到嫉妒者，但丁把圣母的爱心作为对立的美德。圣母的话语是藉着精灵的声音传递出来的："他们的酒喝光了"。这是在《约翰福音》第 2 章记载的耶稣所行的第一个奇迹：在迦南婚宴上变水为酒。当时宴会正进行之中的时候，酒喝完了，这是非常尴尬的事。圣母、耶稣及其门徒都被邀请在席上，圣母就对耶稣说："他们的酒喝光了"，想请耶稣帮助找到酒，耶稣初始拒绝，说自己的时间没有到，随后请人们把六口石缸灌满了水，然后从缸中舀出来就变成了酒，而且比原来的酒还要好。按照第 17 歌对于罪的解释，罪是对错误对象的爱，嫉妒指的是："有的人因为他人荣升，生怕自己丧失自己的权力、恩宠、荣誉和名声，因此，他忧心忡忡，甚至切望他人遭到相反的命运"。而圣母的爱心则是为了他人的好处。

在第 15 歌论到愤怒者时，但丁把圣母的温柔当作与之对立的美德的典范，圣母是在朝圣者但丁的梦境中出现的："看到一座圣殿中有很多人；一个妇女立在进门之处，以慈母般的温柔神态说：'我的宝贝儿子，你为什么这样捉弄我们？你看，你的父亲和我曾焦急万分，到处找你"。这是《路加福音》2 章中记载的事件：耶稣在 12 岁时和父母一起去耶路撒冷过逾越节，圣母与约瑟离开时，耶稣却留在圣殿与文士辩论圣经，后来圣母回到圣殿找到耶稣时说出了上面的话。圣母的话语中显然有一些责怪，但她却把这样的生气和忧伤控制在温柔的美德之下。

在第 18 篇论到懒惰者时，圣母的勤奋被拿来作为与之对立的美德。这一次是通过那些懒惰者的喊叫，他们似乎正在思想那些勤奋者的典范，当然圣母是其中最先被提到的："玛利亚正匆忙地跑上山去"。这句话出现于《路加福音》1：39，当圣母听到天使说她的表姐伊丽莎白已经怀孕六个月，就起身急忙往山地去，在那里与伊丽莎白同住了三个月。这件事用来表达圣母勤奋的美德。

在第 20 篇论到对贪婪者的惩罚时，圣母的慷慨作为与之对应的美德。这次圣母直接作为这些悔罪者呼求的对象，并把她的美德当作效法的榜样。这些贪婪者的灵魂呼叫："慈悲的玛利亚啊"！"你曾是那样的贫穷，从那旅店就可以看出这般情景，正是在那里，你使你怀下的神圣孩儿降生"。这里所指之事记载在《路加福音》第 2 章，因为当时罗马皇帝要各地的人民回到自己的祖籍报户口，约瑟就带着怀孕的玛利亚来到他们的祖籍地伯利恒，当时客店都住满了，他们没有找到地方，就在马棚里生下了耶稣。这件事表示圣母甘心贫穷，对于世俗的财物并不在意。

在第 22 歌论及贪食者时，圣母的节制作为与之对应的美德。提到圣母的声音是从叶丛中发出，不知是否是那些悔改的灵魂发出的。这次的话语以对于亚当和夏娃的警告与圣母的节制作为对比："你们且莫以此就餐"，"玛利亚想得更多的是让婚礼办得隆重而周全，而不是只想她口中之物，而她的口如今正在为你答辩"。第一句话是上帝在伊甸园对于亚当和夏娃的警告，但夏娃因悖逆违背禁令，导致人类堕落。而圣母更多想到的是给众人带来好处，不考虑自己食欲，她的嘴更是要用于为众人代祷，使众人脱离因罪恶而面临的惩罚。节制不仅是消极的禁欲，更是积极的灵性关顾。很有意思的是这里再一次以迦南婚宴的事件来展示圣母的美德。

在第 25 歌论及贪色者时，圣母的贞洁的美德已经成为那些在烈焰中被熬炼的灵魂歌唱的对象，在歌声中唱出圣母的话语："我还不认识那男人"（virum non cognosco）[24]。这句话出现在路加福音第一章，当圣母听到天使报告说她要怀孕生子时回答的第一句话，表达她的吃惊和担忧。其实这句话意思是："我还没有与男人发生关系"，表明圣母的贞洁。贞洁一直是教父所强调的圣母的美德，即便生了耶稣之后，也被认为一直保守贞洁，所以是"永远贞洁"。这里又回到了最初提及圣母的场景。这样的循坏或许正是但丁的匠心之所在，以圣母的美德作为《炼狱篇》的结构线索。

虽然《炼狱篇》对于圣母美德的描述和《至福圣母玛利亚之镜》非常相似，但也有很多的不同，特别是在对于表现圣母美德的事件的选择上。但丁倾向于选择《新约》福音书中的事件，而后者则更多以旧约中那些敬虔的女人所经历的事件来表达圣母的美德。Steven Botterill 认为但丁非常强调圣母观念的圣经基础，"似乎对在他那个时代围绕着圣母成长起来的大量非圣经传说和轶事不感兴趣，当从字面上或历史上对待她时，他严格遵循圣经的先例"。[25]但从"谦卑"美德的论述可以看到，实际上，但丁还是接受了很多对于圣母的传统的表达。虽然没有看到其他几种美德在当时圣母崇拜的著作中的论述，仍可以猜测是当时的大量的对于福音书中圣母事件的释经使他采用了这些经文

---

24 "virum non cognosco"，思高本圣经译为："因为我不认识男人"，应该更准确，不知道黄译为何在前加上定冠词"那"。王维克译"我一个男人都不认识"，田德望则没有译，只在注释中注出和合本圣经的翻译"我没有出嫁"。Melville Best Anderson 的英译译为："A man I do not know"。

25 Steven Botterill，*Dante and the Mystical Tradition*，Cambridge University Press，1994，pp.157

和事件来表达圣母的美德。

四、作为天国的女王

圣母之所以能够成为救恩的发动者，作为祷告的对象，并且成为美德的典范还因为圣母即便在天国也拥有非常高的地位。反之，她在地上的工作也促成了她在天上崇高的地位。圣母作为天国女王的观念有三个方面的来源：首先来自于"上帝之母"的称号，没有人能够像圣母一样参与基督的救赎之功，这一点在第一部分已经讨论过；第二是圣母升天的观念，这一观念虽然没有出现于圣经之中，但在 2 世纪之后，已经在很多地方流传，到 6 世纪，已经确立 8 月 15 日为圣母升天节；第三是教父对于《启示录》12 章"天上妇人"的阐释。5 世纪的 Epiphanius of Salamis 把《启示录》12 章中的那个"身披日头，脚踏月亮，头戴十二星的冠冕"的妇人解释为圣母，之后这一解释就被广泛接受。[26]由于《启示录》中的那个妇人又被等同于教会，所以作为天国女王的圣母不仅是个人，也代表教会，她所拥有的荣耀因此也是教会的荣耀。

第一位用女王这个称号称呼圣母的应该是叙利亚的教父 Ephrem（ca. 306-373），他兼具崇高的教义、深沉的灵性和强烈的激情，被称为"圣灵"的竖琴，他是教父时代最伟大的诗人，据说写了不下三百万行诗，并被认为是第一个强调圣母奥妙和威严的人。他在崇拜基督的同时崇拜圣母：

> 唯有你（耶稣），还有你的母亲
>
> 比世上一切都更美丽
>
> 因为，主啊，在你身上没有一点污迹
>
> 你的母亲身上也不着些微脏痕。[27]

作为歌颂圣母的诗人，Ephrem 可以说是但丁的先驱，他已经把圣母与基督相提并论了。

在《金传奇》中，详细地描述了圣母死时的情景，然后基督带着天使向门徒显现，问门徒要给予圣母怎样的恩典，门徒一起求耶稣使圣母复活，并且永远坐在基督的右边，基督答应了他们的请求，于是：

> 天使长米迦勒立刻走过来，把马利亚的灵魂呈现在主面前。救主

---

26 *S.M Mary and the Fathers of the Church*, pp.126.
27 *S.M Mary and the Fathers of the Church*, pp.109.

说："起来，我亲爱的，我的鸽子，荣耀的帐幕，生命的器皿，天上的圣殿！因为你没有经历通过肉体的性交而产生的罪污，所以你永远不会在坟墓里经受肉体的消解。"于是，玛利亚的灵魂进入了她的身体，她荣耀地出离坟墓，被安置在天国的洞房里，有许多天使陪伴着她。[28]

《金传奇》对圣母升天的描述引用了很多之前的神学家的论述，这些论述我们在《天国篇》中都能看到蛛丝马迹。

耶柔米（Jerome，342-420）提到圣母在天国荣登王位："谁能想到，这位世界女王是多么荣耀地前进着，大批天国的军队是多么激动地、多么虔诚地迎上前来。她被领上了王位，她的儿子以多么平静的姿态和安详的面容，多么神圣的拥抱接纳了她，把她高举在一切生灵之上！[29]这里虽然没有用天国女王的称号，但世界女王被迎接上天，坐在天国的王位上，不就是天国女王吗？

8世纪左右的爱尔兰的一位主教吉拉德（Gerard）在讲道中描述了圣母在天国所享受到的荣耀：

只有伟大的主耶稣基督能给予他母亲那样的伟大，那种伟大是她从来自神性威严本身的尊崇和赞美得到的，就是由天使的歌队所参与的，由天使长的军队环围、由主治天使的欢呼在各侧伴随，由掌权天使的舞蹈、执政天使的喝彩、美德天使的赞美、基路伯的唱诗、撒拉弗的吟诵所环绕。那不可言喻的三位一体也以不止息的舞蹈为她喝彩，那三位格向她全身注入的优雅吸引了所有人的注意。使徒的荣耀的序列以无以言语的赞美来称颂她，殉道者群体向如此伟大的女王献上各种的敬拜，无数忏悔者的军队持续地向她吟诵，辉煌的童贞女的队伍唱起一首不断的合唱，来尊崇她的荣耀，不甘心的地狱向她嚎叫，而无耻的恶魔以尖叫附和。[30]

我们可以看到，"天国女王"所具有的以上三个方面的内容在《天堂篇》的圣母形象中都有所反应，也只有了解了这些内容，才能充分了解其中作为天国女王的圣母的形象。

28 Jacobus de Voragine,*The Golden Legend*, trans. by William Grange Ryan,Princeton University Press, 1993, pp.468.

29 *The Golden Legend*, pp.470.

30 *The Golden Legend*, pp.471.

《天堂篇》23 歌以后，圣母越来越被频繁地提到，这不是说之前与圣母无关，因为整个旅程朝向的目标就是圣母，以及只有圣母才能够帮助达到的三一神。圣母不仅是对于朝圣者但丁拯救的发起者，在他整个旅程中回应他的祷告，差派比阿特丽切和露西亚去帮助引导他，在炼狱中成为美德的模范，而且最终保证这次旅程的完成。不仅如此，圣母也是天国的女王，她是天国的中心，三一神则保留在背景之中，仅仅成为朝圣者注目观看的对象。

在 23 歌中，在人类得救灵魂居所的第八重天，基督率领享天福的全部灵魂荣耀显现，这幕场景应该是天国的提前显现。如果说之前每一重天有各个层级的灵魂向朝圣者但丁显现，为的是指教他关于救恩和历史的问题，这里作为人类灵魂居所的最后一重天，是最适合表达耶稣救赎之功胜利的地方，可以让朝圣者初见天国的辉煌，预尝这一无上的神圣喜悦。在这一场景中，基督先出现，而且着墨不多，似乎只是为了引出圣母的出场。在描写那群灵魂时，已经特别指出："那里，有那朵玫瑰花，神子曾在其中化为肉身"，这显明圣母在得救的灵魂中具有显赫的地位，因为她使基督道成肉身得以实现，与基督有着无可替代的关系。之后把圣母描述为一颗巨大、灿烂、明亮的星星，"这星星在天上压倒众星，在人间也曾压倒芸芸众生"。圣母在天上的特殊位置又通过天使的歌唱赞美，一再突出她作为基督之母的身份，而其他以光体显现的灵魂也一起歌唱，他们把自己的光焰向上伸展，也为表现对圣母的崇高感情，他们一直以圣母在天国的尊号欢唱"天后"（Regina caeli）。

《天堂篇》中不断强调圣母与耶稣的相似来突出圣母在天国的地位，比如 25 歌中，圣约翰解释，一般的人升入天国的只有灵魂，而身体在尘世已化为尘土，只有圣母和耶稣是带着肉身进入天国的："身着两件衣裳、待在这幸福的隐修之所的，只有方才飞升的两束光芒"。（25：127-128）两件衣裳即肉体与灵魂，这两束光芒指的就是圣母与耶稣。这表明但丁接受了圣母肉身复活进入天国的观念。在 32 歌，则如前面已提到的，把圣母的面容描述为"与基督最为相象"，（32：86）而且没有什么容貌可以比她"与上帝如此相似"。（32：93）这几乎已经把圣母神化了。

在但丁对于天国秩序的安排中，可以看出他把默修看得比神学更高，比阿特丽切虽为圣母差派，但并不能够带领朝圣者但丁到圣母面前。令人不解的是，甚至也不是圣母直接差派的露齐亚，而是不仅让我们吃惊，也让朝圣者但丁吃惊的贝纳尔多。（31：59）Steven Botterill 在《但丁与神秘主义传统》中提出这一出人意外的转换在《神曲》中具有重要的意义，不但是一个叙述事件的转换，表明朝圣者但丁的旅程的目标不能只是由比阿特丽切转化的人性所代表的神学，而且表明诗人但丁也意识到自己的经验必须超越这些，"要达到像贝纳尔多所代表的默修在今世所品尝到的平安，并要达到一定是超越比阿特丽切的具有神化祝福的永恒生命"。[31]

如前所言，贝纳尔多在布道中所表达的圣母的观念在 13 世纪的圣母崇拜中影响甚剧。他自述是"圣母的忠实信徒"，并且说"那位天后点燃我的全部爱心"。借他之口表达对于圣母在天国中的特殊地位可以说是最合适不过了。贝纳尔多向朝圣者但丁描述圣母在天国中的形象：

> 你还是该把那一圈圈阶梯仔细观看，
>
> 直到那最远的一圈，
>
> 这样，你就会看到天后端坐在上面，
>
> 这个王国都臣服于她，对她至诚至虔。（31：115-117）

如果贝纳尔多强调她在天国的权柄，而朝圣者但丁眼中所见则是圣母就是天国众光所围绕的中心，所取悦的对象：

> 同样，那片平和的金红色光芒，
>
> 位于中央，灿烂辉煌，
>
> 而四面八方的光焰则一概减弱光亮。
>
> 我看见正是在那中央，
>
> 有一千多位欢乐喜庆的天使在展翅飞翔，
>
> 他们各有各的技艺和亮光。
>
> 我看见这里有一个美女
>
> 在对他们的玩耍和歌唱露出笑意，
>
> 她正是所有其他圣者的目光中显示的欢喜。（31：127-135）

这难道不应该是三一神，或者是基督应该具有的地位吗？所以在天国之中，圣母不仅与基督等量齐观，甚至取代了基督应有的位置。更进一步，在 32 歌，继续讲述圣母作为天国玫瑰的中心，所有的圣徒从她脚下按顺序排列，圣徒与天使在那里都在赞美颂扬圣母。在 33 歌，藉着贝纳尔多的祷告，历数圣母的崇高、伟大和仁爱，是最要求告的对象。接下来则是求告圣母成就贝纳尔

---

31 *Dante and the Mystical Tradition*, pp.86.

多和贝阿特丽切以及其他圣徒为朝圣者献上的祈祷，让他可以观看到三一神的形象。到了这里，可以说圣母发起，最终由圣母完成的旅程结束。因此圣母应该是《神曲》的核心形象，这一形象反映了但丁的圣母崇拜的思想，当然不是他的独创，乃是 13 世纪形成的已经成为普遍的信仰。《神曲》不仅是中世纪学术、科学的大全，也是信仰思想、情感的大全。中世纪对于圣母的信仰基本上都在《神曲》中充分地表达出来。

五、圣母形象的视觉化特征

13 世纪不仅有神学的大全、诗歌的大全，还有图像的大全。马勒说：13 世纪"所有这些被神学家、百科全书作者和圣经注释者表达出来的重要的内容，都在彩绘玻璃和雕塑上得到了表现"。[32]13 世纪的图像如同当时的各种思想一样，虽然不是各种主题和表现方式的起源，却是完善了各种主题和表现方式。当时的图像当然不只有彩绘玻璃和雕塑，还有彩绘本，镶板画等其他视觉形式。研究《神曲》的学者都注意到了这部作品具有很强的"画面感"或"绘画特征"，[33]下面这部分想要表达的是，这种视觉化的特征尤其在圣母形象中表达出来。第一，我们会发现但丁在对于圣母形象的塑造时有意识借助视觉化的表达来展示圣母的形象或相关的场景；第二、对于圣母形象的塑造很有可能受到了当时所见的圣母图像的影响，尤其天国被塑造成为以圣母为中心的形象可能就是当时圣母图像的影响下形成的。

单纯从《神曲》的内容就可以看到，但丁很关注当时绘画艺术的发展，据说他自己也有一些绘画的实践，他和乔托是好朋友，《炼狱篇》第 11 歌中特别提到：当时绘画领域最著名的是乔托（Giotto，1266-1337 年），他取代了之前契马布埃（Cimabue，1240-1302 年）的地位。他还把阿哥比奥的奥德里西（Oderisi da Gubbio，1240-1299）放在炼狱之中，并称其为"阿哥比奥的光荣"，认为他是巴黎彩绘本艺术的光荣。而且还了解他的学生波洛尼亚人佛兰科（FrancoBolognese）。可见但丁不仅熟悉意大利的艺术，对于当时欧洲其他地区的艺术也颇有研究。在《炼狱篇》的第 10 歌，他在第一层绝壁下看见了三幅白色大理石浮雕：《受胎告知》、《大卫迎接约柜》和《图拉真皇帝为寡妇伸冤》。但丁说上帝用这种"视而可识的语言"来讲述谦卑的美德。这

---

32 *Religious Art in France of The Thirteenth Century*, vi.
33 法埃莱·坎巴内拉《但丁与〈神曲〉》，商务印书馆，2016，46 页。

应该是对于 6 世纪教皇格列高利"图像是不识字之人的圣经"之语的回应。
接下来又以人像柱比喻那些因骄傲受惩罚的灵魂。在第 12 歌，又继续描绘
了墓地上石碑所雕刻的或旧约、或伪经或神话或历史中骄傲之人受到惩罚的
情景。并且评论到：

> 是哪一位擅长运用画笔或雕刻刀的大师，
>
> 把其中的明暗面和线条刻画得如此精细？
>
> 即使是一位才华横溢的巨匠也要对此赞叹不已！
>
> 在那里，死人就像死人，活人就像活人：
>
> 哪怕一个人目睹真相，也不能
>
> 把我弯腰行走时足踏的所有人像，看得比我更清。

但丁显然对于同时代各地的图像作品非常了解，并且对于中世纪的图像的教
化功能也非常重视和肯定。

"受胎告知"事件在《神曲》中被以不同形式描述过三次，明显是塑造圣
母最重要的一个场景。第一次就是上面提到的《炼狱》第 10 歌提到的白色大
理石浮雕：

> 那位曾携带世人含泪期盼多年的和平指令
>
> 降临人间的天使
>
> 曾打开长期禁止入内的天国之门，
>
> 这时他被刻在石壁上，姿态优美，
>
> 在我们面前，显得这样栩栩如生，
>
> 竟不像是哑口无言的雕像一尊。
>
> 人们会发誓说，他是在道"万福"，
>
> 因为在石壁上也刻有那位的肖像，
>
> 她正在转动钥匙，把崇高的爱开放；
>
> 这句话也刻在她那启动的唇上：
>
> "我是主的使女"。恰如印章打在蜡上一样。

在 13、14 世纪的欧洲，随处可见以"受胎告知"为主题的图像，比如现在
仍能见到的比萨主教堂飞檐上的浮雕（图 1），亚眠主教堂西南门柱像（图
2），兰斯主教堂西立面门柱像（图 3）。意大利的同样主题的镶板画和壁画比
较多（图 4）。最有名的当数但丁的朋友乔托在帕多瓦的斯克罗文尼教堂的

祭坛拱门上方所画的《受胎告知》（图 5、6）。这一时期的很多的时祷书（book of hours）的开端都会有《受胎告知》的彩绘图，在祷告时观看默想，成为灵修的重要帮助。[34]所以各个教堂中的这类图像也都会激发观看者对于救恩的这一重要时刻的思想。但丁不仅以此来表达圣母的谦卑，而且把这一事件作为圣母可以成为天国王后的重要依据，因为在这一事件使得基督"道成肉身"，上帝的救恩计划藉着圣母的顺服而实现。在《天堂篇》第 23 歌，31 歌，32 歌都有对于这一场景的描绘和表达。而《炼狱篇》第 10 歌中的雕刻则为这些描绘提供了可供联想的可视化形象，使得读者读到这些诗句的时候，眼前就会出现雕塑的具体形象。

图 1　Pulpit reliefs: 1. Annunciation, Visitation,1302-11, Marble, Cathedral, Pisa

---

34 Ann van Dijk *The Angelic Salutation in Early Byzantine and Medieval Annunciation Imagery*, The Art Bulletin, Vol. 81, No.3 (Sep., 1999), pp.420-436.

图 2　The Annunciation, c. 1225, Stone, Cathedral, Amiens

图 3　The Annunciation, Central doorway of west portal（detail）,1252-
75 Stone, Cathedral, Reims（Marne）

图 4　Guido da Siena,Annunciation, 1270s, Tempera on wood, 34×46 cm
University Art Museum, Princeton

图 5、6　Giotto di Bondone, No. 15 Annunciation, 1306, Fresco, 150×195cm,
Cappella Scrovegni（Arena Chapel）, Padua

　　这一时期对于圣母的图像化表达范围非常广泛。马勒指出，13 世纪的圣母图像利用伪经中记载的故事把圣母的整个生平甚至连同她的父母都完整表现于图像之中。[35]当然这些关于圣母的图像如同对圣母表达崇拜的文献一样，

---

35 *Religious Art in France of The Thirteenth Century*，pp.240.

都是为了赞美圣母的品德和荣耀。福音书中有关圣母的记载尤其更多地被 13 世纪的图像所描绘，如圣母七喜（The Seven Joys of Mary，包括领报、基督降生、三王来拜、基督复活、基督升天、五旬节圣灵降临、圣母加冕），圣母七哀（The Seven Sorrows of Mary，包括西门预言、逃往埃及、耶稣停留在圣殿、耶稣受刑路上相遇、耶稣被钉、耶稣被取下十字架、耶稣被亚利马太人约瑟埋葬）。当然更多的是《圣母子》、《圣母加冕》、《宝座上的圣母》为题的图像。可以说圣母的各种形象都可以让 14 世纪的读者想到这些视觉对应物，尤其是《炼狱篇》中对于圣母七德的事件的选择，即便其中没有提到，那些内容显然都是要让人联想到相关的图像。

　　《天国篇》中对于天国王后的描述也一样都能在图像中找到视觉对应物。所以对于天国的描述，尤其是对于第八重天，即恒星天以上的描述并非如诗人但丁所表达的那样前无古人，没有帮助。且不说伪狄奥尼修的《天阶体制》、博那文图拉的《心向上帝的旅程》以及雷根斯堡（Regensburg）的一个爱尔兰修道士马库斯（Marcus）写于 1150 年左右《汤德尔骑士的异象》（The Vision of the Knight Tondal）这些神学或文学的著作可以作为参照[36]，当时的很多以《圣母子》、《圣母加冕》、《宝座上的圣母》为题的图像都表现了以圣母为中心的天堂形象。把《天堂篇》第 23 歌 90-113 行，31 歌 116-135 行，32 歌 85-107 行，与契马布埃《荣耀中的圣母》（图 7）、杜乔《宝座中的圣母》、乔托《宝座中的圣母》（图 9）相对照，可能会奇妙地发现这些圣母的图像正是《天堂篇》圣母形象的视觉对应物。这些图像将圣母置于被天使围绕，或者天使和圣徒围绕的宝座上，在金色的背景下，天使与圣徒头戴金色的光环，仰望宝座上的圣母，圣母俨然天国的王后。这些描述圣母的图像实际上传达了当时人们心中天国的形象，就是以圣母为中心，天使与圣徒围绕圣母，一起喜乐歌唱。

---

36 阿利斯特·E·麦格拉斯《天堂简史》，高民贵　陈晓霞　译，北京大学出版社，2006 年，23 页。

图 7 Cimabue, The Madonna in Majesty（Maestà）1285-86 Tempera on panel, 385 x 223 cm Galleria degli Uffizi, Florence

图 8 Duccio di Buoninsegna Conjectural reconstrruction of the Maestà （front）1308-1311

图 9 Gioto di Bondone Ognissanti Madonna（Madonna in Maestà）c. 1310
Tempera on wood, 325×204 cm Galleria degli Uffizi, Florence

　　巴巴拉·雷诺兹提到乔托的壁画对但丁写作《神曲》的影响，"据说但丁于 1304 年到 1305 年间曾见过乔托在帕多瓦的斯科罗维格尼教堂作的壁画。但丁当时还没有开始写《神曲》，但他对乔托作品的记忆在其后的创作中发挥了作用。壁画的各种新颖、引人的特征，如自然主义色彩的叙事场景、极为个性化的人物互动、如同舞台场景的安排，但丁汲取精华，不仅运用在他对其神圣艺术的描写方面，也运用在他自己作品的人物和事件安排上"。[37]当然不仅乔托的作品，13 世纪是一个图像的时代，大量的描绘圣母的图像与那些表达圣母崇拜的文献一样成为但丁塑造圣母形象的思想和灵感来源。如果说，那些圣母的图像把文献转化成了可视的形象，那么这些可视的形象就成为但丁文学形象的直接来源。巴巴拉·雷诺兹注意到《地狱篇》第五歌中弥诺斯（Minos）形象，受一些教堂比如英格兰圣安德鲁斯教堂中末日绘画的启发，路西弗的形

37 芭芭拉·雷诺兹《全新的但丁》，吴建、张韵非译，黑龙江教育出版社，2015 年，360 页。

象受佛罗伦萨洗礼堂圆屋顶的镶嵌画中形象的启发，《天堂篇》第六歌可能是但丁在拉维娜维他莱教堂墙上看到的查士丁尼及其随从的镶嵌画获得的灵感。[38]

一般研究古代及中世纪艺术的学者多强调文本先于图像，尤其是对于图像志的研究多强调要找到图像主题依据的文本。正是由于这样的观念，中世纪图像志研究的专家马勒在描述巴黎圣母院北门山花壁面的《圣母加冕》的雕刻时注意到中世纪图像中对于天堂的表现与《神曲》的类似时，提出了这样的看法："我们当然赞赏卢浮宫安杰利科修士的那幅精妙绘画，画中表现了基督站在唱诗班中为玛利亚戴上加冕的情景，唱诗班由穿着天国色彩衣服的少女、圣徒和殉道者组成。但我们应该公正地对待两个世纪以前的古代大师，他们对同一体裁的处理甚至比安杰利科修士更巧妙。他们像但丁一样让整个天国围绕着圣母形成同心圆，将天国展现在人们眼前，把玛利亚表现为神圣事物的中心，四周环围着'张着双翼的成千天使，在那里赞美圣母；每个天使都有各自的荣光'"。[39]可惜的是马勒只是看到大约创作于13世纪的雕塑与《神曲》都把天国塑造成为"围绕着圣母的同心圆"，却未指出二者之间究竟存在着怎样的关系。

马勒这里讲到的是13世纪的哥特大教堂，巴黎圣母院，兰斯主教堂，桑利主教堂等各处的圣母加冕的雕塑。我们不知道但丁是否接触到这些雕塑，但按照博伽丘的说法，他至少去过巴黎。[40]马勒也提到，当时整个欧洲都为圣母的形象特别为圣母加冕的形象所着迷，意大利，西班牙、德国都出现了类似的图像，所以但丁应该是对这些图像是比较熟悉的。我觉得马勒的话需要改变一下，不是13世纪图像中天国圣母的形象和但丁的相似，而是图像中的天国圣母形象正是《神曲·天堂》中以圣母为中心天堂形象的来源。这也就是为何我们觉得圣母形象，尤其是天国中的圣母形象，具有强烈的视觉化特征的原因。

六、结 语

《神曲》虽不拒绝世俗性的解读，但其主导性的思想和强烈的中世纪信仰的情感必须被考虑到。中世纪的信仰有其特别之处，最突出的就是圣母崇拜，而《神曲》可以说在很大程度上就是这一信仰的表达。圣母是《神曲》的核心

---

38 芭芭拉·雷诺兹《全新的但丁》，174 页，297 页。
39 *Religious Art in France of The Thirteenth Century*, pp.256.
40 博伽丘《但丁传》，广西师范大学出版社，2008 年，14 页。

形象，她是朝圣者但丁拯救的发起者，是朝圣者但丁和《神曲》中每一个人物祷告的对象，是《炼狱篇》中特别需要的美德的典范，在天国中既是众圣徒和天使瞩目的中心，也是一位高贵荣耀的女王。圣母使得朝圣者但丁的旅程开始，她差派比阿特丽切、露齐亚去引导但丁，在某种意义上，我们也可以说维吉尔与贝纳尔多也为圣母差派，最后也是圣母使得朝圣者但丁能够朝见三一神，旅程得以完满结束。可以说，圣母是《神曲》的开始，也是《神曲》的结束，并且贯穿整部《神曲》。而且，圣母的形象是由 13 世纪综合了各个时代的圣母崇拜的思想和图像表达塑造而成的，因此是这一时代对于圣母信仰的完整表达。因此，对于《神曲》中的圣母形象的系统研究，可以帮助我们更深地理解《神曲》以及《神曲》所处的时代。

第六章 宗教改革与艺术的变革

按照潘诺夫斯基的说法："图像志是美术史研究的一个分支，其研究对象是与美术作品的'形式'相对的作品的主题和意义"。[1]本文所说的图像志主要是对作品主题的研究，对于作品的"图像、故事和寓意的认定"，至于对作品意义的研究则进入到图像学研究的范围。按照比亚洛斯托基的说法，指的是"意图性图像志"，指"艺术家、赞助人或同一时代的观看者对视觉符号和图像的功能和意义所持的态度"。[2]比氏认为西方艺术形成了两种图像志系统："中世纪的宗教系统、文艺复兴和巴洛克的人文主义系统"。[3]本文将要指出的是，从宗教系统的图像志到人文主义系统的图像志的转变中，除了古典文化，宗教改革在其中产生了巨大的影响。对此，图像志研究的权威埃米利·马勒在其经典图像志著作《晚期中世纪的法国宗教艺术》中早就指出："如果中世纪传统消亡了，不是由文艺复兴，而是由宗教改革引起的。宗教改革通过迫使天主教会监管其思想的各个方面，并坚定地转向自身而结束了漫长的传奇、诗歌和梦幻的传统"。[4]但马勒关注的重点是法国，对于宗教改革在整个欧洲艺术图像志中产生的影响则较少提及。一般研究宗教改革与艺术的关系的学者，多是强调其对于图像的反对，对于视觉艺术造成的损害。如艺术史家奥托·

---

1 潘诺夫斯基著，戚印平，范景中译，《图像学研究：文艺复兴时期艺术的人文主题》，上海三联书店 2011 年，1 页。

2 贡步里希著，杨思梁，范景中，译，《象征的图像》，广西美术出版社，2015 年，279 页。

3 贡步里希著，杨思梁，范景中，译，《象征的图像》，280 页。

4 Emile Male ,*Religious Art in France: the Late Middle Age*, Princeton University Press, 1986, 440.

本内施在《北方文艺复兴》中说到："新教实际上使德意志成为文化沙漠。伊拉斯谟斯叹息到：'在路德主义统治的任何地方，人文研究都衰退了'。……宗教改革完全战胜了人文主义。我们知道，在那个世纪的剩余日子里，虽然还出现了一些创造性天才，但德意志艺术的脊背已经受到难以估量的伤害。在这种环境下，霍尔拜因这样宽荣大度的艺术家也无法忍受"。[5]荷兰的文化史家赫伊津哈则认为："新教限制了画家的选材，从而损害了早些时候可能会辉煌闪现的能力，看来这似乎是没有疑问的"。[6]本文希望指出，一方面宗教改革确实对于西方艺术的图像志传统产生了深远的影响，这种影响虽然使得北方艺术在很大程度上失去了教会这一重要的支持力量，但却与南方艺术一起沿着与宗教分离的道路最终走向了独立。

一、宗教改革对于艺术的态度

有关宗教改革和艺术关系的研究，教会史学家和艺术史学家各自关注不同的方面。前者着重研究宗教改革先驱者们对于图像艺术的反对，他们多带着同情的态度，认同改教者们对于天主教的批评，把基督教图像看成是天主教礼仪的一部分，或是功德神学的一部分，因而非常赞成，而不作更加具体的分析。而艺术史家出于对于艺术的热爱多是对于宗教改革造成的影响给予否定或消极的评价。宗教改革到底对于欧洲的艺术产生了怎样的影响呢？我们首先需要具体分析 16 世纪的那些宗教改革的重要人物对于视觉艺术的看法。

马丁·路德最初认为图像会引起偶像崇拜，并且很多人把制作偶像当成是导致得救的功德，所以认为教堂内最好不使用图像。但他把教堂里用不用神像看作是一个自由的事情："神像也是不必要的，我们有自由予以取舍，但我们若未曾有过，那就更好了"。[7]但他也承认神像对于一些人是有益的："因为我们必须承认，还有许多人对于神像并无错误观念，所以对他们，神像还是有用的。虽然这样的人为数不多，但是我们对于任何还有益于灵修的事不能非难，也不应非难"。[8]

---

5 奥托·本内施著，戚印平，毛羽译，《北方文艺复兴》中国美术学院出版社，2001年，84 页。

6 赫伊津哈著，何道宽译，《17 世纪的荷兰文明》，花城出版社，2010 年，64-65 页。

7 马丁·路德著作翻译小组译，《马丁·路德文选》，中国社会科学出版社，2003 年，107 页。

8 马丁·路德著作翻译小组译，《马丁·路德文选》，109 页。

　　1522 年，马丁·路德在隐居瓦特堡期间，听到卡尔斯塔德在威登堡引发了毁坏圣像的动乱，立刻返回威登堡，在讲道中驳斥卡尔斯塔德的观点，恢复宗教改革的正常秩序。卡尔斯塔德的反对图像的观点可以说简单而粗暴，他同年发表的《论除去偶像》一文主要观点可概括如下：教堂里有图像是违背第一诫的；把偶像置于祭坛之上更是邪恶；因此，为了顺服圣经，我们要除去图像。[9]他指责艺术家是制作图像的罪犯，他们既没有什么益处，也什么都不懂。[10]

　　茨温利从禁止制作图像的诫命和反对以敬拜圣徒作为称义的手段出发来禁止使用图像，并且以一个政治家的态度发动毁坏偶像运动。在茨温利所主导的苏黎世，教堂里的祭坛被除去，赞助者要把他们所赞助的图像从教堂取走，可以自己保存，彩绘玻璃可以继续留存在教堂里。教堂如果保留图像，不能再在其面前点烛烧香。耶稣受难像也可以被保留，因为这种图像只是表达人性和基督的受难，而不表达神，它也是基督徒的一个记号。[11]

　　加尔文从对于神的认识出发，认为关于神和圣徒的图像无益于对神的认识，反而把神变成偶像。认识神唯有通过神自己启示的话语即圣经，教会的教导也唯有通过讲道以及藉着讲道而发生作用的圣礼来实施。所以在他看来，教堂的主要功能就在宣讲神的话语和举行圣礼，"其他的表征与这圣洁的场所极不相称"。[12]他反对在教堂里面使用图像，但他"也不是偏激到认为神禁止一切的雕像和画像。因为雕刻和绘画的才能是神赏赐给人的。所以我们要圣洁和恰当地使用这样的才能，免得主为了他的荣耀和我们的益处而赐给我们的才能因邪恶的滥用而被玷污，至终导致我们的毁灭"。[13]

　　改教家对于视觉艺术的观点基本上可以概括为三个方面：

　　从圣经的解释上理解视觉艺术，路德的观点是，圣经所不禁止的，都是可以的；卡尔斯塔德、加尔文和茨温利的观点则是，圣经不提倡的，就是禁止的。路德认为十诫的第二诫是禁绝偶像崇拜，而不是禁绝图像；而后者则从字义来

9　Sergiusz Michalski，*Reformation and the Visual Arts: The Protestant Image Question in Western and Eastern Europe*, 1993,45

10　Hans Belting *Likensss and Presence,* Tr. By Edmund Jephcott, the University of Chicago Press, 1994, 546

11　Hans Belting *Likensss and Presence,* Tr. By Edmund Jephcott, the University of Chicago Press, 1994, 547.

12　加尔文著，钱曜诚等译《基督教要义》，三联书店，2010 年，上册，87 页。

13　加尔文著，钱曜诚等译《基督教要义》，85 页。

理解，第二诫就是禁止制作各类的图像。

从神学上理解视觉艺术：路德认为，图像本身没有问题，问题在于图像的使用。天主教把图像的赞助或制作看作一种功行，这是同其功行有助于救恩的神学联系在一起的，如果这些图像，尤其圣母圣徒的图像看作一种信心的典范，这些图像就是可以使用的。后者则集中于天主教的崇拜中把图像等同于图像所表达的对象，因此把对对象的崇拜转移到对于图像的崇拜上，他们坚持崇拜神不可以以图像代替崇拜的对象。对于偶像破坏论者把自由的事变成必须的事，路德认为这同偶像崇拜者实质上是一样的，都把图像本身看得过于重要，如果偶像崇拜者把制作图像当成称义的条件，而偶像破坏者则把毁坏图像看作称义的条件，本质上都是想靠行为称义。[14]

从心理学上或个人经历的角度理解视觉艺术，路德认为文字必然会引起内心的图像，这有助于敬拜；另一方面。路德认为根本的问题不是外在的偶像敬拜，而是内在的，如果将内在对于偶像的敬拜除去，图像就不会产生问题；而解决内心的问题不可能靠除去外在的图像。路德举例说有人敬拜太阳星辰，你能否把太阳星辰也除去呢？[15]而卡尔斯塔德从自己以前对于图像的厌恶的经历来否定图像，他承认："我心中存在着有害的恐惧，想要除去，但却不能"。[16]茨温利也描述自己在年少时所经历的人为制造圣像奇迹的事情来表明对于图像崇拜的荒谬。

二、宗教改革对于北方艺术图像志的改变

从改教者对于视觉艺术的论述来看，他们并不是反对视觉艺术，主要还是反对视觉艺术在教堂里可能引起的误用与滥用。对于路德，完全可以发展出一种宗教改革的艺术或新教的艺术，卡拉纳赫父子成为与他合作最好的艺术家，可以称作为路德派的新教艺术的典范，丢勒也可以看作是自觉追随路德改教精神进行创作的艺术家。至于禁止在教堂中使用视觉艺术的改教者，视觉艺术可以自由地表现非宗教的主题。加尔文根据第二条诫命反对制作神的像，认为："神唯独允许我们雕刻或描绘肉眼可见之物，不可将那我们肉眼看不见的神的威严用不恰当的象征玷污。神允许人雕刻和绘制的对象是历史事件和一切可见的形体，前者可用来教导和劝诫；至于后者，除了娱乐的用途之外，我

---

14 《马丁·路德文选》，109 页。

15 《马丁·路德文选》，110 页。

16 *Reformation and the Visual Arts*, 45.

想不到其他的用途。然而直到如今，显然教堂里面大多数的雕像和画像都属于后一类"。[17]这些观念对于当时的艺术创作产生了巨大的影响。

从欧洲北部这一时期的艺术看，在基督教艺术中，有一些主题逐渐减少或消失。圣徒虽然被路德解释为信心的典范，而不再是敬拜的对像，但 1540 年以后，除了使徒和福音书作者之外的圣徒图像就逐渐从教堂中消失了。[18]路德对于玛利亚的图像相对容忍，但因为新教以基督为中心的神学，还是使 1550 年之后玛利亚从新教图像志和新教教堂中逐渐消失。[19]另外会有一些新出现的主题，比如耶稣祝福小孩表达得救单纯因着信而不是功行，同时反对再洗礼派拒绝接受婴孩受洗的观点。这一题材中世纪的壁画中曾出现多次，但后来渐少，到宗教改革时期再次被不断表现，尤其卡拉纳赫父子。（图 1）恩典与律法主题的出现，特别在卡拉纳赫父子的作品中，用以表达新教和天主教不同神学观点之间的对比。（图 2）对于恩典而非功行的强调是因为新教看到功行非真正的功行，功行变得越发与真正的信仰无关，朝圣、向圣徒的遗骨和圣像奉献变成天主教神职人员敛财的工具。神职人员的特权和中介作用也成为堕落的根源，所以新教特别强调个体与上帝之间的关系。表现神直接救赎的题材，表现真实的悔改，敬虔的道德题材越来越多。布鲁盖尔《瞎子领瞎子》谴责天主教神职人员对于信徒的误导，伦勃朗《浪子回归》最清楚表现上帝对于诚信悔改之人的接纳。

圣徒在北方的图像中越来越少直至消失不见，而宗教改革的领袖人物取代他们成为重要的绘画题材。他们或被单独表现，或表现为与使徒具有同等地位的人物出现在十架受难的图像或最后的晚餐的图像之中，表明宗教改革的英雄们是接受使徒的观念，是要恢复教会回到使徒时代的状况。

---

17 《基督教要义》，上，85 页。
18 *Reformation and the Visual Arts*, 35.
19 *Reformation and the Visual Arts*, 36.

图 1　Lucas Cranach the Elder, Caritas（Charity）,1534, Oil and tempera on wood，Museum zu Allerheiligen, Schaffhausen

图 2　Lucas Cranach the Elder ,Contrasting Protestant and Catholic Christianity,c. 1545,Coloured woodcut,Staatliche Museen, Berlin

即便是接受传统的基督教艺术的主题，在宗教改革的影响之下，其表达方式也根据观念和需要的改变而改变。由于圣餐既是新教同天主教之间，又是路

德和慈运里之间争论的一个重要话题，《最后的晚餐》成为这一时期受路德影响的艺术家的一个重要题材。路德在诗篇111的评注中写到："如果要在祭坛上摆放图像，就应该是主的晚餐，并在其周围用金字写上这些字句：'恩典和仁慈的主设立了对他奇妙作为的纪念'。因为祭坛就是为圣礼的安排而设计的。不可能为它找到更好的绘画。上帝或耶稣的其他的图像放在其他地方"。[20]卡拉纳赫父子的作品中，圣餐的画面一方面会表现这些门徒接受酒的场景，另外改革者们常常代替门徒出现于其中。（图3）

　　林赛在《宗教改革史》中也很难得地注意到："德国的艺术家到处漂泊流浪。他们的主题转而改为人民的普通生活。但这变化是逐渐的。圣母玛利亚不再是天后，而纯粹是人间慈祥母亲的典型，她身旁的天使是几个欢乐的儿童，有的在摘花朵，有的在抚弄走兽，有的玩耍鲜果。在卢卡斯·卡拉纳赫（Lucas Cranach the Elde，1472-1553）的'逃往埃及途中小憩'的画中，画着两个小天使爬上一棵树去掏鸟窝，鸟儿的双亲在树上对着他们吱吱叫。在阿尔伯特·丢勒的一幅代表作'神圣的家'里面的是圣母马利亚和圣子耶稣坐在一农家庭院的正中，四周摆着各种各样农具。以后德国艺术家勇敢地投身于描绘平常常见的生活——骑士和骑士的比武、商队、街景、农民生活写实特别是农民的舞蹈、大学和学校的情景以及士兵的野营和行军等。即将来临的宗教革命在宣告人们的一切生活，即使最平凡的生活也是神圣的；那时的艺术展示出了人民在贵族城堡、城市市场和农村中的日常生活的生动画面"。[21]这种改变为了响应宗教改革以上帝所创造的自然美以及按祂的形象所创造的人来荣耀上帝的观念。另外由于加尔文派教会鼓励人们自己阅读圣经，画家们便常以手持圣经或正在阅读圣经的人入画。[22]（图4）比亚洛斯托基还提到："徽志的构图原理，即把图像和文字结合起来的做法，在欧洲北部大受欢迎，这也许是因为在新教教义中占显著地位的文字在此得到了强调"。[23]卡拉那赫的很多作品就是文字和图像的结合，甚至有些路德派的教堂中以圣经文字为图像作为教堂的装饰和教导的辅助。

---

20 Bonnie Noble, *Lucas Cranach the Elder: Art and Devotion of the German Reformation*, University of America, 2009, 78.
21 托马斯·马丁·林赛著，孔祥民等译，《宗教改革史》，商务印书馆，2016年，上卷，66页。
22 马里特·威斯特曼，张永俊，金菊译，《荷兰共和国艺术》，中国建筑工业出版社，2008年），51页。
23 《象征的图像》，291页。

图 3　Leading Reformers portrayed as the Apostles, and the Elector of Saxony
　　　kneeling. Lucas Cranach the Younger ,1565,Oil on panel,Schlosskirche,
　　　Dessau

图 4　The Prophetess Anna（known as 'Rembrandt's Mother'），1631,
Oil on panel, 60×48cm, Rijksmuseum, Amsterdam

很多艺术史家把 17 世纪荷兰现实主义绘画的出现归功于市民社会的发展，无视宗教改革运动对荷兰艺术造成的影响。比如阿诺德·豪泽尔在《艺术社会史》中就认为："决定荷兰艺术命运的，不是教会，不是君主，也不是宫廷社会，而是市民阶级，这个阶级获得重要性靠的是富人众多的数目，而非个别人士众多的财富"。[24]但正如赫伊津哈特别指出的："我们看到，人们对我们的画家的期待是描绘朴实的日常事物。即使他们不刻意表现新教的思想，其作品仍然是在新教主导的环境中产生的，因而其艺术不会用圣徒或礼拜的主题。再者，无论神话故事对我们的文学产生了多大的影响，它们在商人住宅里

24 Arnold Hauser *The Social History of Art*, Butler and Tanner Ltd. 1952，Vol1, p462-463，参黄燎宇译，《艺术社会史》，商务印书馆，2015 年，271 页。

悬挂的绘画作品中却是格格不入的"。[25]克莱格·哈贝森解释这一影响时说："当新教领袖对过去的滥用进行抨击时，他们并未推荐新的艺术形式，从而取代难以令人信服的旧形式，因而艺术家以及主顾们不得不自己去寻找"。[26]前面提到的比亚洛斯托基认为："17 世纪荷兰现实主义绘画见证了一次重要的图像志征服。风景、海景、月夜景色、冬天风景中滑冰者瞬间的动作、市场景色、教堂内景、后院、渔夫、做饭的老妪、备有午餐的高级餐盘、商人和手工匠、优雅的出访绅士以及正在进行耸人听闻的街头手术的乡村外科医生，这一切都成为再现的题材"。[27]这种图像志的变化显然是宗教改革带来的影响。对于如多瑙河画派的阿尔特多费尔（Albrecht Altdorfer, 1480-1538）、胡贝尔（Wolf Huber）、尼德兰的扬·莫斯塔特（Jan Mostaert，1475-1555）对于原始风景的描绘，哈贝森认为："德国与尼德兰两者的风景意象阐释了那与日俱增的原始理想所具有的吸引力。从有些方面看，这与新教改革的一些启示有关。改革家们对于教会统治集团，尤其是教皇周围日益增长的浮华与仪式持批评态度，他们敦促其复归于基督教精神的最原初状态，强调那简单、平等、传播福音的团体"。[28]对于像比如教堂内景这一主题的出现，马里特·威斯特曼在其《荷兰共和国艺术》中就指出："在确认北尼德兰没有教会这个重要的大主顾之后，一些画家创作出了一种新风格的教堂画——赞美四壁洁白，没有任何装饰物的新教教堂"。这些描绘教堂内部的画属于"中间派绘画"中的一种，加尔文派允许使用这类画作作为教堂的装饰。[29]

甚至这一时期汉斯·巴尔东（Hans Baldung Grien，1484-1545）所创作的一些巫师形象以及具有性意味的裸体人物形象也被哈贝森解释为与宗教改革相关："从某些方面卡，改革者将宗教信仰从人类日常污秽——从善行和恶行的积累，从人类罪恶的细节——中分离出来的尝试反而促进了人们对这一事情的沉迷：即个人恐惧通常代替了制度上的滥用"。[30]（图 5）

---

25 《17 世纪的荷兰文明》，64-65 页。

26 克莱尔·哈贝森著，陈颖译，《艺术家之境》，中国建筑工业出版社，2010 年，125 页。

27 《象征的图像》，294 页。

28 《艺术家之境》，144 页。

29 《荷兰共和国艺术》，48 页。

30 《艺术家之境》，123 页。

图 5　Hans Baldung Grien, Witches Sabbath,1510,Woodcut with tone
　　　block, 379×260 mm,Germanisches Nationalmuseum, Nuremberg

三、宗教改革对于天主教艺术图像志的改变

　　尽管天主教并不接受宗教改革的许多观念，但宗教改革所提出来的许多
问题，他们不得不去面对，他们在为教会所使用的图像的辩护过程中，也意识
到图像确实存在着误用和滥用的问题。特兰特会议对于基督教的图像志作出

了很多规定。第一、确定"基督的圣像、上帝之母童贞女玛利亚以及其他圣徒的圣像是必须要有的，尤其是在圣堂之中更是必须要安放着他们的圣像；而且，必须要给予它们以应有的敬重和景仰"，[31]同时重申如此不是要崇拜圣像，乃是为崇拜图像所代表的基督、圣母和圣徒。第二、要求对于图像的功能进行教导，再次肯定图像的教诲、记忆以及培养敬虔的功能。第三、意识到新教所指责的问题的存在，强调要铲除关于图像的错误教义，"在庄严地使用圣像时，必须摒弃一切迷信行为，必须根除一切贪财欲念，最后，还必须要避免一切淫荡猥亵之事。因此，不得将圣像人物绘制成或装饰成艳美的样子，以激起他人之淫欲"。[32]不仅如此，会议还规定："对于任何一幅不同于常规的圣像，如果事先未经当地主教的批准，那么，任何人都不得将之安放在任何一个地方，也不得将之安放在任何一个教堂之中，且不论该教堂拥有什么样的豁免权"。[33]豪泽尔分析宗教改革对于天主教会对图像态度的改变时指出："教会太清楚宗教改革的主观主义对它构成的威胁了；它希望艺术作品像神学家的著作那样传达正统教义，排除任何随意的阐释。与艺术自由带来的危险相比，艺术作品的刻板化是两害中较轻的一个"。[34]

这些规定对于南方天主教的艺术产生了深刻的影响，我们所说的巴洛克艺术风格的产生可以说就是这些规定引发的。埃米尔·马勒在《12到18世纪的宗教艺术》中指出，罗马天主教会所"赞助的艺术成为反宗教改革的助手，它为受到宗教改革所攻击的圣母、圣徒、教皇、图像、圣礼、功行、为死人祷告等作辩护。它发展了过去只是概略表现的主题，并且表达了全新的情感和敬拜形式"。[35]首先是圣母形象的变化，针对宗教改革对于圣母图像的反对，特兰托会议之后的圣母图像不单要表现圣母，还要具有为她的无染原罪和无玷受孕辩护的功能，因此把她表现为完全美丽、圣洁无暇、崇高而永恒，成为一个完全理想化的形象。比如穆利罗（Murillo，1617-1682）所画的30多幅的无染原罪的圣母图像。还有强调圣母的敬虔的灵性，把她表现为双手合拢祈祷沉思的形象，但站立在云端或站在弦月之上，如西班牙的圣母图像。（图6）针

---

31 沃特沃斯编，陈文海译注《特兰特圣公会议教规教令集》，商务印书馆，2012年，257页。

32 沃特沃斯编，陈文海译注《特兰特圣公会议教规教令集》，258页。

33 沃特沃斯编，陈文海译注《特兰特圣公会议教规教令集》，259页。

34 *The Social History of Art, 434*，《艺术社会史》，253-4页。

35 Emile Male, *Religious Art: From the Twelfth to the Eighteentn Century,* Princeton University Press, 1982, p198.

对罗马教会受到宗教改革的攻击，天主教的图像会为教皇的权柄辩护，贝尔尼尼在圣彼得大教堂所创作的圣彼得的宝座是对教皇权柄的一种非常直观的表达。宝座为教会的四位博士比真人还大的青铜雕像环围支持，里面的是两位希腊教父，金口约翰和阿塔那修，未加冠；外面是两位希腊教父安布罗修和奥古斯丁，均戴主教冠，象征东西方最美好的思想都服膺圣座的教诲。宝座顶部的三重冠和钥匙揭示了其含义。上面长长金线的中部，许多的天使在光中飘浮成一圈。象征圣灵的鸽子，如太阳一样耀眼，飞翔在宝座之上，似乎向它发光。在这里，艺术使得当时天主教的辩护者所表达的观念视觉化了。[36]（图 7）马勒评论说："若无宗教改革，我们就不会有具有纪念碑意义的圣彼得的宝座，因为若无人挑战，则无需肯定"。[37]宗教改革认为只有洗礼和圣餐礼是合法的礼仪，攻击天主教的七大圣礼中的其他圣礼，尤其是忏悔礼，17 世纪的艺术特别热衷于以末大拉的玛利亚的忏悔作为对于忏悔礼的表达和辩护。这个主题之前也出现过，但在这个时候，末大拉也被表现为一位超凡脱俗的圣洁高贵的女性形象。特别是里贝拉（Jusepe de Ribera，1591-1652）在帕拉多创作的"跪着的末大拉"是其中的典范。（图 8）[38]天主教的圣餐礼认为基督实际的临在受到宗教改革的攻击，为此，17 世纪的天主教艺术中对于圣餐礼的表现越来越多，尤其是临终接受圣餐成为艺术家表现的重要主题。[39]

36 Emile Male, *Religious Art: From the Twelfth to the Eighteentn Century*, Princeton University Press, 1982, 171.
37 Emile Male, *Religious Art: From the Twelfth to the Eighteentn Century*, Princeton University Press, 1982, 171.
38 Emile Male, *Religious Art: From the Twelfth to the Eighteentn Century*, Princeton University Press, 1982, 172.
39 Emile Male, *Religious Art: From the Twelfth to the Eighteentn Century*, Princeton University Press, 1982, 173.

图 6　Murillo, Bartolomé Esteban,Immaculate Conception, 1665-70, Oil on canvas, 206×144 cm, Museo del Prado, Madrid

图 7　The Cathedra Petri, or throne of St. Peter, in 2005

图 8　Jusepe de Ribera, Mary Magdalene Penitent, 1637, Oil on canvas, 196×148cm, Museo de Bellas Artes, Bilbao

　　而一些新的修会和个别的灵修人物的出现对于图像的转变也产生了很深刻的影响。或许无论是新教还是天主教在这个时代都出现了一种灵性的现代性转向，就是更加注重个体，更加注重内心的心灵，对于信心的强调实际上也是灵性的现代性转向的一个表现。信心同功行并非没有关系，但功行本身不再被看作信心的必然表现。过去圣母的图像注重她降生耶稣的事件，她乳养耶稣，她的七喜、七哀，而 16 世纪之后，更专注圣母作为沉默、谦卑、顺服的典型，不是描述有关她的事件，而是描述她的内心的情感。对于圣徒同样不再描述他们的神迹奇事或者殉道受苦等，而描述他们受启示、狂喜的时刻，动作表情特别具有戏剧化，比如帕奥拉的圣方济各，圣十字约翰，阿维拉的特蕾莎，伊格那修·罗耀拉等。正是在这种背景之下，才使得贝尼尼的"圣特蕾莎的狂喜"成为巴洛克艺术的经典之作。

四、宗教改革与艺术的独立

　　汉斯·贝尔廷在《相似与在场》中，把宗教改革之前的基督教艺术称之为艺术时代之前的图像，而到了宗教改革时期，"艺术或者被接受，或者被排除，自身都不再是宗教现象。在艺术的领域，图像表达了文化和审美经验的新的、世俗的要求"。[40]艺术作为一个独立的领域诞生了。图像成为艺术表明过去所赋予图像的神奇的能力消失了，宗教改革与艺术的诞生是同时的，这表明图像的概念和意义在这个时代被完全更新了。宗教改革攻击的不是图像，是图像被赋予的神秘的意义以及赋予其意义的教会体制。即便是宗教改革的激进派如卡尔斯塔德和慈运理也不反对私人拥有图像，不反对描述世俗事物的图像，不反对图像在非宗教场所的使用。加尔文更是肯定雕塑、绘画作为神的恩赐，马丁·路德认为只要避免对于图像的误用和滥用，图像还是可以存在于教堂之中的，只是图像不再作为敬拜的对象，而作为教导和宣传的工具。

　　如贝尔廷指出的，在教会内部一直存在着对于图像的反对，从 2 世纪的德尔图良到 12 世纪的贝纳尔多，再到东部教会的毁坏偶像运动。但这些对于图像的反对都没能如宗教改革那样产生如此深远普遍的后果，使得图像不仅在北方，包括在南方失去了过去所拥有的神秘的力量，一方面成为教化和宣传的工具，一方面更多地成为审美的对象，成为了艺术。前者仍然被机构、体制赋

---

40 Hans Belting *Likensss and Presence,* Tr. By Edmund Jephcott, the University of Chicago Press,1994, 458.

予意义和能力，但更多是政治的，而非宗教的。即便天主教使用图像，也是作为维护其正统地位的手段，而图像本身不再具有神奇的力量。后者更多被艺术家和观者赋予意义，作为艺术家才能和自我的表达，作为观者审美沉思的对象。甚至仍然具有宗教意义的图像，也更多是个体祈祷沉思的对象。如上所述，这一类的图像实际上在宗教改革之前就已经出现了，而不是宗教改革培养出来的。贝尔廷指出："新教改革者并没有创造出与图像面对时意识的变化，实际上，在这方面，他们自己也是时代的产物。他们以宗教的名义所拒绝的很早就失去了直接图像启示的过去的意义"。[41]这也是罗马天主教需要对过去的传统重新创造一种新的态度的原因，上述特伦特会议对于图像的诸般规定就是针对此而作的努力。

所以说，宗教改革对于图像的反对是其所处时代的普遍的要求，一种对于图像的新的看法，新的使用，已经出现。但是宗教改革发动了对于传统图像及其所代表的体制的进攻，图像功能因此发生巨大的变化。正是图像功能的变化使得图像志系统必然地随之变化，当教会限制了宗教图像表达的自由和范围之后，世俗的图像开始获得了表达的机会。图像表达什么逐渐变得不再重要，重要的是如何表达。艺术家对于图像获得了前所未有的权力，而观者也从图像的神圣魅力中脱离出来。宗教改革所引发的西方艺术图像志系统的变化不只是主题种类的变化，更是图像自身性质的变化，不仅人文主义的图像成为审美的对象，基督教的图像也成为审美的对象，图像因此成为了艺术。

---

41 Hans Belting *Likensss and Presence,* Tr. By Edmund Jephcott, the University of Chicago Press,1994, 16.

第七章　基督教图像与寓意释经学

每一种宗教都有自己特有的图像学，包括特有的题材、主题、风格，以及对于宗教教义的表达方式。基督教的图像学对于西方艺术的影响深远。我们可能了解基督教的图像志，即关于基督教图像的题材和主题，比如我们知道基督教图像最为普遍的一些题材，就是有关基督、圣母、圣徒的行迹。但是对于这些图像的解释，对于这些图像的内涵、意义的阐释却不是件容易的事，基督教的图像学往往与基督教神学和释经学之间有非常紧密的联系。本文希望通过一幅图像的解读来揭示基督教图像与释经学之间的关系，借以提示我们关注基督教的图像神学。

一、象征性图像和叙述性图像

这幅图像是一幅微型画(图 1)，由贝尔托德·福特梅尔（Bertold Furtmeyer）于 1481 年为萨尔茨堡罗尔的主教贝尔纳德（Bernard von Rohr of Salzburg）所作的弥撒书里面的一幅图像。名为"死亡与生命之树"。图中的场景和人物形象对于我们而言可能既熟悉又陌生。我们可以辨别出在微型画的中心是由玫瑰花枝交叉环绕形成的有些像教堂的玫瑰花窗圆形里的场景，如果我们熟悉基督教图像的话说，可以看到那里似乎是圣经中所描述的伊甸园中人类堕落的场景。两个裸体的人物分别是亚当和夏娃。亚当一手托着头坐在地上。更为醒目的是夏娃，夏娃正在一手从蛇嘴里接过禁果，一手递给旁边跪着的一群人。如果对照《圣经·创世纪》第三章，会发现这里所描述的并非其中的场景。在圣经的场景里，只有亚当、夏娃和蛇，但这里还有很多其他的人，特别是在树的另一侧还有一位身穿蓝色长袍，头戴金冠的女人，她也在从树上摘下白色的果子递给她身边跪着的一群人。显然这个女人和夏娃在图像中是同等重要，具有同样意义的两个人。我们再看那棵树，显然并非圣经上所说的"分别善恶的树"，那树上不但结有两种不同的果子，而且还有其他的东西。左边是基督被钉在十字架上，右边有一个骷髅。

图 1 Mary, the New Eve from Missal of Bernhard von Rohr, Archbishop of Salzburg ca.1481

　　图像中另一个女人是谁呢？为什么这幅图被称为"死亡和生命之树"呢？圣经中确实提到过在伊甸园里除了善恶树之外还有一棵生命树，但亚当夏娃还没有机会吃生命树上的果子时就被驱赶出了伊甸园，况且生命树怎么又和死亡联系在一起呢？这幅图究竟是什么意思呢？要想解释这幅图像，我们必须知道这幅图像显然不是如其他的基督教的图像仅仅告诉我们某个人物，某个故事，或者借我们所熟悉的这些人物和这些故事告诉我们一些基督教的教义。比如我们看另一幅微型画。这是林堡弟兄作于1410年的"贝利公爵的祈祷书"里面的一幅场景。（图 2）我们很容易辨认出这是描述《圣经·创世纪》中的堕落场景。这幅图像也是在一个园里通过四个不同的场景将堕落的完整过程如讲故事一般在画面上叙述出来。最左边是有人首的蛇从善恶树上摘下果子来递给夏娃，接下来是夏娃把善恶树上的果子递给正跪在地上的亚当，第三个场景是穿蓝色长袍白发白须的上帝斥责亚当和夏娃，最后一个场景是一位红色的天使将亚当和夏娃赶出伊甸园。我们看这里的图像基本上是遵照圣经叙述的字面的意思将故事通过想象的方式呈现出来，非常的直观易懂。这幅图像也传达了基督教关于堕落的神学观念，但是就如圣经直接以叙述故事的方式传达一样，图像也是以叙述的故事来传达的，故事的意思就蕴含在其中，并不需要特别的阐释。但上一幅图像却非如此，如果不具备一定的神学知识和解经学的知识，你是无法明白这幅图像的含义的。我们这里提到的两幅图象是基督教图像最常见的两类图像，第一类称为象征性图像，第二类称之为叙述性图像。后者的意思非常明白易懂，前者需要通过对于那些图像构成要素的象征意义的阐释才能够明白。这类图像的形成与中世纪以来形成的基督教释经学有密切的关系。因此，在我们去解释这幅图像之前，我们有必要了解一下中世纪的基督教释经学。

图 2　The Garden of Eden from the Très Riches Heures du Duc de Berry by the Limbourg Brothers, 1410s

二、中世纪的基督教释经学

释经学（hermeneutics，现在学术界一般译为阐释学或解释学）是指基督教正确解释圣经的科学。但至于如何能够正确解释圣经，仍然存在着一些争议。在圣经的解释的历史上曾经形成了两种影响巨大的释经方法。一种被称之为寓意释经法，另一种被称为字义释经法。与我们这里所要讨论的基督教象征图像相关的就是寓意释经法，这种释经法本来是希腊人用以解释荷马和赫西俄德的作品中所蕴含的哲学和道德含义的一种方法，后来被亚历山大的斐罗（Philo 前 27-54）用来解释圣经。斐罗是犹太人，但他生活在深受希腊文化影响的亚历山大，他自己对于希腊哲学，尤其是柏拉图和毕达哥拉斯有强烈的兴趣。他一方面认为圣经是神的启示，其中所包含的思想要远远超越于希腊哲学，同时他又认为可以借助于希腊哲学将圣经中的思想阐释出来。他认为圣经字面的意思只是给那些灵性上尚不成熟的人所预备的，而字面之下的寓意才是圣经的灵魂，是供成熟的人认识的。比如在对《创世纪》第三章的解释中，斐罗就把蛇解释为把理智和肉体连接在一起的快乐，蛇就是快乐象征性的名字。[1]

之后基督教的教父，亚历山大的克莱门特、奥立金、耶柔米、奥古斯丁、尼撒的格列高利等都接受了寓意释经法。比如奥立金在《论首要原理》中指出："《圣经》是由神的灵所写，它不仅有表面所呈现的那种意义，而且有多数人没有注意到的另一种意义。因为《圣经》所写的那些话，是以某种神秘的和神圣的象征形式写下来的。关于这一点，整个教会都一致认为，整部律法书确实是属乎灵的，但律法所传递的属灵的意义，却并非人人都能明白，只有那些受圣灵恩典而得着智慧和知识的人，才能了解他的意义"[2]。奥古斯丁在《论基督教的教义》指出了寓意释经法必要性，并通过对于事物和符号的区分建立了一种圣经符号学，这里的符号指的就是圣经中的词语，其中具有模糊意义的词语需要通过合适的方法进行解释，解释时需要区分字面的意义和比喻的意义。比如圣经中提到"牛"，字面的意义指的就是一种动物，而比喻的意义则指的是福音书的作者。[3]圣托马斯·阿奎纳在《神学大全》中根据奥古斯丁和伪狄奥尼索斯的论述，对此作了比较系统地概括，圣经语言的含义分两个层次：字面意义和灵性意义，灵性意义指的是由词语表达的事物的意义具有的意义，分为三个层次："就旧律法中的事物表达新律法中的事物而言，有寓言意义（有译为比喻意义）；就在基督里所做的事，或就表达基督的事物也是我们应该做的事物的符号而言，有道德的意义；就它们还表达与永恒的荣耀相关的事物而言，还有类比的意义"。[4]有称为黎拉的尼古拉斯所写的一首小诗将这四种意义概括为：

1　斐罗，《论〈创世纪〉》，香港汉语基督教文化研究所，1998，127 页。
2　奥利金，《论首要原理》，香港汉语基督教文化研究所，1998，13 页
3　奥古斯丁，《论基督教的教义》卷二，十章，参见《柏拉图以来的文学批评》，北京大学出版社，2006 年。
4　托马斯·阿奎那，《神学大全》"神圣教义的本质和领域，第十条，参见《柏拉图以来的文学批评》，北京大学出版社，2006 年。

字面意义显明上帝及先祖所行，

寓言意义显明我们的信心所在，

道德意义指引我们日常生活规范，

类比意义显明我们劳苦之目的[5]

在但丁的一封书信里所举的例子将中世纪释经学里所讲的四层意思表达得非常明白："为了把这种处理讲解得更清楚，我们来看下列几句：'以色列出了埃及，雅各家离开说异言之民。那时犹大为主的圣所，以色列为他所治理的国度'。如果我们只考虑字面义，那么这里所指，是以色列的子孙在摩西时代离开了埃及。如果我们考虑比喻义（寓言意义），这里指的是，靠着基督，我们人类得救赎。如果我们考虑训诫义（道德意义），那么这里指的是，灵魂从罪的折磨和痛苦中转入一种恩典状态。最后，如果考虑奥秘义（类比意义），那么这里所指，就是被上述败坏束缚着的灵命得释，进入了永恒荣耀的自由"。[6]

这其中的寓言意义又称预表意义，主要是要揭示旧约中可能表达指向新约的那些人物、事物和事件。最多的是有关基督的预表，比如亚当、麦基洗德、约瑟、摩西、大卫等被解释为基督的预表；亚伯拉罕献以撒、摩西在旷野举起铜蛇被解释为基督上十字架的预表，约拿在鱼腹中三日被解释为基督埋葬在地下三日的预表；其他的如以色列过红海被解释为洗礼的预表等。这些预表意义的解释大部分都是在新约文本里被揭示出来的，后来也被教会普遍的接受和认可的。但在中世纪的释经学中，还发展出一些特别的预表意义。比如旧约中的四大先知以赛亚、耶利米、以西结和但以理被分别解释为福音书的作者马太、马可、路加、约翰的预表。而在《以西结书》里提到的四活物：有翅膀的人、狮子、牛和鹰也被看成福音书四位作者的预表。当然在其中非常重要的还有关于圣母的预表意义的解释。这些在中世纪发展出来的预表意义的解释对于中世纪及其以后的图像的内容影响很大。我们接下来就着重谈谈有关圣母的预表意义的解释与上面提到的象征图像的关系。

三、有关圣母预表意义的解释

《圣经·新约·哥林多前书》把基督称为"末后的亚当"，在《罗马书》

---

5 参朋霍费尔，《第一亚当和第二亚当》，华夏出版社，2004，22 页。

6 朋霍费尔，《第一亚当和第二亚当》，华夏出版社，2004，23 页。

书中提到"因一人的悖逆，众人成为罪人；照样，因一人的顺从，众人也成为义了"。这里是把亚当和基督对比，因为亚当的悖逆，堕落了，人类陷入罪中；而因为基督的顺从，甘愿为人的罪被钉上十字架，为人类赎了罪，使人可以因为相信他得到救赎。这是很明显的预表释经，亚当成为基督的预表，但却是反向预表，悖逆的亚当成为顺从的基督的预表。当我们想到其实第一个悖逆堕落的不是亚当，而是夏娃时，自然会将这样的反向预表同样运用到夏娃身上。如果亚当可以作为基督的预表，那么夏娃是否也是一种预表呢？这样的联想是如此的自然，合理，即便在耶稣的母亲玛丽亚还没有被尊称为上帝之母时，殉道者尤斯丁（Justin Marty，约 100-165 年）就将玛利亚与夏娃联系起来加以对比了，他在《与特里风的对话》中写道："贞洁而未被玷污的夏娃听信了蛇的话，带来了死亡和不服从；而童贞的玛利亚在听到大天使告知的喜讯时，回答道'愿照你的话成就在我身上'，她带来了信仰和喜乐"。[7]

　　被认为是第一位圣母神学家的爱任纽发展了尤斯丁的这一思想，将其整合进他的神学之中。他把圣母称作新夏娃或第二夏娃，因为圣母开启了第二次创造，即通过救赎完成的再创造。他写到："夏娃悖逆的结被圣母的顺从解开；夏娃因为不信造成的束缚被圣母的信心所释放"。此后，安布罗斯、耶柔米等一再将圣母与夏娃并提，强调后者带来死亡而前者带来了生命。这样的一种观念对于后来的圣母崇拜产生了很大的影响。而关于圣母的预表意义的阐释还在扩展，四世纪尼撒的格列高利在《摩西的生平》中提出吗哪的神迹预言了童贞女的奥秘。[8]明谷的贝纳尔多（Bernard de Clairvaux，1091-1153）在《雅哥注释》中"把圣经中所有亲切、神秘的名字都赋予圣母，说她是燃烧的灌木、是约柜、恒星、发芽的枯木，羊毛、洞房、门、花园、黎明、雅哥的梯子"。[9]他还把圣母看作基督的新娘，教会的化身，天国的王后，人得救的中介等。以圣母领报为题材的基督教图像中，很多事物的传统和象征意义也是由这些著作中获得的。了解了中世纪对于圣经中有关预表圣母的事物的解释，我们再来看上面提到的那幅象征的图像。

7　Stephen Benko, *The Virgin Godness: Studies in the Pagan and Christian Roots of Mariology*,Leiden,Netherland, 1993, p.232.

8　格列高利，《摩西的生平》，三联书店，2010，69 页。

9　Emile Male, *Religious Art in France of The Thirteenth Century*, trans.Marthiel Mathews, Princeton University Press, 1984, p.235.

四、象征图像的解释

正如预表意义还是要建立在字面意义的基础之上一样。图像象征的意义也是要建立在明显可辨的要素之上。我们前面提到这幅图一方面利用了一些熟悉的要素，特别是伊甸园的场景，但是将其他的一些陌生的要素置于其中，使得这熟悉的图像具有了新的含义。有了上面的背景，我们可以比较容易来读懂这幅图像了。我们可以猜到，那位与夏娃并列穿蓝色长袍的女子就是圣母。圣母和夏娃并列在一起的图像显然是对于上面所提到的释经学中将二者联系在一起直接的表达。这当然不是孤立的现象，对以后的基督教图像影响很大的十四世纪出现的《穷人圣经》（Biblia Pauperum）里面就有一幅有类似预表意义的图像。（图 3）这幅图表现了三个场景，第一个场景就是蛇引诱夏娃吃善恶树上的果子，第二个场景是天使向圣母宣告她被圣灵感孕，第三个场景是《旧约·士师记》中记载的基甸向耶和华所求的神迹：羊毛被露水打湿，而旁边的地却依然是干的。按照《穷人圣经》中文字的说明：基甸向耶和华所求的一个胜利的记号，就是羊毛被露水打湿而土地却依然是干的，这样一个记号就预表了荣耀的圣母玛丽亚无罪，被圣灵充满而怀孕。之所以将这三个场景放在一起，就是第一、第三个场景都是作为圣母未结婚而被圣灵感孕的预表。

根据上面所说的夏娃作为圣母的预表，《死亡和生命之树》图像的名字和图像的意义就结合在一起了：夏娃因其悖逆带来死亡。她将禁果给下面的人吃，她的后面站着一个象征死亡的棕色骷髅的形象，手里拿着一条经卷，上面用拉丁文写着 "Mors est misi, Vita bonis nide..." 大意是 "给你死亡，生命无益"。相应的在树上也有一个骷髅的形象，树上的果子表明是会带来死亡的果子。圣母则因其顺从而带来生命。她也在从树上摘下白色的饼给她旁边跪着的一群教士和修女吃。他们后面站着一位穿红衣的天使，手里也拿着一纸卷，上面用拉丁文写着 "Ecce panis angelicus frus abus visum"，大意是 "看天使的饼，树上可见的果子"。圣母的手边是钉十字架的基督的形象，这是生命的象征。

如果我们还记得这是一位主教的弥撒书的话，这里白色的饼和钉十字架的基督的意义就很明白了。弥撒是基督教很重要的一种礼仪，是由耶稣临死前一天晚上与门徒晚餐时亲自设立的。在圣经中是这样记载的："耶稣接过杯来，祝谢了，说：'你们拿这个，大家分著喝。我告诉你们，从今以后，我不再喝这葡萄汁，直等神的国来到。'又拿起饼来，祝谢了，就擘开，递给他们，说：'这是我的身体，为你们舍的，你们也应当如此行，为的是记念我。'饭后也照样拿起杯来，说：'这杯是用我血所立的新约，是为你们流出来的'"。

图 3　Page from a Biblia Pauperum, 15th century

在中世纪，弥撒仪式被视为向神献祭的仪式，在弥撒礼仪中所使用的饼和杯被祝圣以后，耶稣的身体和血被认为真实地存在于其中，吃这饼和杯，就能从耶稣那里得生命。圣母摘下的白饼，实际上就是弥撒礼仪中的饼，也就是耶稣的身体，圣徒吃了，就能从其中得到生命。所以这树上的果子不只是带来死亡，也带来了生命。其实不是果子带来死亡，是因为夏娃的悖逆，众人吃了这果子，同样地陷入悖逆之中，因而失去真正的生命，就是与神的关系。而圣母所摘的饼，不仅是本身带来生命，而且这生命是藉着圣母的顺服而有的，基督是藉着圣母道成肉身，死在十字架上，成为人的救赎，给人带来了生命。所以那颗树被称作死亡和生命之树。

五、基督教图像的功能

传统一般都认为基督教图像主要的功能是教导，这种观点几乎无一例外地引用六世纪末的教皇格雷戈里的观点，说图像是不识字之人的圣经。但显然不是所有的基督教的图像都是为教导不识字之人而创作的。我们提到有两类图像，一类是叙述性图像，它可以承担教导性的功能是显而易见的。即便是不识字的人，只要他听过圣经中的事件，就很容易藉着图像想起这些事件，记得这些事件所表达的教义。但象征性图像却不是那么容易让人看得懂，事实上单单是画家是无法创作出这一类包含着复杂的神学思想和预表意义的图像的。我们可以提出两点猜测：一，这些图像的作者可能本身就是有较深神学造诣的修士，他就是神学家，他因此可以以图像表达神学的思想；二，即便作者不是很了解神学，肯定有神学家指导他的创作，帮助他将神学思想借助图像表达出来。这一类图像的功能就不能像前一类图像那样直接告诉人们一个故事，表达某一种教义，而是供那些修士，那些有相当神学修养的人沉思之用。我们前面提到，寓意解经不光指出所预表的意义，还有道德意义和类比意义，那么这幅图像当然不仅仅是指出夏娃的悖逆带来死亡预表圣母的顺服带来生命，它同时也让那些看图的人沉思，在自己的生命中当作何种选择。短暂肉体的快乐带来的却是永久的死亡，而相信顺服神却可以引导人们走向永生。圣母身边敬拜的是教士和修女，我们很容易想到这幅图就是供他们沉思自己的信仰生活而作的。这样看来，基督教的象征图像其实是以图像解经，以图像表达神学，是一种神学图像。当代的一些哲学家，如福柯、德里达、拉康、利奥塔等人正在通过对于图像的哲学阐释发展出一种图像哲学，以致带动了学术界的所谓

"图像转向"。事实上，西方一直存在这样一种图像神学的传统，我们不是说东正教的圣像神学，我们说的是西方中世纪以来形成的图像神学。重新回顾这种图像神学，不仅可以加深我们对于基督教，对于中世纪的理解，也可以帮助我们重新认识图像。

第八章　安杰利科《圣母领报》的图像神学

　　宗教对于艺术的影响是显而易见的，说影响是过于简单化了，宗教可以为艺术提供题材，提供灵感，提供赞助，提供表现的空间。不同的宗教会产生出不同的艺术，如佛教艺术，伊斯兰教艺术，基督教艺术等。即便是一种宗教的不同派别，也会产生出不同风格和不同形式的艺术，比如天主教的艺术，东正教的艺术，新教的艺术。对于同一种宗教的不同派别的艺术，要想认识产生出不同风格和形式的艺术的原因，就必须去研究它们神学上的差别了。比如天主教把艺术看作教化的工具和灵修的辅助，东正教则以艺术图像可以作为尊崇的对象，新教则大多将图像艺术从教堂中悉数除去，而发展出特殊的灵修的音乐和文学。除了在一种宗教的不同教派之间的不同神学会影响决定艺术的表现和发展外，在不同的时间，地域乃至不同气质的人群中都会因信仰经验的不同，对某一教义的领会的不同而产生出不同风格和形式的艺术来。更极端地说，如一位神学家指出的，每个人其实都是一位神学家，落实到艺术家的身上，每一位艺术家同时也是一位神学家，他会根据自己的信仰的经验经历，对教义的领会等来形成自己特殊的风格和形式。当我们对于基督教图像艺术具体研究时，会发现对同一题材的表现，比如基督受难、圣母领报、圣母子等这一类的题材，不同时代，不同地域，不同的艺术家的表现会有很多的不同，而这些不同往往都会在神学上找到原因。即便你可以说这些只是某种题材在不同的文化中表现出的不同形式，是普遍的教义如何同具体文化结合的问题，这结合本身也是必须要到神学里去寻找依据。

在目前汉语的著作里，有两本翻译的著作对这一问题作了比较深入的研究。一本是亨利克·菲弗著，潇潇译的《基督形象的艺术神学》，菲弗教授提出，对于基督形象的视觉表现之所以能够表现为多种多样，这本身就是为一种神学观念所支配："当一个艺术家描绘基督的形象时，针对他而行动时——不论本人是否意识到——总有出于信徒们的无声期望。由于意识到其创始者，纳匝勒的耶稣，被钉十字架死而复活的那一位，同时又是永恒天主之子，他以不同的方式临在于他的教会中及世界上，因此，更加强了教会——这个团体或者机构——在世界和历史中的可触可感性。艺术家们因此也面对这一要求，着意创造一位不只是属于过去某一时间的基督形象，而是时时临在于整个历史中的天主，即使用肉眼看不到他。只有这种前提才可能正确地理解基督形象如此特殊，如此多样化的特点"。[1]另一本是帕利坎著，杨德友翻译的《历代耶稣形象》[2]，这本书虽非专论艺术中的基督形象，但从一个更宽泛的视觉，即文化史的角度描述了基督形象在西方不同时代的文化中的变迁，也同样向我们展示了神学的文化表现，这可以说是神学对于不同文化的适应，也可以说是神学在不同的文化情境下表现，是不同的文化，也是不同的神学。从这个角度，一方面可以展示神学的具体性和生动性，另一方面会看到无论是何种文化形式，都可以作为承载神学的一种媒介，这尤其在视觉艺术中表现得特别突出。本文拟通过对于文艺复兴时期多明我修会的安杰利科修士的几幅《圣母领报》具体研究神学可能会在何种程度上与具体的文化形式，艺术的风格形式，以及传递形式，表达象征意义的意象表现出来，由此可以看出画家在何种程度上也是一位神学家。

一、作为修士和画家的安杰利科

之所以选择安杰利科（Fra Angelico, 1395-1455），因为他不仅是一位画家，而且是多明我会的修士，多明我会自 1216 年由霍诺留斯三世正式批准，就以用清晰的正教的教义传教，规正异端为自己的使命。多明我修会多在上层阶级发展，且强调学术研究。从多明我修会中产生出很多著名的神学家，包瓦依斯的文森特（Vincent of Beauvais，1190-1264），大阿尔伯特（Albertus Magnus,

---

1 亨利克·菲弗著，潇潇译，《基督形象的艺术神学》，中国社会科学出版社，2005年，3页。
2 帕利坎著，杨德友译，《历代耶稣形象》，上海三联书店，1999年。

1200-1280），托马斯·阿奎那（1225-1274）都是多明我修会的修士。瓦萨里在其《传记》中提到，当时的教皇尼古拉斯五世认为安杰利科生活非常圣洁，安静，得体，就欲任命他为佛罗伦萨的大主教。安杰利科回复说他不善于管理，有另外善于管理，怜恤穷人，敬畏上帝的弟兄比他更适合这个尊贵的职位。[3] 虽然安杰利科拒绝了这一任命，但由此也可见安杰利科修士具备相当的学识和令人敬仰的品格。他的作品会给我们提供一个很好的范例，让我们可以看到一个有着相当的神学修养的画家，如何在他的绘画作品中将他对于神学的思考表现在作品中的。《传记》中还提到，安杰利科只画圣徒，而且在画画时，总是先祷告，然后再提笔作画。还说他画耶稣受难像时，总是泪流满面。[4]这样一位虔诚的多明我修会的修士，他的绘画作品可以说就是他的神学。德国艺术史家巴茨把他与同时代的其他二位著名的修士画家洛伦佐·莫纳科（Lorenzo Monaco，1370-1425，又称修士劳伦斯，"Lawrence the Monk"）、弗拉·利波·利皮（Fra Filippo Lippi，1406-1469）比较，认为前者"深受早期文艺复兴的革命性的创新并且深受他们的影响"，而"后者背离了自己的天主教教规"，安杰利科则比较特殊。[5]

　　安杰利科大约于 1395 年生于佛罗伦萨东北的穆杰罗（Mugello）地区的小镇维丘（Vicchio），本名为圭多·第·彼埃罗（Guido di Piero di Gino），在 1417-1422 之间加入多明我修会之后就称安杰利科修士（Fra Angelico）。有文字记载的第一次被称为修士是 1423 年在菲耶索莱（Fiesole）的圣多明我修道院。1435 年，很多修士进入佛罗伦萨，并在那里建立了圣马可修道院。安杰利科在大约 1441 年的时候也到了那里，并且还担当了一个负责经济事务的职位，开始绘制《受胎告知》、《不要摸我》、《嘲弄耶稣基督》、《基督变容》等作品。安基利科修士在圣马可修道院教堂的湿壁画《圣母之影：玉座上的圣母子与八位圣者》中记述了这时期的生活：身为仅有十数人的"严修派"的一分子，安基利科修士每天清晨两点便起床开始进行早课，接着参加连续数小时的祷告会，并在修院规定的地点谨守缄默、严守近乎半绝食状态的素食主义的严格教规。1450 年回到菲耶索莱，在他的兄长去世后，继承修道院长的职位。1445 年 7 月被尤金四世邀请至罗马，并一直为尼古拉五世委以装

3　Giorgio Vasari, *The Lives of the Artists*,Tr.by Julia Bondanella and Peter Bondanella, Oxford University Press,1991, p174.

4　The Lives of the Artists, p177.

5　巴茨著，马芸译，《安杰利科》，北京美术摄影出版公司，2015 年，6 页。

饰梵提冈的重任。1455 年就在罗马去世。1984 年，教皇约翰·保罗二世为他举行宣福礼，以承认他生命的圣洁，赋予他"有福者"的正式头衔。

多明我修会的改革者，也是其总会长乔瓦尼·多明尼奇（Giovanni Dominici，1357-1419）鼓励画家回到灵性的传统价值，接受一种清晰、简洁、没有不必要的情感、也无敬虔上不合时宜之物的风格。安杰利科在圣马可修道院的壁画是这一标准最好的典范。[6]黑格尔认为在意大利画派中，安杰利柯和马萨乔在表现人物的宗教意蕴方面是最杰出的，他关心的是"宗教的热忱、远离尘俗的爱，思想方面的僧院式的纯洁以及灵魂的崇高和虔敬"。[7]约翰·罗斯金在其《现代画家》中把真正伟大艺术的理想分为：（1）纯粹主义者；（2）自然主义者；（3）奇异风格者；安杰利科被看作是"纯粹主义者的代表"，被称为"圣徒艺术家"，是基督教艺术家的典范，他所寻求的是"一种能与永恒的爱情相匹配的美"。因为"安杰利科一生几乎都生活在努力搞清另一世界事物的幻想里。由于他喜欢纯化生活，热衷于升华思想以及天生自然恬淡的性情，使其能够前无古人地表达人类神圣的情感"。[8]

二、"圣母领报"的神学意义

对于文艺复兴时期基督教的图像艺术，有一个事实需要强调，艺术家们不像人们所想象的那样能够自由地表现。基督教图像中几乎所有的要素可能都具有象征的意义，意义与图像之间的关系不是由艺术家确定的，而是有固定的传统，这些传统或者是口头的，或者是借助于一些当时著名而且流传很广的著作确定下来的。对于中世纪及其以后的基督教图像艺术影响最大的有这样一些著作，从单纯的历史和人物来看《圣经》当然是最重要的，其次是《伪经》，比如关于圣母的出生和婚礼，再其次是沃拉根的雅各（Jacob of Voragine，1230-1298，他也是多明我会的修士，热那亚的主教）所辑录的圣徒传记《金传奇》（The Golden Legend）。而对于这些历史事件和人物的神学意义的解释则依赖于其他的著作，首先是 9 世纪由拉巴努斯·玛乌斯学派的瓦拉斯·特拉堡佛瑞德·斯特拉（Walafrid Strabo）所著的《经解大全》（Glossa ordinaria），托马斯·

6　Christopher Lloyd, *Fra Angelico*, Phaidon Press Limited, 1992, p19.

7　黑格尔著，朱光潜译，《美学》，商务印书馆，三卷上，316-317 页。

8　约翰·罗斯金著，张鹏译，赵泽毓校，《现代画家》，广西师范大学出版社，2005，III，65-67 页，参 Richard Dellamora, The Revaluation of 'Christian' Art: Ruskin's Appreciation of Fra Angelico 1845–60, *University of Toronto Quarterly*, 1974 / 01 Vol. 43; Iss. 2.

阿奎那的《神学大全》，包瓦依斯的文森特的《大镜》（Aurea Legenda）以及由活跃于 1106-1135 年的奥顿的奥诺乌斯（Honorius of Autun）所写的《世界形象》（Imago Mund）等。当然还有一些重要的神学家的著作对于一些观念的形成和传播产生了重要的影响。比如对于圣母形象的许多象征的意义多是由明谷的贝纳尔多（Bernard de Clairvaux，1091-1153）的布道集《论有福的玛丽亚颂》，《雅歌注释》阐发而得以在 13 世纪以后传播流行开来的。他在《雅歌注释》"把圣经中所有亲切、神秘的名字都赋予圣母，说她是燃烧的灌木、是约柜、恒星、发芽的枯木，羊毛、洞房、门、花园、黎明、雅哥的梯子"。[9]他还把圣母看作基督的新娘，教会的化身，天国的王后，人得救的中介等。以"圣母领报"为题材的基督教图像中，很多事物的传统和象征意义也是由这些著作中获得的。"圣母领报"的题材之所以在中世纪及其以后的基督教的图像中具有越来越重要的地位，固然与 12 世纪以来特别由多明我会和弗兰西斯会所推动的对于圣母的崇拜有关，更关键的是"圣母领报"这一题材本身所具有的神学意义在基督教中的重要性。

在基督教的教义中，堕落、道成肉身和基督被钉十字架是其中的核心事件。其中堕落和基督被钉十字架本身就是十分形象因而非常适宜于图像艺术表达的题材。但道成肉身这一最关键的事件却是非常玄奥难言的，更不用说用形象来表达了。如果说要寻求合适的形象来表现这一事件，那么惟有通过圣经中最为相关的记载来表现，这就是在路加福音 1: 26-28 中记载的天使向玛丽亚宣告她要被圣灵感孕生下耶稣这一段，通常被称为"天使报喜"或"圣母领报"（Annunciation）。道成肉身不仅表达上帝以无罪之身承担人类的罪才使人有得救的可能，而且也表明神以何种方式成为肉身，是通过一位童贞女，为什么呢？12 世纪的神学家安瑟伦详细解释了要藉一位童贞女道成肉身的原因。他说要为亚当的后代赎罪，道成肉身的基督也必须成为亚当的后代，因此要从人出生，而不是神另造一位。单从男人生出女人已发生过，就是从亚当生出夏娃，而单单从女人生出男人则从未有过，上帝要显明他的能力就单从女人生出男人，而且从童贞女生出，这是更为尊贵的。而且"既然一位处女曾经是人类的万祸之源（夏娃），那么让一位处女成为万福之源就更为适宜了"。[10]所以这一具有丰

9 Emile Male, *Religious Art in France of The Thirteenth Century*, trans.Marthiel Mathews, Princeton University Press, 1984, p.235.

10 涂世华译，《安瑟伦著作选》，宗教文化出版社，2006 年，80-82 页。

富神学意义的事件为宗教艺术家提供了表现道成肉身教义的机会。

不仅如此，这一事件在中世纪又被《伪雅各福音》赋予了更多的形象化的细节，按照《伪雅各福音》，玛丽亚带着水罐出门取水，她听到天使的问候就返回屋里坐下，继续为圣殿纺织线，然后天使加百列向她显现，并传递了信息。3-4世纪的《玛丽亚降生福音》又加上了一个细节：当天使出现于屋中时，有大光显现。这样"圣母领报"的情景越来越具体，又加上从拜占廷的艺术中获得了一些观念以及中世纪的一些象征理论，使得"圣母领报"形成了比较完整的图像志。比如早期的拜占庭作品中表现玛丽亚身着象征神性的蓝色长袍和象征牺牲的红色内袍，天使于拿象征神与人的和平的橄榄枝等。玛丽亚从十二世纪以来就在法国中部被看作"智慧的宝座"，这也逐渐成为中世纪欧洲共同的观念。至于在天使和玛丽亚之间常常摆放的插在花瓶里的花，马勒认为"艺术家在圣母和天使之间的花瓶上插了一枝长茎的花，这花既不是后来才成为的百合，也不是我们所认为的那样象征着圣母的纯洁。它象征另一个神秘的事件。中世纪的教会学者，尤其是贝纳尔多，认为'圣母领报'发生在春天，'花季'。他们认为在'拿撒勒'这个名字中找到了证据，因为'拿撒勒'的意思就是'花'，因此，贝纳尔多就可以说：'花渴望在花季的一朵花中降生为花'"。[11]在中世纪还形成了"圣母既然是玛丽亚的化身，她就相当于一个建筑物，一座庙宇，一面圣幕"的观念。[12]此外，中世纪的神学家大多都接受了塞尔维亚的伊西多尔的观点："圣母是教会的象征"。这些在中世纪形成的象征观念可以帮助我们读懂许多关于圣母的图像表现，比如"因为玛丽亚象征着基督教，所以站在十字架的右边，而作为第二个夏娃，她也有权站在第二个亚当的右面。在中世纪，她被如此频繁地和夏娃相提并论以至于再坚持这一点都成为废话。只要记得圣母领报中的天使把夏娃（Eva）的名字倒转过来就变成了'万福（Ave）'，就足以证明两者的一致"。[13]

我们可以看到，在自中世纪以来对于天使报喜的图像表现中，安杰利科首先完整地揭示了这一事件的神学意义。

---

11 *Religious Art in France of The Thirteenth Century*, p245.

12 达尼埃尔·阿拉斯著，孙凯译，董强校，《绘画史事》，北京大学出版社，2007年，44页。

13 *Religious Art in France of The Thirteenth Century*, p196.

三、安杰利科的《圣母领报》

安杰利科画过多幅《圣母领报》，其中有三幅非常类似的祭坛画，都是画在镶板上的蛋彩画，且下面相连多幅小的圣母生平系列。较早的一幅于 1430-1432 为费耶索莱的圣多明我教堂所作，因为现存于西班牙马德里的普莱多美术馆，又称普莱多的《圣母领报》（图 1），第二幅是为圣乔万尼·瓦尔达尔诺（San Giovanni Valdarno）教堂所作的祭坛画（图 2），也是作于相近的时间。第三幅于 1433-1434 年为科尔托内教堂的祭坛绘制（图 3）。三幅作品都是将事件的发生置于敞开的双拱门廊之下，天使和圣母分置在不同的门廊之内，中间由柱子隔开，柱子上方有先知以赛亚的雕像。天使和圣母均双手交叉于胸前，彼此俯首。巴克森德尔详细分析了 15 世纪意大利画家与布道者的相互影响，提到布道者 Fra Roberto 将"圣母领报"这一事件在讲道中分为三种密仪（mystery）：（1）天使的使命；（2）天使的问候；（3）天使的谈话。其中天使的谈话中又根据《路加福音》1: 26-38 节可以分析出圣母的 5 种值得赞美的状态: 不安（Conlurbatio）、沉思（Cogitatio）、疑问（Interrogatio）、顺服（Humiliatio）和配得（Meritatio），画家在画这个主题时也会表现其不同的状态。[14]上述三幅作品分别以圣母的不同神态和姿势表达了三种不同的状态，第一幅表达刚听到天使声音时的不安，第二幅表达听了之后的沉思，第三幅从画面上的话来看则表达顺服。三幅作品中，圣母均身穿象征其要付出牺牲，领、袖镶有金边的红色内袍，以及象征其尊贵的镶有金边的天蓝色外袍。左腿的膝上放一本打开的书，表明她是在读圣经之时被天使打断；象征圣灵的鸽子正在光柱中飞向圣母；在门廊左侧都是描述亚当和夏娃被天使赶出伊甸园的场景。帕拉多的《圣母领报》表现的是亚当和夏娃被上方的天使驱赶向画面左下方走来，形象大而清晰；而其他两幅则都是表现亚当夏娃被天使驱赶向右后方走去，形象较小而模糊。按照前文所述安瑟伦的教导，安杰利科这几幅祭坛画不仅仅在叙述一个新约事件，天使向圣母报告她要因圣灵感孕生下救主耶稣这个事件，而且要表达"道成肉身"的神学。"道成肉身"这个抽象的神学真理藉着图像形象地传达出来。不仅如此，"道成肉身"对于人类所具有的救赎意义也在其中明确表达出来：人类因一个女人（夏娃）的不顺服堕落，神要藉着另一个女人（圣母）的顺服使人类得救。Laura Saetveit Miles 在其博士论文《圣母的书：中世

---

14 Michael Baxandall,*Painting and Experience in Fifteenth-Century Italy: A Primer in the Social History of Pictorial Style*, Oxford Paperbacks,1988, p48-51.

纪英国的"圣母领报"》中指出，圣母身边出现的书的意象出现于 12 世纪对于圣母崇拜的热潮中，按照圣贝纳尔多的说法，"道"不仅以手势写在纸上，而且以圣灵作用在童贞女的子宫里。到 14 世纪《圣母领报》中书的意象已经非常普遍。圣母放在膝盖上打开的书象征"道"（word），圣母在心里思想（conceive）话语的同时，她的身体也在孕育（conceive）圣子，因此她读书的意象就与"道成肉身"彼此对应，成为后者的巧妙象征。由此可以进一步推断圣经打开处是先知书《以赛亚书》7: 14: "因此，主自己要给你们一个兆头，必有童女怀孕生子，给他起名叫以马内利"。在圣母思想这句经文的意思的时候，这"道"（word）就应验在了她的身上，其中的"童女"（Virgin）就成为圣母（Virgin）自己，这也是一种"道成肉身"。[15]这一点可以解释为何安杰利科在这三幅祭坛画中都使用了书的意象。

图 1　　Fra Angelico,The Annunciation,1430-32,Tempera on wood, 154×194cm, Museo del Prado, Madrid

---

15 Laura Saetveit Miles' Dissertation, *Mary's Book: The Annunciation in Medieval England*, the Graduate School of Arts and Sciences of Yale University, 2011,12, p36-39

图 2　Fra Angelico, Annunciation, 1430s, Panel, 195×158cm, Santa Maria delle Grazie, San Giovanni Valdarno

图 3　Fra Angelico, Annunciation, 1433-34, Tempera on wood, 150×180cm, Museo Diocesano, Cortona

这几幅图像都是放在教堂中心的位置，让人们进入教堂时看到。如巴克森德尔所指出的，15 世纪的讲道者和图像是教会使用的两种工具，讲道者当然会利用其中的图像向听众更好地讲解，因此它们最重要的功能就是教导。13 世纪晚期热那亚的约翰所写的《词语大全》成为那个时代的权威词典，其中谈到宗教图像的功能时指出："要知道，在教堂中设立图像有三个原因。首先，对于那些不识字的人来说，图像可以像书本一样给予他们教导。第二，使道成肉身的密仪和圣人的榜样通过每天呈现在我们眼前更能激发我们的记忆。第三，看到的可以比听到的能更有效地激发敬虔的情感"。[16]当然我们会注意到祭坛画色彩的鲜艳，画面上很多装饰性要素，比如科林斯柱头，门廊的穹顶以蓝色为背景，点缀中许多白点，就如辰星闪烁的夜空，这些都使得祭坛画可以成为教堂的重要装饰。

另外二幅是为佛罗伦萨多明我修会的圣马可修道院绘制的，分别绘于刚进入修道院的 1441 年和从罗马归来后的 1450 年；画于修道院的壁画既非用于教导，也不是为了装饰，而是为了帮助修道院修士的沉思默想。但不同的具体环境根据其功能的不同表现还是不一样的。最简洁的那幅作品画于修士的第三小室（图 4），因纯粹是为帮助住于其中的修士的灵修，所以事件发生的空间与修道院的空间极其类似，圣母的居处就如修士静修的斗室。在圣母右后方有一个非常简陋的门，那里应该就是圣母的居所。而天使与圣母相会的地方就如斗室外的门廊，唯一的装饰柱头还被天使的翅膀遮住。身穿粉色衣袍，有一对五彩翅膀的天使加百列与身穿深象征其高贵身份与贞洁的蓝色外袍的圣母均双手交叠于胸前，这应该是在圣母回复了天使："我是主的使女，情愿照你的话成就在我身上"之后（路加福音 1：38）；天使则默然致意。两人都表现出圣多明我修会特别强调的谦卑的品格，尤其是圣母的温柔和顺服的姿态。这幅壁画是修士们沉思默想的对象，多明我修会的修士被要求沉思基督道成肉身的时刻，思想他的降世对于人类拯救的意义。天使背后站着多明我修会的第一位殉道者，维罗纳的彼得。他站在那里，双手相合，注视着这一伟大的事件，似乎他也参与其中，而实际是他祷告中默想的场景。按照巴克森德尔的论述，这是画家把修士内心中出现的场景外化的结果。[17]另一幅画于通向二楼

---

16 Laura Saetveit Miles' Dissertation,*Mary's Book: The Annunciation in Medieval England*, the Graduate School of Arts and Sciences of Yale University, 2011,12, p40-41

17 Laura Saetveit Miles' Dissertation,*Mary's Book: The Annunciation in Medieval England*, the Graduate School of Arts and Sciences of Yale University, 2011,12, p46-48

卧室的楼梯顶端（图 5），这里世俗的弟兄和参观者也都能看到，风格与前一幅就有很大的差异。座基上的一句黑色的铭文，提醒经过这幅画时，勿忘向圣母祈祷，念诵"万福马利亚"。圣母坐在一张简陋的木凳上，暗示她的谦卑；身穿深蓝色外袍，表达其尊贵的身份；双手交叉于胸前，手边没有书，似乎在沉思中被惊动，她的脸上也是吃惊的表情。对面的天使双手交叉于胸前，弯腰致意。这显然是描述这一事件的开端，天使问候圣母的场景。圣母的内室正对观者，墙上有一带栅栏的窗子，象征圣母的童贞。画面下方金色的拉丁铭文：Salve, Mater pietatis / et totius Trinitatis / nobile triclinium / Maria!意思是"赞美你，敬虔之母，圣三一的高贵的居处"。强调圣母的慈爱，愿意奉献自己的身体，作为道成肉身的中介，成就上帝的救赎。天使和圣母的相遇表明他们共同顺服一种更高的意志。显然这副画不仅是沉思默想的对象，也是教导的媒介，既让人们效法圣母的谦卑、贞洁与仁慈，又要人们明白藉着她，道成肉身使救赎得以实现。而且比起上一幅，这一幅又多出来一些内容，前一幅似乎就在修士斗室的门廊里，这一幅似乎从门廊向外看，与门廊相连，有一个带栅栏的花园，这个花园意义深远而神秘，之后会着重分析。

图 4 The Annunciation（cell 3），c.1440-1441. Fresco, 190×164 cm.
　　　Convento di San Marco, Florence.

图 5　The Annunciation（landing of the second floor）, 1450. Fresco, 230×321cm. Convento di San Marco, Florence

　　从以上对于安杰利科的几幅《圣母领报》的论述来看，安杰利科确实比一般的艺术家赋予图像更多的神学意义，而且根据环境和接受对象的不同，强调对于"道成肉身"不同方面的意义的表达。对于放置于教堂中心圣坛上的祭坛画，更多传递"道成肉身"的救赎含义，帮助观者领会这一事件对于人的救赎的重要。而对于放在修道院中供修士沉思默想的对象，则更强调"道成肉身"中人物的谦卑与顺服，供观看者效法。

四、安杰利科的"封闭的花园"与阿拉斯的神学分析

　　前文提到贝纳尔多把《雅歌》中很多意象都与圣母建立了联系，认为书拉密女是圣母的预表，和书拉密女相关的各种事物也都成为圣母的象征，其中一个很重要的意象就是"封闭的花园"。在《雅歌》4：12 所罗门王对书拉密女如此说："我妹子，我新妇，乃是关锁的园，禁闭的井，封闭的泉源"（"Hortus conclusus soror mea, sponsa, hortus conclusus, fons signatus"）。"封闭的花园"（Hortus conclusus）作为圣母的象征，强调其贞洁，被圣灵感孕生了耶稣，同时也暗示她的"无染原罪"，（Imamaculee Conceotion）这个虽然到 1854 年才被宣布为天主教的官方教义，但自从教父时代就普遍被人们所接受。中世纪和文艺复兴时期的艺术中，常常以被墙围住的花园或院子来象征有关圣母的上述教义，但多是把圣母子表现在有围墙或围栏的花园中，或被天使加冕，（图 6）或与一些圣徒进行所谓"神圣的交谈"（sacra conversatione）。（图 7）在

《天使报喜》的图像志中，应该是安杰利科第一个把这个意象引入其中，圣乔万尼·瓦尔达尔诺、科尔托纳的两幅祭坛画，圣马可修道院二楼走廊上的壁画左侧门廊之外都出现了带栅栏的花园。但我们需要注意，这些之所以被称作"封闭的花园"，都是因其带有围墙或围栏，虽然围栏或围墙外仍然有花草树木，但那些空间不属于"封闭的花园"，在"封闭的花园"之外。

图 6　Martin Schongauer, Madonna of Humility in Dominicains's church, 1473, place des Dominicains in Colmar（Haut-Rhin, France）

图 7 Virgin and Child with saints and donor family, Cologne, c. 1430

　　法国艺术史家阿拉斯通过分析 1435-1445 年为费耶索莱的圣多明我教堂的祭坛绘制的镶板画，也即帕莱多的《圣母领报》的图像内容，认为这不是安杰利科的作品，因为画面上的亚当和夏娃正走进花园，要践踏玫瑰。他认为这与基督教的神学不合，像"安杰利科这样风格连贯、严谨深刻、勤于思考的画家，如果要把一幅画归在他的名下，那画中就绝不该出现任何神学上的荒谬"。他特别指出这个花园的含义："Hortus conclusus——即'封闭的花园'——也是一个核心主题，它代表的是圣母玛丽亚的形象。正因为如此，在弗拉·安杰利科以及其他一些画家笔下，花园都是被栅栏、简易围护或筑有雉堞的墙包围起来的——它们并不是简单的装饰物，尽管也能变成装饰。比如弗拉·安杰利科，他画花儿，就好像在画一面花团锦簇的挂毯，用的是绚烂的哥特风格。

不过，他表达的首先是一种强烈的神学观念，即圣母玛丽亚洁白无瑕的处女之身。对于基督徒来说，圣母的身体形象代表了一切：它是西奈山，是封闭的花园，是有待开垦的土地——这是很奇怪的，谁来'开垦'玛丽亚的土地呢？——是高山，是港口，是门扉，是一切。封闭的还原就是圣母'纯洁'而'丰产'的身体，这身体在'丰产'中保持着'纯洁'。……因此，亚当和夏娃竟用脚玷污性地践踏圣母封闭的花园，神学上岂有此理？弗拉·安杰利科是不会犯这种错误的"。[18]因此，他得出结论认为这幅作品"应该是弗拉·安杰利科的一个门徒或崇拜者[似乎是他的朋友马基雅维利（Machiavelli）]看到弗拉·安杰利科的画，却没有听到弗拉·安杰利科对这些画的解释。这位画家对'亚当'和'夏娃'的主题产生了兴趣，于是把它画入前景，却打破了神学上的合理性，丧失了所有的本义"。[19]

　　我非常佩服阿拉斯对于图像细节的观察和解释，对于他阐释廊柱为上帝，进而又阐释圣母为廊柱，从而为科尔托纳的《圣母领报》找到了正面的第三个拱廊而惊羡不已，但对于他上面的解释实在不能口服心服。我们也来仔细地看一下帕莱多《圣母领报》中的亚当夏娃的部分，发现与几幅类似的祭坛画确实有很大差别。这一部分占据的空间比例更大，亚当、夏娃的形象也更大更清楚，确实如阿拉斯所说，他们没有向背景退去，似乎不是让人们忘记他们，而是突兀地闯入人们的视线。他们的脚下，也确实是一个有很多的鲜花，有很醒目的三朵玫瑰，但不是花园，更不是封闭的花园，因为既无围墙，也无围栏。如果亚当夏娃所踏之地只是表明天使把他们从伊甸园中赶出，伊甸园是那片丛林，而草地表明在伊甸园之外，而不是象征圣母贞洁和"无染原罪"的封闭的花园，那么画家在这里并没有犯什么神学上的错误。单凭这一点无法否定这幅画不是安杰利科的作品。

　　其次，虽然安杰利科第一个把"封闭的花园"引入"圣母领报"的图像。但是"封闭的花园"这个意象的神学含义在14、15世纪的意大利并非多么艰深的神学知识，而是众人皆知的象征，否则安杰利科的表达就没有什么意义了。安杰利科可能是一位神学修养很高的修士，甚至神学家，但作为画家的安杰利科，尤其是为教堂的公众画祭坛画的安杰利科并不一定会在画中表达多么高深的令一般大众莫名其妙的神学知识。

18　《绘画史事》，63。
19　《绘画史事》，62。

还有一幅在圣米尼亚托门外的圣弗兰切斯科教堂内的"圣母领报"蛋彩画，曾经被瓦萨里误认为安杰利科的作品，后来人们在圣母外袍的刺绣边缘发现了隐藏的签名，原来是安杰利科的一位学生扎诺比·斯特罗齐（Zanobi Strozzi，1412-1468）的作品。[20]（图8）

图8　Zanobi Strozzi , The Annunciation , NG1406, National Gallery, London

这幅作品天使和圣母的形象、色彩和姿态与安杰利科前面几幅"圣母领报"的祭坛画极为相近，但圣母的手势和神情则不太一样。安杰利科多表现事件中圣母已表示顺服的那一瞬间，而这里圣母则是左手扯住肩上的外袍，右手拿着放在膝上的书，注视着天使在思想："这事怎么会临到我的身上呢？"。另一处很大的不同是，安杰利科会表现出正面和左面的两处或三处拱廊及整个的拱顶，而这里拱顶都没有表现出来。最特别的是，斯特罗齐把"封闭的花园"表现在画面的中心。这里"封闭的花园"的形象表现得更准确，更清晰，花园不仅有一段红色的短墙围住，短墙上面还有栅栏。而安杰利科的作品中"封闭的花园"只是有一段很矮很少的栅栏隔开。斯特罗齐不仅清楚了解"封闭的花园"与圣母之间的关系，他也知道其他的相关意象，花园的中心是一口井，这是雅歌4:15所表达的："你是园中的泉，活水的井"。并且他还

20 John S·Dixon, *The Christian year in Painting*, Art Books Publishing Ltd, 2018, p74-75.

把 14 世纪的"圣母领报"图像中经常出现的百合花放在了园子中间。另外天使的背后还有一颗开花的石榴树，这是雅歌 4: 13 提到的："你园内所种的结了石榴，有佳美的果子"。可见并不像阿拉斯所说的那样，安杰利科的学生不懂得这些意象的象征意义，他们不但知道，而且非常清楚周全。话说回来，这应该是那个时代的大部分画家的常识，而非仅仅是神学家具有的专业知识。

从"封闭的花园"的神学上，无法否定帕莱多的《圣母领报》不是安杰利科的作品，不等于说承认它确实是安杰利科的作品。我只是认为阿拉斯使用的是错误的证据。那么它是不是安杰利科的作品呢？老实说，我也觉得不像。一个很重要的根据不是亚当夏娃践踏了花园，而是他们那么突兀地要来到观者的面前，似乎不是说他们的堕落已经被道成肉身拯救了，反倒是强调这堕落的可怕。安杰利科不会这么做，他会把这个背景放在遥远的地方仅仅是暗示一下。还有一些重要的方面表现在衣服上，被认定为安杰利科的三幅《圣母领报》中，圣母双手交叉抚于胸前，左手距外袍的边缘很近，但三幅中圣母的左手都无一例外地没有接触外袍，而帕莱多的《圣母领报》中，圣母的左手却按住了外袍的边缘。而且安杰利科的三幅《圣母领报》中天使和圣母的外袍基本上都把内袍严严地遮住，基本上看不到，但帕莱多的《圣母领报》中，圣母内袍的下摆露出许多，外袍被扯上去，显得不是那么庄重。这些特征都和斯特罗齐的《圣母领报》中对于圣母的表现非常的接近。

另外，帕莱多的《圣母领报》中间的柱顶还停留一只麻雀，根据 Herbert Friedmann 的分析，麻雀从《伪马太福音书》中获得了复活的象征意义。他认为佛洛伦萨的《圣母领报》图像很少出现麻雀的形象，他只在 14 世纪的画家 Giovanni del Biond 的《圣母领报》中见到过，不知为什么他没有见到帕莱多的《圣母领报》，当然他也提出把麻雀画进去另一个意图可能就是表达真实，显示写实的技巧和功力。[21]帕莱多的《圣母领报》的作者和安杰利科一个最大的不同是，在安杰利科想尽量简洁含蓄的地方他都突出地清楚地表达。比如对于鸽子和鸽子光柱的表现。帕莱多的《圣母领报》的作者简直是唯恐别人注意不到，那道光柱以上帝的手为源头，分外醒目，让人无从躲避。这些错彩镂金似的表达，或者把诸多的象征要素堆积在一起的表达和斯特罗齐的《圣母领报》

21　Herbert Friedmann, Giovanni del Biondo and the Iconography of the Annunciation, Simiolus: *Netherlands Quarterly for the History of Art*, Vol. 3, No. 1 (1968 - 1969), pp. 6-14.

完全一致。因此，阿拉斯推测帕莱多的《圣母领报》是安杰利科的一个学生的作品的结论完全正确，只是这个学生并不是他无法给出足够证据的马基雅维利，而是扎诺比·斯特罗齐，而且致命的是他找错了证据。

五、结　论

安杰利科是一位神学家，他肯定会使用图像表达他的神学观点。但中世纪和文艺复兴时期的艺术家毕竟是为赞助人服务的。正如汉斯·贝尔廷在其《相似与在场》一书中提出的，"艺术时代之前的图像"最重要的是其社会功能，而非艺术家自己的观点[22]。所以安杰利科不会去表达自己深刻的神学思考，而是表达赞助人能够理解、看懂和接受的神学观点或信仰。对于修士，他要满足其以圣母为榜样的沉思默想的需要，对于教堂里的会众，他要满足教会利用图像教导教义的功能。他所表达的应该是修士和大众都已了解的观念，而非需要他们去研究的神学知识，这是那个时期基督教艺术一个重要的特征。但是安杰利科却会利用他对于神学充分的了解知道如何突出重点，如何把大家都熟悉的背景作为点缀和暗示，这形成了安杰利科和其学生，和其他画家的基督教题材艺术的区别。

在对于图像的鉴定中，抽象思想的表达很难和具体的图像一一对应起来，哪怕是充满象征意义的中世纪和文艺复兴时期的基督教图像。海德格尔对于梵高的鞋子做了极其精彩的哲学阐述，可惜的是他没有去关注作品的具体的物证，把梵高的鞋子误作农妇的鞋子，受到艺术史家夏皮罗的批评。阿拉斯在这里似乎重蹈了海德格尔的覆辙，单纯以神学来鉴定安杰利科的作品，他作为艺术史家忘记了物质文化在图像鉴定中的重要作用。正是这些具体环境中的物质文化使得神学的表达具有了特殊性，神学的地域化，民族化甚至个体化的特征在宗教图像中表现得最为清楚。甚至可以说，神学是抽象的，只是神学家的理论，但要想了解某一时代某一地域某一文化情境中的神学，也即信仰，图像具有无比的优越性。安杰利科的《圣母领报》对此是一个特别典型的例证。

---

22 Hans Belting ,*Likeness and Presence,*tr. By Edmund Jephcott,The university of Chicago Press, 1996, xxii.

第九章 卢云《浪子回头》中的言像之辩

　　图像在基督教信仰的历史上具有一种非常重要的地位，这种地位展示出来的与信仰的关系是特别复杂的。在基督教分裂为天主教，东正教和新教之后，情况更是如此。东正教有自己特殊的圣像神学，图像的制作、解释和使用都有清楚的教义支持。新教由于认为图像易于造成偶像崇拜，所以对于图像基本上持一种消极的甚至反对的态度。这其中尤以天主教与图像的关系最为复杂。天主教有利用图像作为教化工具的传统，但以后逐渐发展出通过尊敬图像来达到尊崇图像所表达的人物的传统，此外还发展出了利用图像作为灵修手段的传统。本文所论述的就是这种以图像作为灵修手段传统中的一个例子。通过对当代天主教神学家和灵修作家卢云《浪子回头》一书的分析来思考信仰与图像之间的关系。

　　卢云在《浪子回头》一书中借助伦勃朗的一幅绘画（图1）展示了自己的信仰发展的历程。虽然已经是一个资深的神父，神学家，在世界各处宣讲福音，推动教会致力于社会现状的改变，但他发现自己依然渴望回家，回到一个真正可以使自己心灵完全安息的地方。他发现自己的确就是那幅画中所画的浪子，渴望回到天父的身边。但之后又发现自己像是大儿子，虽然已经在家中，在父亲身边，但却视自己为一个雇工，与父亲缺乏那种应有的亲密关系。当小儿子从死里复活，失而又得，受到父亲特别的接纳和欢迎时，他却只是冷漠地以旁观者的身份看着。最后他看到自己的属灵的历程最终要走向成为那幅画中父亲的角色，无论是对于悖逆流浪的小儿子，还是对于内心里充满了自义、嫉妒的大儿子，都以慈父无比的怜悯和爱将他们挽回，使其真正恢复与自己父子的亲密关系。

图 1　Rembrandt, Return of the Prodigal Son, c. 1668, oil on canvas, 262×205cm, The State Hermitage Museum, Saint Petersburg

一、图像的启示还是经文的启示

卢云借助图像（伦勃朗《浪子回头》）思想与上帝的关系（天主教的传统）我们需要提出这样一个问题，他所得到的启示是否必须借助图像才能获得。这些感情是受一幅画启示而得，还是圣灵的工作。如果不看画是否就无法达成这样的效果呢？在卢云这里，这幅画已经不仅仅是一个契机，一个偶然引起他思考的对象，而是他必须借助的工具。只有这幅画，才能使他生出这样的而感动，尤其是画中对于父亲的刻画。特别的是，卢云关注的不仅仅是对于浪子故事的形象表达，如果这样，任何一幅复制品都可以达到这种效果，他一定要看原作。看看他的下面几段话：

　　由伦勃朗的画作引发、想有个长远的家的渴望越来越深，越来越强，使得画家竟成为我可靠的同伴和向导。[1]

　　我隐约觉得亲睹这幅画，能让自己经历前所未有的重返家园的奥妙。[2]

　　我知道伦勃朗深深了解这灵里的重返家园。我知道，当伦勃朗画浪子回头时，他的生活经历，一定使他深深明白何为真正、永久的家。我觉得如果进入伦勃朗描绘的父与子、神与人、怜恤与痛苦的爱中，我就能识透生与死。我隐然盼望，有朝一日借着这幅画作能道尽我对爱的感悟。[3]

　　越讲《浪子回头》，越把它看做是我个人的图画；上面不仅有神想要讲给我听的故事精髓，也有我想讲给神、讲给人听的故事精髓。全部的福音尽在其中，我全部朋友的生命尽在其中。这幅画已经成了一扇奥妙的窗，通过它我能够进入神的国度。它又好像一扇巨门，我能够穿越至生命的彼岸，再回头观望此岸的人和事，观望那拼织成我生命的各色奇特组合。[4]

　　我们想提出这样一个问题，路加福音 15 章关于浪子回家的这段经文本身对于其他的基督徒来说具有的含义以及对于信仰的启迪，是否可以达到卢云借助伦勃朗的绘画那样的境界呢？翻翻几本解经书，就可以看到，对于小儿子的含义和大儿子的含义是基本上都能意识到的。都看到小儿子对应的是罪人，而大儿子对应的就是那些自以为义的法利赛人和文士。父亲的态度也是明明白白在经文里可以读到的，他宽容，怜悯，一旦悖逆的儿子回转，他就会欢欢喜喜地接纳他仍为儿子。大儿子虽在身边，但对自己的身份认识不清，父亲也乐意尽力挽回。卢云认为这幅画要着力表现的就是父亲的那双手，似乎一只大，一只小，一只坚定有力，一只充满温柔与慈爱。前者是父亲的手，后者是母亲的手。他之所以体会到自己也要成为父亲，并非直接从画中看到的，而是别人的口说出来的："不管你是大儿子或小儿子，你受召是要

1 [荷]卢云，《浪子回头：一个归家的故事》，徐成德译，新世界出版社，2012 年，3 页。

2 [荷]卢云，《浪子回头：一个归家的故事》，4 页。

3 [荷]卢云，《浪子回头：一个归家的故事》，4 页。

4 [荷]卢云，《浪子回头：一个归家的故事》，11 页。

成为父亲"。[5]绘画独立的启示是值得怀疑的。如果没有圣经，没有圣经的启示，首先画家不能画成这样的画。其次是圣经的话语直接地诉之于我们的心灵，启示的能力来自于圣经话语，而非别的。但卢云确实把绘画当做启示的来源。我认为这是弄错了，或忘记了他如何一遍一遍地阅读圣经，而这幅画最多只是唤起圣经话语的一个契机。卢云自己也不得不这么说："从故事，或从伦勃朗的作品来看，最不容易回心转意的是留在家里的那一个"。[6]也就是说，至少从经文所叙述的故事本身是可以得到与绘画所传递的同样的意思。一位当代的新教牧师提摩太·凯勒就以路加福音 15 章为素材写了《一掷千金的上帝》一书，纯粹通过沉思经文，也揭示出故事蕴含的道理。[7]那么绘画在灵修中所具有的独特意义为何呢？卢云写这本书是要让大家通过观赏这幅画获得类似的经验呢？还是说把圣经话语的启示以这幅画为契机传递给大家呢？

二、卢云与天主教灵修传统

14 世纪的西欧开始出现了一种强调信仰中情感投入的灵修。信徒被鼓励沉思基督、圣母和圣徒的生平。沉思的时候，要使这些人如在目前。圣法兰西斯因对于 12 世纪的一个罗马式圣达弥盎十字架图像的默观而得到基督要他建造教会的启示。（图 2）据传为法兰西斯修会的伯纳文图拉所写，在当时特别流行也特别有影响《基督生平的沉思》一书，在叙述基督的出生时作者鼓励其读者："亲吻躺卧在马槽里的圣婴美丽的小脚，求他的母亲让你能抱圣婴一会儿。你把他抱起来放在你的怀中。以敬虔的亲吻和喜悦专注地看着他的脸"。而耶稣会的创始人依纳爵（Ignatius Lopez de Loyola，1491-1556）在《神操》中也鼓励修习神操者在想象中运用五官想象神圣人物的形象和作为。尤其是在特兰托公会（1545-1563）上，图像的使用通过公会的会规再次被肯定之后，图像更多地被使用在信徒的灵修之中。

---

5 [荷]卢云，《浪子回头：一个归家的故事》，3 页。

6 [荷]卢云，《浪子回头：一个归家的故事》，37 页。

7 提摩·凯勒《一掷千金的上帝》，吕允智译，新世界出版社，2012 年。

图 2　The San Damiano Cross, inside the Church of San Damiano

基督教宗教绘画一般分为象征性图像、叙述性图像以及崇拜性图像。所谓象征性图像一般是要表达圣经经文的寓意和神学道理，往往会将旧约和新约中对应的内容放在一起来表达；叙述性图像主要是通过一幅或者多幅图像讲述圣经中的故事，帮助人们沉思圣人的生平；崇拜性图像则主要指东正教和天主教的圣像，可以作为描绘之人的替代，接受人们的尊敬。天主教利用

绘画作为灵修传统中，使用前两类较多，而在叙述性图像中则是借助沉思圣母、耶稣或其他圣徒生平的图像，一方面是形成内心对于他们的尊崇敬拜，另一方面也有效法圣人的意思。中世纪有很多这类的图像，像乔托在帕多瓦的阿雷纳教堂绘制的耶稣生平，在阿西西的圣弗兰西斯教堂绘制的圣弗兰西斯的生平，以及中世纪很多以圣母的七喜，七哀为题材的绘画等。图像对于信徒的信仰发生重大影响的事例在天主教的灵修传统中非常普遍。除了上面提到的圣法兰西斯的例子，还有阿维拉的特丽莎（1515-1582）她通过默观一幅画像《看哪，这人》而开始完全转向上帝。[8]传为布艮第大师作于 1480 年的《祈祷的玛丽》（图 3），是玛丽看着祈祷书中圣母的像想到自己在圣母面前的敬拜。这是在图像中表达图像在当时基督徒的灵修生活中可能发生的影响。安杰利科在圣马可修道院的壁画也是供修士灵修之用的绘画。[9]但这些人面对这些绘画，到底会是什么样的反应，我们均不可知。在当代的图像灵修中，卢云特别有意识地跨越宗派的界限，他会使用东正教的圣象画灵修，为此还写了一本书《观看上主之美：用圣象祷告》[10]，他也使用具有新教特征的图像，这些图像不再以圣母、基督或圣徒为主要人物，也不再表达如道成肉身，十架受难、复活等圣经中的重大事件，而是通过日常生活中的人物、事件来表达属灵的真理。

卢云提出的是一种图像灵修学。伦勃朗本身对于小儿子、大儿子和父亲的身份有是否有如此之深的体验，能够提供卢云如此思想的材料呢？卢云的叙述需要提供充分的证据说明伦勃朗有如此的体会，如此的经历。卢云之所以可以从《浪子回家》的图像中获得这些沉思的启示，图像自身必须具有提供这样沉思的属灵深度，画家伦勃朗必须具有同样深的信仰经验。卢云确实也引证海格尔的《伦勃朗浪子回头的宗教含义》，表明并非是自己一个人对于伦勃朗的这幅画宗教含义的肯定。

8　Jordan Aumann,《天主教灵修学史》，宋兰友译，香港公教真理学会出版，1985 年，265 页。

9　Christopher Lioyd, *Fra Angelico*, Phaidon Press Limited,1992, 19.

10　中译，《卢云的圣像画祈祷手记》，光启文化，2016 年。

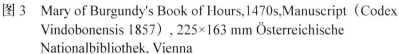

图 3　Mary of Burgundy's Book of Hours,1470s,Manuscript（Codex Vindobonensis 1857）, 225×163 mm Österreichische Nationalbibliothek, Vienna

三、伦勃朗的《浪子回头》的灵修传统

伦勃朗（Rembrandt Harmensz van Rijn，1606-1669）是一个什么样的人，他的信仰状态究竟如何？他和当时的荷兰的各派宗教之间是何关系，他究竟处在哪种圣经阐释和灵修传统之下呢？

17 世纪的荷兰被分为两部分，南部是作为天主教国家西班牙附属的南尼德兰，以佛兰德斯为其中心；北部是由七个省组成的荷兰共和国，以荷兰为中心，新教的各个教派在这里占据主导的地位，尤其是加尔文教派。在新教的反对偶像观念的影响下，教会不再是艺术家主要的赞助人，商人，手工艺人等市民阶层以及一些行政官员则成为艺术赞助的主要力量。艺术的功能也主要是展示个人的成功和市民的美德，教会即便使用艺术，也仅仅是作为装饰或教学，而不再是为宗教礼仪。

伦勃朗出生于特别保守的大学城莱顿，而大部分时间是在繁华的阿姆斯特丹度过。父亲是一个富有的磨坊主，母亲是荷兰改革宗教会的成员，她将伦勃朗培养成为一名敬虔的加尔文派的信徒。伦勃朗 7-14 岁时上的是一所非常强调信仰的拉丁学校，之后进入莱顿大学，不过不久就退学开始学习绘画。当时艺术家都有其特定的题材以适合他们的中产阶级的主顾。比如弗美尔主要以日常生活为主。伦勃朗则主要致力于提升雇主声望的肖像画和展示人物内心情感的圣经题材的历史绘画。在阿姆斯特丹，阿明尼乌派在政治和商业上掌权，他们相对比较宽容，无论是门诺派，犹太人，千禧年派还是加尔文派都可以自由地以自己的方式敬拜，惟独天主教徒，只能在家里秘密地敬拜。伦勃朗最为可靠的一位传记作者约安尼斯·凡·隆恩提到，伦勃朗并不经常去教会做礼拜，为了摆脱因与亨德丽吉拉同居而带来的教会的谴责，他甚至加入门诺派的教会。[11]

卢云提到，"海格尔表明，在当时的圣经注释与伦勃朗那个时代的不同画作中，法利赛人、税吏的比喻和浪子的比喻其实紧密相关，伦勃朗也按此传统作画。坐着捶胸、观望回头浪子的是仆人，代表罪人与税吏；而站着、略为古怪地望着父亲的，就是大儿子，代表法利赛人"。[12]马里特·韦斯特曼在《荷兰共和国的艺术》中指出："通过组合孤立的圣经故事，伦勃朗展示了绘画的妙处：某一特定画面可以把人们需要用大量的语言来表达的东西转化为具体形象"。[13]而这种绘画的方法却是一种新教的创作方法，不是表现圣人在信徒和神之间关系中特殊的作用，而是表现圣经本身所具有的意义，这是每一个敞开心门去寻求的人都能够寻求并理解的。所以新教强调的是讲道，不是圣餐和各种礼仪，伦勃朗的这类通过圣经故事启发人思想信仰含义的绘画是典型的

---

11 约安尼斯·凡·隆恩《伦勃朗传》，金城出版社，2012 年，268 页。

12 《浪子回头：一个归家的故事》，34 页。

13 [荷]马里特·威斯特曼，《荷兰共和国艺术》，张永俊，金菊译，中国建筑工业出版社，2008 年，51 页。

新教绘画。实际上，卢云对于这幅绘画的解读也已经脱离了天主教灵修传统中对于绘画的使用，他更多的是借助于绘画思考圣经经文的含义，这是新教发展出来的灵修方法。但在新教传统中，绘画只是一种辅助工具，既不能成为唯一的根据，也不能代替圣经经文。当然，也有人指出，伦勃朗"描绘的福音场景，无论是圣婴诞生或割礼的蚀刻画，亦或是油画《以马忤斯朝圣者》里的人，都超越了教派和教义，从罗马到多德雷赫特的分歧都不见了"。[14]

四、结 论

卢云实际上处在天主教的灵修传统和新教的灵修传统之间，也即意欲单纯借助一幅绘画作品灵修和通过各样的方式和契机思想经文的含义的灵修方式之间。这种现象表明了现代灵修传统已经超越了教派之间的限制，不同的灵修方式开始融合了。如果说，基督教在发展的过程中也会吸收异教文化的传统，在基督教内部彼此互相影响也是很自然的事情。新教在灵修传统方面相对薄弱，从天主教传统中接受了很多宝贵的资源，不会因为彼此之间的不同而互相拒绝；而当新教也形成了一定的传统之后，具有了一些灵修经验的积累之后，反过来也会影响天主教神学。图像和经文在灵修中的相互作用也会使新教无法完全拒绝图像的使用。在当代，图像能否成为一种有益的灵修方式呢？比如电影《耶稣受难记》能否帮助人们体会耶稣担当人类堕落的而付出的代价，能否体会自己可以接受的拯救是多么宝贵呢？卢云对于伦勃朗绘画的分析可能对于基督教艺术家有很好的启示。

---

14 [荷]赫伊津哈，《17世纪的荷兰文明》，何道宽译，花城出版社，2010年，72页。

第十章　中世纪艺术传统的建构

　　西方艺术史的传统一直是被古典艺术所主导的，写实或模仿是艺术的核心概念，逼真则成为评价的主要标准，这当然与希腊艺术与意大利文艺复兴艺术一直是西方艺术史研究的最重要的对象有关。与此传统相违的艺术基本上被置于边缘的地位或被认为是艺术衰落的表现，对于中世纪艺术的态度是最好的证明。李格尔用"艺术意志"的概念解决了部分问题，从此艺术的变化不再被置于一个标准之下，既然不同民族都有自己特殊的"艺术意志"，当然不能简单地说哪种艺术是高峰，哪种艺术是低谷，只能说不同民族，甚至不同时代对于艺术都有自己特有的观念。中世纪的艺术因此获得了重新评价的机会，人们可以说，中世纪的艺术是基督教艺术，追求的是象征意义，而不是写实性。但中世纪艺术中的一个特殊类型——哥特艺术，尤其是晚期哥特艺术的写实特征的解释就陷入了困境。为何追求象征主义的中世纪艺术也会发展出写实的风格，是希腊古典主义艺术的影响吗？它和意大利的文艺复兴艺术之间有何关系呢？

　　同是作为维也纳学派的艺术史家德沃夏克，在李格尔和维克霍夫的基础之上对此问题作出了自己的回答。他在《地下墓窟艺术——基督教艺术的开端》中指出，基督教的艺术一开始就表现出同古典主义完全不同的艺术价值观，是一种对于艺术的重新定向："这种重新定向本质上意味着基督教艺术将其注意力从人类物质和感官存在中转移出来，将才智投入到对超出日常知觉之外的超感官和谐的信仰之中"。[1]因此这种艺术的主要目的不再是逼真地模仿外在感性的物质世界，而是"表现神秘基督信仰的人物及图形，表现拯救的

1　德沃夏克《作为精神史的美术史》，陈平译，北京大学出版社，2010年，15页。

作用以及人类新的超验使命。此外，不能让太写实的效果或物质外观损害这些图像，图画是以印象主义手法绘制的，被压缩成基本的物质元素，已超越了早期艺术的局限，转入了一种自由的、无限的、永恒的空间之中。空间由此从物理现象转变成了一种形而上概念，同时也从图画创作的说明性要素变成一种构成要素。地下墓窟中的视觉再现不再局限于人间俗世的范围，而是呈现于一个理想的空间之中，在这里任何实实在在的，可测量的或受力学关系支配的东西，全都失去了重量和意义"。[2]拜占庭艺术和罗马式艺术的象征性特征不用更多的解释，但哥特式艺术已经表现出了单纯的象征无法解释的特征，就是写实或自然主义的特征。

德沃夏克指出，以往的中世纪艺术研究一般认为"中世纪内在的伟大创造力只是表现在建筑上，再现性艺术作品只是稍稍分享了这种创造力，而且是相当间接的"；而对于中世纪的雕塑和绘画往往还是用 15、16 世纪艺术中发展出来的逼真的标准来评判，至多不过是换了新的说法而已。即便是沃林格尔的《哥特形式论》也只是把哥特式艺术归结为这样一个非常简单的观点："年轻的北欧民族具有一种先验的哥特式精神，专注于激烈地表现超验事物；这种专注性不仅与现实相冲突，而且实际上与任何形式的自然主义相抵触"。[3]似乎哥特式艺术只是日耳曼民族心理的一种表达。但对于德沃夏克而言，哥特式艺术是中世纪的基督教世界观的表达，因此，要理解中世纪的艺术，一定要认识中世纪基督教的唯灵论的世界观对艺术正面和负面的影响。

首先，在这种基督教世界观中的唯灵论的基础上发展出了哥特式的理想主义，与建立在自然律和感官知觉基础之上的古典艺术的理想主义不同，"它的基础是抽象的、观念上的意蕴压倒了形式上的完美，精神压倒了物质"。[4]"它将现实的一切价值或任何可凭感官或理性把握的东西，以及任何明确的、有限的东西，想象为只是绝对的、永恒的和无限的上帝的一些映像。此外，哥特式的观念形态将现实想象为通过感官与理性不能理解的上帝的证明。……一切因果性，一切创造因，一切被创造出来的实在，都必须还原到上帝"。[5]

基督教的唯灵论影响下的中世纪艺术经历了一个生长过程："先是在古

2 德沃夏克《作为精神史的美术史》，14-15 页。
3 德沃夏克《哥特式雕塑和绘画中的理想主义与自然主义》，陈平译，北京大学出版社，2015 年，8 页。
4 德沃夏克，《哥特式雕塑和绘画中的理想主义与自然主义》，11 页。
5 德沃夏克，《哥特式雕塑和绘画中的理想主义与自然主义》，20 页。

典基督教和早期基督教艺术中梦幻般地将物质和整个世界精神化，接下来，较年轻的民族和新来的文化以野蛮残暴的、近乎革命的方式蔑视感官之美。……在新的政治与社会条件的影响下，不得不寻求与世俗存在及其价值相妥协"。[6]这三个阶段可以分别对应中世纪早期的基督教艺术，罗马式艺术和哥特式艺术。中世纪艺术的本质是"为不朽之物和不可见之物赋予形式，以有形的图像来体现上帝的精神启示。因此，在艺术的庇护下，中世纪艺术将救赎行动最深刻的奥秘和万能的超自然力量转换为一件启迪心智、令灵魂震撼的礼物"。[7]对这类艺术而言，目标是"将圣人表现为令人敬仰的符号，或将奇迹的发生表现为救赎过程的证据"，因此塑造人物是最重要的，而不去考虑周围的环境逼真的刻画，"一切艺术构图的手段都集中于将作品的精神内核、值得尊敬的人物或奇迹在其迷人的超验定数、存在与效果中表现出来，使人们的心智可以理解"。[8]对于哥特艺术表现出来的艺术真实或曰自然主义，德沃夏克决绝地否定其产生于自然的模仿，他指出中世纪艺术具有两个最突出的历史性特征：原创性与独特性，这使其从古典艺术的传统中完全脱离开来，朝向一个几乎可以说是相反的方向发展。[9]

　　中世纪艺术特别是哥特艺术的理想主义被强调作为基督教唯灵论在艺术中的表现。那么哥特艺术的写实特征，甚至可以说世俗化的特征也能用基督教的唯灵论来解释吗？德沃夏克这本书最令人惊异的地方是把哥特式艺术的理想主义和自然主义都归因于基督教的唯灵论。在第二章"与自然的新关系"中，他提出，基督教的唯灵论促使中世纪的艺术对于自然作出了不同于古典艺术的新的解释。哥特艺术中的自然，人体，不是通过观察模仿外在世界而得的，也不是从"超越了自然现象与事件之外支配性的力量的超验实体中去寻求的，而是只要有可能便与以感官及心理体验形式出现的这些超验物统一起来"。[10]这种自然主义被称之为"接纳了个体的自然主义"，在人体的描绘中很清楚地看出来。哥特式艺术之前，人体美一直是被压抑的，人体表现局限为僵硬呆板的形式。当基督教神学家把美与真诚的品质结合在一起时，正如阿奎那所说："真诚是得体与优雅的精神"，这就产出一种美与崇高的新概念：

6　德沃夏克，《哥特式雕塑和绘画中的理想主义与自然主义》，21 页。
7　德沃夏克，《哥特式雕塑和绘画中的理想主义与自然主义》，27 页。
8　德沃夏克，《哥特式雕塑和绘画中的理想主义与自然主义》，27 页。
9　德沃夏克，《哥特式雕塑和绘画中的理想主义与自然主义》，28 页。
10　德沃夏克，《哥特式雕塑和绘画中的理想主义与自然主义》，61 页。

"物质的优美形式作为卓越精神之表现呈现出来"，因而外在的物质世界就被赋予了神学的价值。

在哥特式的雕塑和绘画中，这一观念是通过一下三种方式表现出来的：（1）表现单个人物之间的精神联系；（2）表现情感；（3）表现与外部世界的关系。[11]因此哥特式自然主义不是产生于古典的复兴，不是世俗化的结果，而是基督教教会要把唯灵论的精神适应或者说改造各种新的社会现实，建立一种基督教的总体文化的伟大尝试。

在第三章"与新艺术的关系"中，德沃夏克首先指出哥特式艺术的二元论：理想主义和自然主义之间的张力最终导致了极端自然主义的出现。这和当时经院哲学内部所包含的唯名论和实在论的二元论的精神是一致的。唯名论肯定了上帝就存在于其作品最细小的部分之中，因此细节，个别，具体的物就具有了神圣的意味。这可能也是潘诺乌斯基"隐藏的象征主义"观念的来源。北方的文艺复兴可能就是和极端唯名论比较一致的唯灵论传统发展的结果，因此他区别了南方和北方文艺复兴同哥特艺术之间不同的关系，认为其逼真或写实性具有不同的来源和意义。或许受布克哈特的影响，德沃夏克认为意大利在11-14世纪并未参与到哥特艺术的运动中，相反，它保存了更多古典的传统，来自于古典修辞教养的世俗教育在继续，古典法律被看重，被研究，经济上清醒务实，艺术世界作为与信仰世界和世俗世界并列的第三个世界获得了独立的地位。德沃夏克也谨慎地指出，意大利发展出来的新的艺术形式虽有对于古典的学习和利用，但也不同于建立在感官和理性基础之上的古典艺术，这种新艺术不是从外在世界获得艺术的法则，而是建立在艺术家的想象力之上，从艺术自身发展出自己的规则，乔托的作品就是这一新艺术的代表。而作为北方文艺复兴代表的凡·埃克的作品则是吸收哥特艺术的自然主义，摆脱超验观念的限制，而使对于个体，经验事物的兴趣发展成为纯粹审美的兴趣，同样达到艺术的自主，虽受南方文艺复兴的影响，却又有根本的差别。这一观点在他的学生本内施《北方文艺复兴艺术》中完全被接受下来。

通过对于中世纪早期艺术，哥特式艺术和北方文艺复兴艺术之间这种关系的建立，德沃夏克实际上想为同时代的印象派寻求辩护的理由，但他的著作确实把中世纪的基督教艺术作为和古典艺术并列的一种传统确立起来。美术史的按照一种永恒不变的艺术概念评价所有艺术的惯例由此被打破。这种艺

---

11 德沃夏克，《哥特式雕塑和绘画中的理想主义与自然主义》，66 页。

术概念也是导致中世纪艺术得不到正确评价的根源,他指出:"艺术作品的概念和艺术的概念,在其历史发展过程中已经发生了丰富多样的变化,即便就它的最基本的预设而言也是如此,永远是人类普遍化过程中的一种暂存的、由文化定义的、不断变化的结果。对于艺术这个词的理解,艺术所追求的目标及其要求,在古老的东方、在古典时代、在中世纪以及欧洲当代智性世界中——更不用说其他文化环境中——都是各不相同的。就如同宗教观、道德观、历史观和科学观是各不相同的。只有清晰地了解不同时期和地区的基本原理之历史独特性,了解被这些情境所制约的个性特征,才能找到理解往昔时代艺术现象的途径。这样的理解必然会克服关于艺术的含混不清的先入之见"。[12]这可以说就是德沃夏克"作为精神史的美术史"观念的一个总结,而这部著作可以说是这一观念对于中世纪艺术史研究的一个具体范例。

德沃夏克虽然尽力避免在同一时代不同文化形式之间建立一种彼此影响的关系,所以他把经院哲学中的唯名论与实在论的对立和哥特艺术中的理想主义和自然主义都看作是基督教世界观中的唯灵论的表现。但他实在无法控制自己把神学的观念用在对艺术的解释上:托马斯·阿奎那的美的三要素成为对于哥特艺术法则的来源,明晰强调艺术的观念成为物质塑造的基础;完善强调作品要服从自然法则;这两种之间的对立成为中世纪艺术二元论的观念来源。和谐则使哥特式艺术达到最完美的状态。艺术的独立也和阿奎那对于伦理上的善和艺术中的美的区分相关,这种区分在德沃夏克看来导致了"从宗教角度看世界和从艺术角度看世界的截然分离"。[13]前面提到神学家们把"美"与"真诚"结合在一起对艺术中人体美表达的影响也是一例。到底是神学家的观念还是当时这些教堂、雕刻和绘画的赞助者,比如修会的灵修和礼仪实践或者当时的流行的著作影响了哥特式艺术向自然主义的发展,确实还不能成为定论。当然,这需要社会学艺术史家的进一步的努力。

这本著作最可能受到质疑的是,理想主义发展到自然主义似乎是一种必然,尽管这是与古典艺术的自然主义完全不同的一种自然主义。这是一种对于历史事实的接受,还是受美术史中对于自然主义崇尚的影响?如果是后者,中世纪的艺术注定只能是一个过度阶段,德沃夏克所说的每个时代每种文化都有自己的艺术概念实际上并没有真正实现在他对于中世纪艺术的研究中。或

12 德沃夏克,《哥特式雕塑和绘画中的理想主义与自然主义》,94 页。
13 德沃夏克,《哥特式雕塑和绘画中的理想主义与自然主义》,91 页。

者说德沃夏克依然根据艺术与外在世界的关系来定义艺术，评价艺术。事实上，他已经看到中世纪的艺术的价值和意义是由其所象征和表达的神圣意义来确定的，或更直接地说，是由其作为宗教艺术的功能来决定的，遗憾的是，这种敏锐的发现却被其作为一名艺术史家对于独立艺术的欣赏和偏爱所阻挡而不能得出更有成果的观点。

《哥特式雕塑与绘画中的理想主义与自然主义》以极其广阔的视野将对于时代精神或世界观的具体分析纳入到对于艺术风格形成的解释和分析中，真正将哲学和艺术结合到了一起，由此孕育了许多可以继续深入发展的观念。比如同是对于自然的兴趣，不同的世界观中对于自然的理解却是不同的。这一点由贡布里希在《艺术与错觉》中从心理学上作了充分的研究。艺术概念不是恒定不变的观念成为当代美学和艺术理论思考的出发点，由此得出艺术终结的令人惊诧的结论，其实艺术没有终结，但如果艺术没有一个绝对统一的概念，何为艺术，何为非艺术就变成了问题。对艺术史中某一具体问题的研究能否带动艺术史、艺术理论整个研究的进展，这是决定这种研究能否成为经典的标准。对于哥特式艺术的研究却能够引发对于艺术理论、艺术史研究一些根本性问题的更新，这使得德沃夏克这本著作确实值得成为艺术史的里程碑式的著作！

第十一章　从艺术史到图像史
——兼评汉斯·贝尔廷的《相似与在场》

　　大众媒体常常把当代描述为一个读图时代，当代的社会为各种图像所充满，电视、电影、网络、街头广告，即便是那些传统的媒体，报纸、杂志和书籍也越来越多地以图像代替文字，人们与其说是在翻阅这些媒体上的文字，不如说是在看上面的图片。人们会对此作出种种的解释，说图像比文字更直观，更形象，更容易看明白。但是批判理论，结构主义却提出相反的观点，对于这些图像，我们看到的，和它想对我们说的完全是不同的东西，这些图像居心叵测，如巨大的商业和权力之网，将面对它的那些天真的观众网罗进自己的控制之中。这样的话，我们对于这些图像并未真的看懂，这些图像也绝非像它们表面上看起来那么直观。因此就需要理论的解释，把这些面对图像懵懂的观众从昏昧的状态中启发出来。于是理论家，甚至是那些哲学家们即便在今天的这个读图时代，仍然是一般大众的启蒙老师。他们不再去做那些大众看不懂的抽象的文字，而是对于大众自以为明了的各类图像作出令人恍然大悟的解释。这就是所谓理论界的"图像的转向"。

　　如果可以对于当代的图像作出各种各样的阐释，发现图像背后所蕴藏的意义，当代的图像的使用方式、制作方式和效果如此明白地呈现在我们面前。我们可以思想，以前各个时代的图像使用方式、制作方式以及效果是怎样的呢，它们是否可以作出类似的解释呢？这样就对于传统的艺术史提出了一个巨大的挑战：那些被视为艺术作品的图像，它们的意义仅仅就在于是艺术吗？约翰·伯格在他那本影响巨大的著作《观看之道》中指出："最初，制作图像

（image）是为了用幻想勾勒那不在眼前的事物的形貌。逐渐地，图像比它所表现的事物更能经得起岁月的磨练：它还能提供某物或某人的旧模样——从而也隐含了别人对这一题材的看法。其后，人们又承认图像还记录了制作者的具体观点。图像成为某甲如何看待某乙的实录。这是个体意识不断增强——伴随着不断增强的历史意识——的结果。试图精确地界定这一最后发展阶段的年代，未免失之轻率。但可以肯定，这种意识从欧洲文艺复兴初期即已存在"。[1]伯格的描述似乎是要呈现图像有一个从纯粹的不包含任何看法的表达到表达具体观点的这样一个发展的历史。但是我非常怀疑图像的存在是否有这么一个历史，正如伯格对于那些纯真的艺术史家的质疑一样，我担心伯格的这种描述也是某种纯真的表现。我个人认为，任何图像都是一种具体观点的表达，这并不依赖于个体意识是否发达。德国艺术史家汉斯·贝尔廷的著作《相似与在场》让我对这一观点更加确信。

汉斯·贝尔廷的《相似与在场》（德语为 Bild und Kult，英译为 Likeness and Presence）一书是中世纪艺术史研究的名著，这本书却对传统的艺术史观念提出了全新的理解。书的副标题为"艺术时代之前的图像历史"。为什么不是艺术史而是图像史呢？首先，贝尔廷把中世纪的图像分为两种：叙述性图像和神圣的图像。叙述性图像指的是表现神圣的历史，被作为像文本一样被阅读而非被观看的图像，这类图像强调与表现对象的相似；神圣的图像则指另一类图像，它们"不仅表现一个人，而且自身也被当作人来敬拜，或被弃绝；或在宗教仪式中被从一个地方带到另一个地方，简而言之，它服务于权力象征性的交换，最终表达了公众对于一个共同体的要求"，这类图像强调被表现对象的在场。[2]书中所讨论的主要是神圣的图像。其次，贝尔廷提出，今天所理解的艺术的概念，就是"由著名的艺术家所创造并由一种适当的理论规定的艺术是在中世纪以后才出现的：当过去的图像被宗教改革时期的偶像毁坏运动毁坏以后，一种新的图像才开始出现在到那时才形成的艺术收藏之中"。[3]对于图像的反对实际上并非宗教改革者的意图，他们的意图是要从古老的教会体制中解放出来，他们想要建造一个单纯由布道者和会众组成的新教会。因为要反对这种体制，所以体现这种体制的图像，或者说具有神圣权威的图像必须被丢弃。这样图像

---

1 约翰·伯格，《观看之道》，广西师范大学出版社，2010，4 页。
2 Hans Belting *Likeness and Presence*, tr. By Edmund Jephcott, The university of Chicago Press, 1996, p41.
3 *Likeness and Presence*, p41.

就失去了它在古老的罗马教会的体制中具有的权威，就需要被赋予一种新的意义。这是图像转变为艺术的背景。[4]所以中世纪的图像虽然过去一直被视为艺术，但事实上它们具有一种完全不同的文化和社会意义，而审美的功能是在宗教改革以后才逐渐形成的。根据这一观点，传统的艺术史应该被重新审视，因为即便是宗教改革以后，也并非所有的图像的主要功能都是审美。这样所有的艺术史因此可能都得重新改写，或者说，以前被简单称之为艺术作品的那些东西是否需要用一个更为客观的概念，图像，来称呼。这样，过去艺术史的研究更确切地应该称为图像史的研究，当然，这不仅仅意味着名称的改变。

要说当代是一个读图时代，那么中世纪更是一个读图时代，那时候通行的文字是拉丁文和希腊文，基本上只有基督教的神职人员才能读书。一般的大众甚至贵族除了口耳相传之外，就只有通过读图获得知识，尤其是有关信仰方面的知识。那么中世纪的基督教图像显然不是为人们提供审美欣赏的艺术作品，更主要是为宗教教化和崇拜服务的。贝尔廷提出，图像的意义是通过图像的用途揭示出来的，中世纪的图像的意义当然要通过对于中世纪的图像在实际生活中，无论是政治、宗教还是经济生活中所承担的功能的研究来揭示。在这方面，汉斯·贝尔廷与历史学家彼得·伯克是一致的。彼得·伯克在《图像证史》一书中提出图像的意义依赖于它的社会背景，这"不仅包括图像受委托制作的具体环境以及物质环境，也包括总的文化和政治背景"。[5]所以对于图像的研究应该是一种图像文化史的研究。

中世纪不仅存在有大量的基督教图像，而且有些方面只有图像而无文字的记载。到底谁有能力来讨论这些图像呢？怎么来讨论这些图像呢？贝尔廷指出，艺术史家把这些图像看成是艺术仅仅局限于讨论其形式和风格，比如乔治·扎内奇的《中世纪艺术史》；神学家感兴趣的是过去的那些神学家对于这些图像的态度，是如何使用这些图像的，至于图像本身，则很少顾及，像大马士革的约翰在为圣像辩护时所做的那样。按说历史学家对这两方面应都有涉及，然而，他们更愿意讨论涉及图像的文本，政治和经济事件，而不是图像本身所触及的深层的经验。哪怕是像豪泽的《艺术社会史》这样的著作也是一样。艺术史家习惯于把图像作为一种审美形式而探讨其风格，专业领域的限制也使得他们把更多的精力花在对于图像本身的研究上，如何将这些图像用一个

4　*Likeness and Presence*，14 页。
5　彼得·伯克　《图像证史》杨豫译　北京大学出版社，2008，257 页。

统一的标准来描述，这是他们最重要的目标。本来历史学家应该有条件去讨论这些图像背后的意义，但历史学家们所擅长的却是对于文本的解读，这使他们既不注意图像，也不知如何利用图像，于是图像便成为艺术史家专门的对象。在这样的状况之下，图像就仅仅被当作艺术作品来对待。

贝尔廷对于中世纪图像历史的描述表明，图像之所以不能仅仅当成艺术来讨论，不仅仅是因为中世纪的图像所承担的主要是宗教功能，更重要的是，图像的制作和形成也不是简单地由我们所想象的艺术家来决定的。首先在中世纪，我们所说的艺术家根本就不存在，他们就是一些手工艺人，他们对于圣经、神学可以说知之甚少。图像既然主要为宗教服务，图像的题材，形式，风格甚至大小，材料等就不可能由他们来决定。我们看到当时的神学、宗教会议，不同地域的教会的法规、习俗等都在影响图像的形成。贝尔廷在谈到这些图像的来源时说一直到中世纪图像发展到第二阶段的九世纪，"图像尚未形成自己的风格和美学，它包含着希望纪念某一个体相貌和希望获得一个不朽的理想之间的冲突"。[6]前者的功能是提醒和纪念，同时起到教化的作用，所以强调图像与人物的相似；而后者是要直接作为崇拜的对象，因此图像意味着图像所表达的人物是在场的。这种矛盾一直到 13 世纪在东部和西部的宗教图像中一直存在，只是到了 13 世纪，也就是中世纪图像的第三阶段，具体就是在 1204 年，西方的宗教图像才更明确地以相似为目的，主要是纪念和教化；而东方则明确地发展出系统的圣像神学，强调图像的神圣性，作为宗教崇拜的对象。所以图像的这一历史的发展显然既非艺术自身的规律决定，图像的制作者也没有多大的自主性，更多的是教会，和教会的神学决定图像的特征和变化。即使是西部的图像，虽然对于图像本身并没有形成一个神学体系，没有具体规定图像的形式和风格，图像的题材、形式和风格也依然是由不同时期的神学以及不同地域的教会习俗影响形成的。比如圣母形象的出现，贝尔廷指出："只有当关于基督人性的公开的论争已经占据了整个罗马帝国的时候，玛丽亚才在基督论中具有了越来越重要的作用，这也产生了定义她的生活和人性的需要"。[7]有了神学上的需要，才会出现圣母的图像。在早期的图像中，玛丽亚是作为天国的王后，作为生命之路的指引者或智慧的宝座的形象出现，玛丽亚这时候的形象威严神圣，目光直视，头上有金色的光环，里面是象征牺牲的红色内袍，

6 *Likeness and Presence*，26 页。

7 *Likeness and Presence*，33 页。

外罩象征尊贵的深蓝色外袍，端坐于宝座之上。（图 1）到了十四世纪，尤其在北部，圣母的母性被强调，更多圣母怜子的图像产生出来。如此讨论中世纪的图像，显然不能去纯粹描述图像的形式、风格。图像的神学背景，教会的立场，尤其是不同的神学派别之间的论争，各宗派之间相互的关系等都成为考察图像历史必须关注的内容。这样一部图像的历史同时也是一部神学史，教会史，教义史。艺术史家确实无力承担如此的重任，但神学史家，教会史家又对这些图像不加关注或者无力关注。

图 1　the enthroned Virgin and Child with saints and angels, and the Hand of God above, 6th century, Saint Catherine's Monastery

其实，我们也应该注意到史学领域的一些巨大的变化，对于文化史、日常生活史和微观史的重视，越来越多的历史学者开始关注图像在历史研究中的重要作用。文化史最经典的两本著作《意大利文艺复兴时期的文化》和《中世纪的秋天》本来就是为了研究艺术的历史背景，结果就把艺术作品的表现同时代紧密联系在一起，向人们呈现了更为形象，更为细致，也更为丰富的文艺复兴的"时代肖像"。艺术作品在其中就不再是作为纯粹的艺术，而是作为历史的视觉证据，它们与文本互相阐释，这样我们既对于时代有了更清晰的认识，对于艺术作品也有了更深的理解。当然，这些艺术作品，准确地说，这些图像并不能很简单地作为历史的视觉证据来使用，正如哈斯克尔所指出的，当代的摄影可以具有欺骗的性质，过去的图像也会有同样的问题。彼得·伯克在《制造路易十四》中指出图像本身就是一种宣传的策略和工具，具有特殊的目的。比如路易十四的图像就是对于他的形象的制造和传播，这一个案揭示出了艺术与权力之间的密切关系。[8]伯克的研究非常明白地显示无论是任何一个时期的图像都不能简单地被看成纯粹的艺术作品，就如它们不能简单地当成直接的历史证据一样。如哈斯克尔所说："在历史学家可以试图有效地利用视觉材料之前，不管（这材料）多么重要、多么简单，他都必须弄清楚他看到的是什么东西、是否可信、它于何时出于何种目的被做出来、甚至它是否被认为是美的等等。他还必须对任何特定的时期内对艺术所能传达的东西永远起决定作用的环境、习俗和禁忌，以及造型艺术家们用以表现个人想象的手段都有所了解"。[9]图像的历史很可能包含着非常复杂的内容，需要通过各种工具对其进行阐释。从这个方面来看，图像绝非仅仅是艺术史家专有的对象；其次，图像绝不应该被历史学家以及其他各类的人文学者忽视或者放弃，可能需要不同的学科领域的学者一起来共同研究图像的历史。这样，就将图像从狭窄的艺术史的领域解放出来；或者说，艺术史需要被重新建立，不能再局限于对于图像形式、风格的描述，而成为如潘诺夫斯基所说的真正的人文科学。其实，瓦堡学派的创始人阿比·瓦堡一开始就是这么做的。

今天理论界的"图像转向"也为建立图像史或新的作为人文学科的艺术史创造了极其有利的条件。越来越多的领域的学者开始参与其中，这并不是要

---

8 彼得·伯克，《制造路易十四》郝名玮译 商务印书馆，2007，3 页。

9 哈斯克尔，《历史及其图像》，见《艺术史与艺术理论》，中国美术学院出版社，2004年，261 页。

夺那些艺术史学者的饭碗，相反，为仍局限于传统的艺术史视野中的学者们开拓了眼界，提供了方法。福柯对于《宫廷仕女》的阐释，德里达对于绘画意义的论述，罗兰·巴特、桑塔格等人对于摄影的评论都为我们提供了非常新颖的视角，让我们看到，尽管是那些在艺术史中已经被人们谈论过无数遍的作品也能呈现出我们意料之外的意义，或发挥令人吃惊的作用。图像史的研究是一个颇具挑战性的领域，也是一个不断会给人们提供惊喜的领域，社会学、符号学、人类学、女性主义等这些新的方法和观点都可以让我们以一种全新的眼光去看待我们非常熟悉的艺术史。本雅明在研究摄影和电影时看到技术带来了艺术概念的根本的变化，我们也会看到今天的图像的使用会让我们对于传统的艺术史的观念产生根本的转变，汉斯·贝尔廷的研究是一个极好的例证。

　　贝尔廷之所以能够走出艺术史家的领域，超越传统的艺术史的范围，当然是和他作为当代的艺术史家对于艺术史的危机的关注分不开[10]。艺术史的危机是同艺术危机联系在一起的，当代的艺术和日常生活让人们难以再清楚地认识艺术和非艺术之间的区别，而当代的大量的新的图像的涌现也在冲撞传统的艺术与非艺术之间的界限。如果确像结构主义者所认为的，这些图像本身的意义并非如人们所想象的那样清晰和自明，它们就同传统的艺术一样具有阐释的必要性。如果本质主义或现代主义的文化等级制就这么被推翻了，高雅艺术与通俗的文化之间的界限，艺术与日常生活之间的界限被取消的话，我们一定会合乎逻辑地问这么一个问题，这种界限，或文化的等级制是什么时候被建立起来的，或者如何被建立起来的，最终我们一定会问，这种等级制存在的理由是什么。这样一来我们很容易看到，艺术史的危机或艺术的危机最终实际上是价值的危机，我们以前认为是理所当然的价值评价标准是合理的吗？这一问题必定会摧毁传统的学科体系，尤其是关注价值的人文学科体系，在这其中，特别强调价值评判的艺术史自然是首当其冲。因此，艺术史成为图像史绝不仅仅是需要对某一阶段的所谓的艺术，比如中世纪的艺术作出重新的评估，汉斯·贝尔廷仍然承认的文艺复兴时期及其以后的艺术也存在着同样的问题，它们在何种意义上被称为艺术，谁把它们称为艺术？当我们这样来讨论的时候，艺术史只能称为一种图像的文化史。

---

10 参汉斯·贝尔廷，《艺术史终结了吗？》，湖南美术出版社，1999 年，290 页

第十二章　天主教艺术的中国化与当下化

　　基督教图像一进入中国，就面临着如何被中国人理解和接受的问题，理解是明白其意义，接受还包含情感上的赞同，不排斥。所以从宣教的角度来看，任何宗教要进入一个新的文化之中，都存在着如何被这种文化理解和接受的问题，这就是我们常说的本地化或地方化。但是图像持续的使用还存在着另外的问题，一种文化中的图像不一定被不同历史中的人们同样地使用和接受，比如中国古典的绘画形式在今天的中国艺术家的创作中已经不再是主流，在今天谈天主教艺术的本地化，还要考虑和今天人们对于图像的使用和接受相适应的问题，也就是说图像一定是对于当下的信仰经历和信仰情感的回应和表达，这就是天主教艺术当下化的问题。适合唐代，明代或者民国时期的天主教艺术在今天还是不是适合，这是天主教艺术的中国化需要面对的问题。这个领域的研究者多关注耶稣会的努力以及辅仁大学"艺人之家"艺术家的努力，[1]本文不仅从中国天主教艺术的发展历史，也通过几个不同方向的对比和反思，并结合当代中国天主教艺术的现状来对这一问题作进一步的反思，期望不仅反思历史，也为当下的发展给出可能的方向。

1　对于这方面的研究有顾卫民，《近代中国基督宗教艺术发展史》（香港道风山基督教丛林，2006）、沈路，《民国时期天主教绘画对"中国化"的诠释和理解》（《宗教学研究》2019.1）、王莞云，《二十世纪初天主教艺术的本土化——以北平辅仁大学为例》，硕士论文等。

一、基督教图像进入中国的适应过程

　　基督教初传中国，就开始使用当时的语言文字和图像作为其生存的一个策略，大秦景教流行中国碑碑首的二龙戏珠图案和碑额希腊十字下方的莲花祥云图案很明显地表现出这一点。（图1）十字莲花的图案究竟是由景教教士而为，还是先由本地匠人刻凿主体，后由景教教士增刻十字，学界尚在研究之中，但这一图案的模式显然被景教接受下来并广泛使用。北京房山的十字寺十字架石刻，泉州景教坟墓的石刻也都采用了这种雕刻模式。被称为中国最古老的圣母雕像"扬州圣母"，圣母的坐具是极具中国风格的椭圆形凳子，而圣母及耶稣的脸也都具有"明显的东方人的特征"。[2]初进中国的基督教图像本地化的目的可能更多是为了被接受，能够生存下来，这是宣教首先要做到的第一步。

图1　"大秦景教流行碑"碑额

　　然而这些图像对于当时的观者而言究竟意味着什么？今天对于这些景教图像的解读是当时的观者能够领会到的意义吗？这些碑刻上的图像是景教图像主要存在的方式，显然不是为传教，甚至都不是为景教教士灵修默想之用，而是仅仅作为纪念。其中可能没有那么多的神学和宣教的意义。

---

　　2 顾卫民：《基督宗教艺术在华发展史》，上海书店出版社，2005年，100页。

　　由于景教被武宗灭佛所殃及，最终仍然未能在中国存留，元代的也里可温教也昙花一现就消失了。所以到利玛窦来华时，景教所面临的问题依然存在。如果景教的图像只是作为纪念的目的更多存在于碑刻之中，利玛窦则很清楚地意识到了图像对于传教的帮助，因为耶稣会创始人罗耀拉在《神操》中强调图像对于耶稣会士默想和灵修的帮助，所以他们一般都会随身携带圣母或耶稣像，中国人看到这些图像时的反应让利玛窦等人意识到要充分利用图像来吸引中国人。但在利玛窦的时代，他们自己尚无能力使得这些图像中国化，成为具有中国风格的基督教图像。这一时期，是他们与中国的商人与艺术家合作促使基督教图像出现了中国化的特点。但正如有研究者分析的，像《程氏墨苑》、《颂念珠规程》和《出像经解》这三本最典型的带有中国化基督教图像的书籍，并非由西方传教士有意识地对其中的图像加以改编适应中国人的需要而产生的。《程氏墨苑》是由商人程大约为了商业上的利益与当时一些刻工合作的结果，为了商业上的利益，当然要对于图像进行改编，使之为中国读者接受和喜欢，当然客观上起到了传教的作用，并且促成了基督教图像的中国化。《诵念珠规程》则是罗儒望与中国画家合作的结果，图像是中国画家的作品，当然会成为中国化的基督教图像，无论是形象还是笔法。艾儒略对于《出像经解》中国化的改变则是有意识地主动参与，对于图像的选择和图像的形象都有明确的传教策略作指导，但具体的操作仍然是中国的画家完成的。有意思的是，正是由于艾儒略主动地使用，却使得《出像经解》更忠实于内达尔的原作，也就是说在中国化上反不如前两部图像。[3]可以说，这一阶段基督教图像的中国化是西方传教士的参与但由中国本土画家具体完成，这些画家既不能确定对于传递的教义有很好的理解，更不能确定是否为信徒，这些图像的中国化是一种比较表面的中国化，只是人物形象和背景更易于为中国人接受和理解而已。[4]至于中国人如何接受，信徒如何使用不得而知，但因为对于内容的陌生，甚至会成为接受的障碍。清初反教人士杨光先利用汤若望《进呈图像》中的耶稣受难图像，诬耶稣为"谋反正法之贼首"。可见图像仅仅在形式上中国化，在中国人未能充分了解基督教之前，在传教上的作用极其有限，观者或不懂，或误解，比如把圣母像误认为是观音。

3　顾卫民：《基督宗教艺术在华发展史》，135 页。
4　参董丽慧：《西洋图像的中式转译：十六十七世纪中国基督教图像研究》，台湾：花木兰文化事业有限公司，第 4-7 章。

到了清代，耶稣会士有了更明确利用图像宣教的意识，但他们也清楚不能依赖对于基督教教义不甚了了的本土艺术家，所以："应南怀仁的要求，在华耶稣会士们于 1678 年向欧洲耶稣会士们发出了一次呼吁：'请向我们派些学者、哲学家、音乐家和画家来吧'"。[5]于是有了郎世宁、王致诚等一些耶稣会艺术家的来华，可惜他们今天留下来作品却主要是记录清代帝王的战绩和肖像的作品。据方豪《中西交通史》，郎世宁于北京天主教南堂，即今宣武堂东西南北四壁各画有壁画，南北为君士坦丁大帝凯旋图，赖十字架得胜图；据其引用张景运《秋坪新语》的描述，其中有圣母怀抱圣婴，下方有二天使图。这些壁画的题材和形象似乎还都是西式的。[6]这些天主教艺术家本来是带着使用艺术传教的热诚来到中国，但因时易世移，传教士在中国的处境有了很大改变，使其生存都已成为问题，这些艺术家仍然幻想通过走上层路线影响中国人对于基督教的态度，但他们很遗憾地最终都只是变成了宫廷御用艺术家。传教士的艺术家没有机会通过自己使基督教的图像本土化就抱憾而去。但据传为郎世宁的《守护天使与小耶稣》（图 2）所作的中国化的尝试仍值得注意：图中天使是西方的面孔和装扮，小耶稣却完全是一个中国的孩童，为何天使形象可以不变而耶稣形象要变呢？这些神圣形象哪些可以或应该保持西方的形象，哪些是可以或应该变的，理由是什么呢？这是以后的中国天主教绘制这些人物时需要考虑的。

5　伯德莱：《清宫洋画家》，广东人民出版社，2016 年，8 页。

6　方豪，《中西交通史》，上海世纪出版集团，2015 年，下，771-773 页。

图 2　传为郎世宁作《守护天使与小耶稣》

二、本土艺术家应邀而作的中国天主教图像

1919 年，教宗本笃十五世发布《夫至大》牧函，1922 年，刚恒毅受命担任驻华宗座代表，负责推进天主教在中国的本色化，强调在教堂建筑及装饰和神父住宅尽可能采用中国艺术样式。他邀请本笃会艺术家葛斯尼神父负责设计与建筑，所设计的修院和辅仁大学被刚恒毅认为是天主教精神与中国传

统艺术精神的完美结合。[7]但从西方引入艺术家来使天主教的艺术中国化仍然不能使其满意，所以刚恒毅没有像耶稣会士那样要求从欧洲引进天主教的艺术家来做这样的工作，而是努力发现本土的艺术家来承担这一责任。这是和《夫至大》的精神更为一致的，于是有了辅仁大学"艺人之家"的出现。

"艺人之家"的作品受到西方世界的热捧，评价极高，但这种极高的评价一方面肯定是由于刚恒毅为代表的教会方面的支持，另一方面从西方人的角度来欣赏这些绘画，也可能是一种新鲜感，在专业的艺术史领域似乎没有留下太多的反响。而在中国，基本上是受到冷落。1935年，当这些作品在上海展出时，对于观者的反应，陈路加白己说："就在第二天，参观者已经光临，以后则络绎不绝。许多人士出于好奇，还有许多人拍了照片。我感到沮丧，并意识到我们的绘画并没有吸引人们的趣味。至少，这是我们的观点。一些人指出我们的缺点，更多的人则大肆赞扬并鼓励我们。但是，我确切地感到许多人在我们的背后严厉地发出批评。真的，我们的感觉并不满意。许多天主教徒缺乏欣赏天主教艺术的能力。在观察家中，许多人只是来看看而已。另外一些人则将这些图画视为奇异之物，随便任意地打量一番，没有受到任何感染和影响。他们既不理解这些绘画，也不理解其中蕴育着的艺术。只有极少数参观画展的人热爱这种新的中国式的基督教艺术，并给予我们有益的忠告。而这种忠告正是我们所需要的。我们以最大的诚心欢迎所有促使我们改进工作的建议，我们希望更迈进一步，我们满怀信心地要这样做"。[8]（图3）可见实际情况并非如刚枢机所说："这些题材是如此的富有人情意味与甘治甜蜜，即使外教人也容易领悟。"[9]这些天主教艺术作为宣教的工具肯定是失败的，它们的存在的意义不在于宣教，而在于辅助作为天主教徒的艺术家和欣赏者的灵修。这也是罗耀拉使用图像的初衷，考虑一下佛教图像、道教图像解读的困难，甚至连专家都很难说可以轻易的准确解说，更不用说一般的民众了。想想基督教图像在西方的经历，对于教会人士都会引起误解，在不同传统的教会中成长起来的人对于图像的态度和理解也都不是一样的，何况一个接触基督教信仰时间有限，对于基督教图像缺乏了解的中国民众呢？这绝不是单纯把图像形式进行本土化就行了。

7　刚恒毅，《中国天主教美术》，孙茂学译，台中：光启出版社，1958年，13页。

8　顾卫民：《近代中国基督宗教艺术发展史》，香港：道风山基督教丛林，2006年，第154页。

9　刚恒毅：《在中国耕耘—刚恒毅枢机回忆录》（下），（台）主徒会出版，385页。

图 3　陈缘督,《圣母与圣婴》, 1928

　　而且, 本土化的图像可能不是提供了接受和解读的方便, 反而可能是增加误解, 对于不了解基督教的一般民众, 对于在佛教图像长久熏陶下的中国民众, 面对如观音的圣母, 他们崇拜时是崇拜观音呢? 还是崇拜圣母呢? 其实利玛窦早就意识到这个问题, 所以他在教堂里要用耶稣像代替圣母像, 避免这种

误会。刚恒毅也意识到了这个问题，他提出，在基督教艺术中国化方面，一定要渐进，不可贸然把人物一下子都变成中国人："至于服饰方面，属于次要的问题，但仍以保持古装为宜。……东方古装画配合的尤为美妙。面谱最好不以欧洲人为模型，而要以接近巴勒斯坦人的脸形更为逼真，且具有东方人肖像的性格"。"最近发现的完全东方化的耶稣或圣母像，我们不鼓励这种作品；关于这个问题，我们必须确切说明：不应拿中国人或印度人画成耶稣的肖像，因为这轻视了教会的传统，忘却了历史的真实，缺乏应有之尊敬。"[10]可是他的这种担忧不仅并未受到辅仁大学的艺术家们的重视，今天的天主教艺术家们也似乎没有关注他的这一颇具真知的反思，仍然是按中国人的形象，甚至传统佛教道教人物形象来表现神圣人物。比如台湾盐水天竺圣神堂的壁画就由于过分的道教化而令人有误置之感。（图4）

图4　台湾盐水天主圣神堂壁画（三一神）

所以基督教的本地化不是改换文化的形式就可以了，目前恢复传统文化存在着类似的问题，以为穿汉服，诵读经典就是恢复传统文化，这把问题太简单化了。基督教的本地化应该是针对信仰的问题具体表现形式而作出的具体

10 刚恒毅，《中国天主教美术》，孙茂学译，台中：光启出版社，1958年，48、50页。

的回应。这里笔者不揣浅陋，认为《梵二会议》提出来的对于当代文化的回应才是当下基督教中国化所应思考的问题，这在中国的天主教艺术上实际上已经有所表现。同为辅仁艺术教师的西方传教士方希圣的《苦难的中国》显然突破了纯粹从中国化的形象和形式方面来进行中国化的基督教的艺术创作，而是选择如何回应处在战争与灾荒的中国的苦难问题。（图5）《苦难的中国》以对于《圣经·以赛亚书》一节经文"他们在苦难之中，他也同受苦难"（赛63:9）的图像阐释表达了神对于处于苦难中的中国人民并非坐视不管，而是与他们同在，并且一起承受苦难。这是对于苦难中的人最大的安慰。

图 5　方希圣《苦难的中国》，1943-1945

三、当代天主教艺术的创作及其发展方向

当代天主教题材的艺术创作虽然不是那么引人注目，但还是有不少的艺术家在努力，一方面是作为天主教徒的艺术家尝试以艺术来表达自己的信仰，或者为教会服务；另一方面是对于天主教信仰持有好感或有过经历的艺术家也借助于天主教的题材进行艺术的创作。他们的作品基本上按照民国时期天主教艺术发展的几个方向继续向前探索：一是继承辅仁画派以圣经人物为主，采用中国的人物形象，绘画方式进行表达的传统，这方面比较突出的如陈虎，上海教

区的吴曼群修女，李宁侠修女；二是沿现代西方绘画的发展方向表现当下的信徒的生活和信仰，当然，也会表现传统的圣经人物，林风眠是这类画家的代表，他老年所创作系列的"基督受难图像"和"修女图像"基本上是采用西方抽象派的手法运用中国的笔墨来表达人世的痛苦和对世界的疏离。（图6）当代浙江教区的李卫联神父大致可以归为这一条线，他多采用当下的教徒信仰生活的题材，比如《祈祷的妇人》、《圣周四洗脚礼》（图7）、《圣经学习小组》等，但又有运用现代手法创作的《圣母子》等，上海的吴亦军以圣经经节为题的系列油画（参看"艺术与灵修"公众号）；还有以中国人身份创作的法国学者、画家笨笃（魏明德）（图9），我认为台湾赖维均的"十架系列"和北京岛子的一些以天使为题材的作品也归为这一类[11]；三是沿袭西方传统的天主教艺术的创作，像温州教区的王怀爱（为教堂创作传统圣像壁画），河北邯郸圣神安慰会修女申爱平，河北献县教区的张月欣修女，还有为各个教堂创作圣像雕塑的袁军民等。（取自陈虎"艺览无余"公众号的信息，及他发布在朋友圈的采访）

图6、林风眠《修女》

---

11 郝青松博士提醒我，岛子的水墨作品《上帝与黄金》获得德国第20届米苏尔社会发展基金创作奖，而这个基金会是一个天主教的基金会。

图 7 李卫联,《圣周四洗脚》

图 8 李宁侠,《耶稣为门徒洗脚》

图 9　笨笃，水墨画《受苦的仆人》

　　虽然已有为数不少的艺术作品出现，虽然有很多的教堂和神学院在支持这些艺术家的创作和展览，但显然陈路加所提到的问题似乎并没有太大的改变。这些作品的影响仅仅存在于教会内部，甚至教会内部也仅仅是一小部分人。可以说中国的天主教艺术始终都未能承担起所赋予它的使命，没有能够承担传教的使命，因为即便教会内部也不是所有的信徒都能明白这些图像，何况教外人士；而对于教外的知识分子，他们又会觉得教会艺术的水平不高；即便对于教会内部那些喜欢艺术的信徒，这些作品要起到灵修和默想的辅助作用似乎距离也还不小。如果和现当代的新教艺术的发展比较，会看到两个明显对立的极端。由于新教教会对于视觉艺术的冷漠甚至反对，新教艺术基本上是艺术家个人的事情，因此与艺术发展的潮流往往比较一致，因此也比较关注现实，现实感或言当下化很强，甚至是过于强烈；而天主教艺术由于与教会的连接比较紧密，还有不少艺术家依赖于教会的赞助和支持，展览的场合也多在教会而不像新教艺术在更为开放的艺术场馆展出，受教会限制比较大，所以更多强调超验性的传统，强调艺术作品成为神圣场景和氛围的装饰，可以说太超验化了，而现实感或当下化比较弱，甚至缺乏。

四、反思：方向的问题还是时间的问题

和艺术家陈虎讨论这个问题：中国的天主教艺术对于艺术的贡献是什么？或者说对于中国的艺术的贡献是什么？他认为这个问题目前还为时过早，应该是未来的话题。他认为主要原因是中国的天主教的绘画实践和理论研究还没有形成体系，还很不深入。今天的社会环境对于中国天主教的艺术的发展造成了很大的限制，其实这种限制不仅表现在艺术领域，神学研究，教会建制等很多方面都面临同样的困难，这不是我们这里讨论的问题。事实上，中国天主教艺术面临的问题在西方也有类似的情况，从法国大革命以后，西方的天主教艺术也是已经非常的衰落。但无论是宣教士还是国内的教会人士却希望看到的中国天主教能够拥有如西方天主教那样丰富的无论是宣教的还是灵修的艺术资源，既然教会要本地化，教会的艺术当然也要本地化。但问题是，既然中国天主教已经错失了天主教艺术发展的黄金时代，或者根本不具有西方教会所具有的发展艺术的环境，如何可以期望中国的艺术家们提供丰富的供教会使用的艺术资源呢？

我们知道佛教艺术的发展依赖于魏晋至隋唐统治者对于佛教的大力支持，需要有非常多的艺术家，工匠投入佛教艺术的创造，才能从其中产生出许多优秀的作品。明清至民国，虽有西方教会的支持，但能够为中国天主教教会创作的艺术家也非常有限，进入中国的一批教会艺术家很不幸正逢教会被打压的时候，所以郎世宁等人成为宫廷艺术家，留下的更多是为宫廷创作的世俗作品。在刚恒毅主教支持下的辅仁画派，似乎小有成就，可惜留给这些人创作天主教艺术的时间也很有限，现在看这批被认为中国化的天主教艺术作品，除了人物换成中国的，运用中国的笔墨和技法，但基本上还是仿效西方传统的绘画。无论是在宣教方面，还是在信徒的灵修默想方面，发挥的作用及其有限。

在当代，教会作为艺术的赞助者的角色及其有限，神职人员的艺术修养和经济能力都无法帮助艺术家的创作。这一状况在中国和西方都比较相似，教堂的建造和装饰很少能邀请到当代最有才华的艺术家，很少有私人赞助的天主教艺术的创作，所以今天的天主教艺术的创作更多是一些艺术家自发的行为。有限的艺术家，有限的作品，基数的有限就决定出现优秀作品的可能性较小。

另外一个问题是要使天主教艺术中国化，是要承担宣教的功能，还是作为信徒灵修默想的辅助工具，是放在哪里的？今天这些作品创作出来，除了偶尔地短时间的展览之外，还能派上什么用场？讲天主教艺术中国化时不能抽象

地讲，一定要针对当前的现状和问题。

再考虑当代中国的艺术现状，什么是中国化的发展方向呢？继续辅仁画派的传统，当然可以有，但显然不是主流，再考虑今天教会的主体人群，他们所接受的是什么样的艺术风格呢？西方传统的宗教作品可能比前者接受的范围更广一些，因为今天人们对于西方的这些作品接触越来越多。但真正具有发展前景的还是以当代的艺术手法和媒材去表达当代人的信仰和传统的题材。这是我所说的当下化。真正的中国天主教艺术应该是当下中国人更愿意接受的，能够表达当下信仰的艺术。当宗教改革之后，荷兰和德国那些过去依赖教会赞助的艺术家不得不转向世俗艺术，但仍有一些艺术家在以艺术表现他们当下的信仰所面对的问题，他们不再创作过去只能在教堂里存在的以圣母、耶稣或圣徒为题材的绘画，而是赋予圣经中的主题以当下的意义，著名的比如伦勃朗的《浪子回归》、布鲁盖尔的《瞎子领瞎子》、丢勒的《祈祷的手》等。这些作品不但在当时成为人们信仰的帮助，而且今天仍然成为沉思默想的对象。如卢云《浪子回家》就是通过默想伦勃朗的这幅画，信仰上得到了很大的改变。因为看到一些修女、神父还有一些敬虔的信徒投入教会艺术的创作，我还是带着很大的期望，有朝一日，他们的作品也会给我们信仰上带来巨大的改变，这才是天主教艺术中国化所要追求的目标。

天主教神学家们常常针对当下社会的问题提出自己的神学思考，比如莫尔特曼面对地球生态的问题会提出"生态创造论"，面对二战和奥斯维辛，默茨会提出"苦难记忆"的概念等。艺术与神学一样，是用不同方式对于当下的信仰面临的问题作出的反思和回应。当代中国的天主教艺术应该是对于当下信仰所面临的各样问题的反思和回应。无论是教会赞助的装饰教堂的艺术，还是艺术家创作出来供展览的艺术，却不能仅仅限于提供一个具有外在的中国人所熟悉的形式的作品，而是教会或艺术家本人对于当下信仰的思考、表达和回应。因此，无论影响艺术生产的神学、教会建制还是艺术家本人，应当考虑的不是天主教艺术的中国化，而是中国天主教艺术的当下化。

致谢：本文在写作和修改过程中得益于与天津美术学院的郝青松博士，北京师范大学的张欣博士，北京大学博雅学院博士后董丽慧以及热诚宣传和支持天主教艺术创作的艺术家陈虎的讨论。

参考文献

一、中 文

1. 亚当斯（Hazard Adams）/瑟尔（Leroy Searle）:《柏拉图以来的批评理论》，北京大学出版社，2006 年。

2. 但丁（Dante Alighieri）（著），黄文捷（译）:《神曲·天堂篇》，南京：译林出版社，2019 年。

3. 安瑟伦（Anselmus）（著），涂世华（译）:《安瑟伦著作选》，宗教文化出版社，2006 年。

4. 达尼埃尔·阿拉斯（Daniel Arasse）（著），孙凯（译），董强（校）:《绘画史事》，北京大学出版社，2007 年。

5. 欧迈安（Jordan Aumann）（著），宋兰友（译）:《天主教灵修学史》，香港公教真理学会出版，1985 年。

6. 巴茨（Bartz）（著），马芸（译）:《安杰利科》，北京美术摄影出版公司，2015 年。

7. 巴尔塔萨（Hans Urs von Balthasar）:《神学美学导论》，三联书店，2002 年。

8. 汉斯·贝尔廷（Hans Belting）:《艺术史终结了吗？》，湖南美术出版社，1999 年。

9. 奥托·本内施（Otto Benesch）（著），戚印平/毛羽（译）:《北方文艺复兴艺术》，中国美术学院出版社，2001 年。

10. 约翰·伯格（John Berger）:《观看之道》，广西师范大学出版社，2010 年。

11. 伯德莱（Michel Beurdeley）：《清宫洋画家》，广东人民出版社，2016 年。

12. 毕尔麦尔（Bihlmeyer）（著），雷立柏（译）：《中世纪教会史》，北京：宗教文化出版社，2010 年。

13. 圣波纳文图拉（Bonaventure）（著），溥林（译）：《中世纪的心灵之旅》，华夏出版社，2003 年。

14. 朋霍费尔（Dietrich Bonhoeffer）：《第一亚当和第二亚当》，华夏出版社，2004 年。

15. 布尔加科夫（Bulgakov）：《东正教》，商务印书馆，2001 年。

16. 彼得·伯克（Peter Burke）（著），郝名玮（译）：《制造路易十四》，商务印书馆，2007 年。

17. 彼得·伯克（Peter Burke）（著），杨豫（译）：《图像证史》，北京大学出版社，2008 年。

18. 约翰·加尔文（John Calvin）（著），钱曜诚等（译）：《基督教要义》，三联书店，2010 年。

19. 董丽慧：《西洋图像的中式转译：十六十七世纪中国基督教图像研究》，台湾：花木兰文化事业有限公司，2018 年。

20. 德沃夏克（Antonín Leopold Dvořák）（著），陈平（译）：《作为精神史的美术史》，北京大学出版社，2010 年。

21. 德沃夏克（Antonín Leopold Dvořák）（著），陈平（译）：《哥特式雕塑和绘画中的理想主义与自然主义》，北京大学出版社，2015 年。

22. 方豪：《中西交通史》，上海世纪出版集团，2015 年。

23. 斐罗：《论〈创世纪〉》，香港汉语基督教文化研究所，1998 年。

24. 刚恒毅：《在中国耕耘—刚恒毅枢机回忆录》（下），（台）主徒会出版。

25. 刚恒毅（著），孙茂学（译）：《中国天主教美术》，台中：光启出版社，1958 年。

26. 欧金尼奥·加林（Eugenio Garin）（主编）：《文艺复兴时期的人》，三联书店，2003 年。

27. 爱德华·吉本（Edward Gibbon）：《罗马帝国衰亡史》，商务印书馆，2004 年。

28. 贡布里希（Ernst Hans Josef Gombrich）（著），杨思梁/范景中（译）：《象征的图像》，广西美术出版社，2015 年。

29. 贡布里希（Ernst Hans Josef Gombrich）:《艺术发展史》，天津人民出版社，1991 年。

30. 格列高利（Gregory）:《摩西的生平》，三联书店，2010 年。

31. 顾卫民:《基督宗教艺术在华发展史》，上海书店出版社，2005 年。

32. 顾卫民:《近代中国基督宗教艺术发展史》，香港：道风山基督教丛林，2006 年。

33. 茜亚·凡赫尔斯玛（Thea B.Van Halsema）:《加尔文传》华夏出版社，2006 年。

34. 克莱格·哈贝森（Craig Harbison）（著），陈颖（译）:《艺术家之镜》，中国建筑工业出版社，2010 年。

35. 彼得·克劳斯·哈特曼（Peter C. Hartmann）:《神圣罗马帝国文化史》，东方出版社，2005 年。

36. 弗朗西斯·哈斯克尔（Francis Haskell）:《历史及其图像》，商务印书馆，2018 年。

37. 黑格尔（Georg Wilhelm Friedrich Hegel）（著），朱光潜（译）:《美学》，商务印书馆，1996 年。

38. 约翰·赫伊津哈（Johan Huizinga）（著），何道宽（译）:《中世纪的秋天》，广西师范大学出版社，2008 年。

39. 约翰·赫伊津哈（Johan Huizinga）（著），何道宽（译）:《17 世纪的荷兰文明》，花城出版社，2010 年。

40. 提摩太·凯勒（Timothy Keller）（著），吕允智（译）:《一掷千金的上帝》，新世界出版社，2012 年。

41. 托马斯·马丁·林赛（Thomas Martin Lindsay）（著），孔祥民等（译）:《宗教改革史》商务印书馆，2016 年。

42. 约安尼斯·凡·隆恩（Ioannis Van Lonn）:《伦勃朗传》，金城出版社，2012 年。

43. 卢云（著），徐成德（译）:《浪子回头：一个归家的故事》，新世界出版社，2012 年。

44. 卢云:《卢云的圣像画祈祷手记》，光启文化，2016 年。

45. 马丁·路德（Martin Luther）（著），马丁·路德著作翻译小组（译）:《马丁·路德文选》，中国社会科学出版社，2003 年。

46. G・F・穆尔（Georg Foot Moore）：《基督教简史》，商务印书馆，2000 年。

47. 奥利金（Origen）：《论首要原理》，香港汉语基督教文化研究所，1998 年。

48. 乔治・奥斯特洛格尔斯基（George Ostrogorsky）：《拜占庭帝国》，青海人民出版社，2006 年。

49. 欧文・潘诺夫斯基（Erwin Panofsky）：《视觉艺术的含义》，辽宁人民出版社，1987 年。

50. 欧文・潘诺夫斯基（Erwin Panofsky）（著），戚印平/范景中（译）：《图像学研究：文艺复兴时期艺术的人文主题》，上海三联书店 2011 年。

51. 帕利坎（Jaroslav Pelikan）（著），杨德友（译）：《历代耶稣形象》，上海三联书店，1999 年。

52. 亨利克・菲弗（Heinrich Pfeiffer）（著），潇潇（译）：《基督形象的艺术神学》，中国社会科学出版社，2005 年。

53. 约翰・罗斯金（John Ruskin）（著），张鹏（译），赵泽毓（校）：《现代画家》，广西师范大学出版社，2005 年。

54. 沈路：《民国时期天主教绘画对"中国化"的诠释和理解》，载于《宗教学研究》，2019 年第 1 期。

55. 亨利・奥斯本・泰勒（Henry Osborn Taylor）（著），赵立行/周光发（译）：《中世纪的思维：思想情感发展史》，上海：上海三联书店，2012 年。

56. 布莱恩・蒂尔尼（Brian Tierney）/西德尼・佩因特（Sidney Painter）（著），袁传伟（译）：《西欧中世纪史》，北京大学出版社，2011 年。

57. 王芫云：《二十世纪初天主教艺术的本土化——以北平辅仁大学为例》，硕士论文。

58. J・沃特沃斯（J.Waterworth）（编），陈文海（译）：《特兰特圣公会议教规教令集》，商务印书馆，2012 年。

59. 马里特・威斯特曼（Mariet Westermann）（著），张永俊/金菊（译）：《荷兰共和国艺术》中国建筑工业出版社，2008 年。

60. 乔治・扎内奇（George Zarnecki）（著），陈平（译）：《西方中世纪艺术史》。

二、外 文

1. Anne Dunlop（ed.）*Art and the Augustinian Order in Early Renaissance Italy*, Ashgate, 2004.

2. Bainton, Roland H.

   Christendom: A Short History of Christianty and Its Impact on Western Civilization, Harper & Row Publishers, New York, 1964.

3. Baxandall, Michael.

   Painting and Experience in Fifteenth-Century Italy: A Primer in the Social History of Pictorial Style, Oxford Paperbacks, 1988.

4. Belting, Hans.

   Likeness and Presence, Tr. By Edmund Jephcott, the University of Chicago Press, 1994.

5. Benko, Stephen.

   The Virgin Goddess: Studies in the Pagan and Christian Roots of Mariology, Leiden, Netherland, 1993.

6. Dixon, John S.

   The Christian year in Painting, Art Books Publishing Ltd, 2018.

7. France, James.

   The Cistercians in Medieval Art, Kalamazoo: Cistercian Publications, 1988.

8. Hauser, Arnold.

   The Social History of Art, Butler and Tanner Ltd. 1952.

9. Jacobus de Voragine.

   The Golden Legend, Princeton: Princeton University Press, 1993.

10. Jensen, Robin Margaret.

    Understanding Early Christian Art, Routledge, 2000.

11. Justol,Gonzalez.

    The Story of Christianity, Prince Press, 1984.

12. Lawrence, C. H.

    Medieval Monasticism Forms of Religious Life in Western Europe in the Middle Ages, London: Routledge, 2015.

13. Lloyd, Christopher.

    Fra Angelico, Phaidon Press Limited, 1992.

14. Mabillon, Dom. John（Hrsg.）.

    Life and Works of Saint Bernard, London: John Hodges, 1889.

15. Male, Emile.

Religious Art in France: the Thirteenth Century, Princeton: Princeton University Press, 1958.

16. Male, Emile.

Religious Art: From the Twelfth to the Eighteenth Century, Princeton University Press, 1982.

17. Male, Emile.

Religious Art in France: the Late Middle Age, Princeton University Press, 1986.

18. Matarasso, Pauline.

The Cistercian World: Monastic Writings of the Twelfth Century, London: Penguin, 1993.

19. McGuire, Brian Patrick ed. *A Companion to Bernard of Clairvaux*, Leiden: Brill, 2011

20. Michalski, Sergiusz.

Reformation and the Visual Arts: The Protestant Image Question in Western and Eastern Europe, 1993.

21. Noble, Onnie.

Lucas Cranach the Elder: Art and Devotion of the German Reformation, University of America, 2009.

22. Panofsky, Erwin.（Hrsg.）.

Abbot Suger On the Abbey Church of ST.-Denis and Its Art Treasures, Princeton: Princeton University Press, 1979.

23. Reilly, Diane J.

The Cistercian Reform and the Art of the Book in Twelfth Century France, Amsterdam: Amsterdam University Press, 2018.

24. Rudolph, Conrad.

The "Things of Greater Importance": Bernard of Clairvaux's "Apologia" and the Medieval Attitude Toward Art, Philadelphia: University of Pennsylvania Press, 1990.

25. Vasari, Giorgio.

The Lives of the Artists, Tr.by Julia Bondanella and Peter Bondanella, Oxford University Press, 1991.

26. Verdon, Timothy Gregory（Hrsg.）.

Monasticism and the Arts, New York: Syracuse University Press, 1984.

附录一　基督教图像的起源（译文）

英语"Icon"（图像）这个词来自于希腊语"εἰκών"，意思是"图像"或"画像"。当基督教的图像在拜占庭被创造出来的时候，这个词被用来指代所有对于基督、圣母、圣徒、天使或者神圣历史中的某个事件的表达，而不管这种图像是画的还是雕刻的，是可移动的还是巨大的，也不管使用什么样的技艺。现在这个词主要用于指称那些可以移动的绘画、雕塑、马赛克等诸如此类的作品。这也是在考古学和艺术史中给予这个词的意思。在教堂中，我们也对墙上绘画和圣像进行区别。墙上绘画，无论是壁画还是镶嵌画，自身都不是一个对象，而是建筑的一部分，而画在板上的图像自身就是艺术对象。但从原则上说，它们的意思是一样的，它们的区别不在于意义，而在于用途和目的。因此当我们说到圣像时，我们想到的是所有神圣的图像，不管它们是画在板上的，还是壁画、镶嵌画或雕塑。毕竟英语"Image"，正如俄语"obraz"，包括了所有这些的含义。

我们首先必须简要地阐述一下有关基督教图像起源的不同观点，以及最初几个世纪教会对于图像的态度。这些观点确实产生了不同的评价。一方面，有大量的、变动的而且常常是矛盾的学术观点，它们有时接近于教会的观点，有时又与教会的观点相对立。另一方面就是教会的态度，这种态度是独特的，而且从起初到现在一直未变。东正教坚持并且教导：神圣的图像从基督教一开始就存在。图像与基督教并非对立的，相反，它是基督教不可缺少的属性。教会宣称，圣像是道成肉身的产物；它是建立在道成肉身的基础之上，因此是基督教的本质，不能与其相分离。

与教会的表述相矛盾的观点从十八世纪以来开始流行。英国学者吉本（1737-1791），就是《罗马帝国衰亡史》的作者，坚称第一代基督徒对于图像的使用有一种无法克服的厌恶。根据他的观点，这种厌恶是其犹太教渊源的产物。吉本认为最早的圣像只是在四世纪初才出现的。这种观点被很多人接受，而且很不幸的是，吉本的观点一直到今天都在以这种或那种形式被支持着。

毫无疑问，一些基督徒，尤其是那些来自于犹太教的以及依赖旧约律法的基督徒，否定基督教中使用图像的可能性；而且因为基督教团体被周围的异教所包围，异教的影响也一直存在，这种否定就更强烈。这些基督徒，考虑到他们对于异教的痛苦的体会，努力保持自己的宗教不受偶像崇拜的玷污，因为偶像崇拜可能会因人工的创造来损害他们的宗教。偶像破坏运动一定比偶像崇拜还要久远。这些都容易理解，但正如我们下面会看到的，这在教会中并不具有决定性的作用。

按照现代学者的观点，第一代基督徒对于图像的厌恶是以一些古代作者反对艺术的文本为根据的。这些作者被称为"教父"。有必要澄清的是：因为教会的术语（"教父"）被使用，重要的是这个词不能偏离其正确的意思。尽管教会尊重那些在学术的论证中具有重要作用的古代作者（德尔图良、奥利金、尤西比乌），但并不把他们看作是真正正统的。因此，人们是把教会并不承认的态度归给了它。这些作者的著作至多被认为是他们个人信仰的表达，反映了教会中反对图像的某些倾向。但他们不能被承认为教父，这也不仅仅是字义上的争论。称这些作者是"教父"，就是把他们的态度等同于教会的态度，他们就成了教会的代言人，人们就会得出结论说，教会本身因为担心偶像崇拜而反对图像。

"基督教艺术诞生于教会之外，至少在起初几乎是违反教会的意愿而发展起来的。起源于犹太教的基督教自然和它所来自的宗教一样，是反对偶像崇拜的"。这位作者由此得出结论：

"教会没有创造基督教艺术。教会在很长的时期内尽其所能也只是对艺术保持一种冷漠和不关注的态度；在对基督教艺术的接受上，教会更可能的是以某些方式来限制它，但基督教艺术在信徒的自发性的基础上被创造出来"。

而图像渗透到敬拜之中则被看作是一种逃脱教会控制的现象，并且在最好的状况下，只是在面临基督教的"异教化"时，由于僧侣阶层的犹豫不决和摇摆而出现的现象。如果艺术在教会中出现了，只是由于后一原因。"把教会对于图像问题态度的改变追溯到 350 年到 400 年肯定不会错"，克劳斯

（Th.Klauser）写道。因此，按照现代学者的观点，存在着一方面以僧侣阶层和教士为代表的教会，另一方面是信徒，正是信徒将图像强加给僧侣阶层的。把教会等同于僧侣阶层，这与第一代基督徒时代的教会的概念相矛盾，第一代基督徒时代的教会的概念就是正教教会的概念。教会的身体是由教士和信徒共同形成的。

这一观点也同我们所拥有的材料相矛盾。事实上，一世纪墓室中壁画的存在是众所周知的，就是在聚会和敬拜的地方，在教士被埋葬的地方（比如，卡利斯图斯的墓室）。不仅信徒，僧侣阶层也知道这些图像。很难想象教士们看不到这些图像，而且也很难想象如果基督教不容许艺术，它不采取任何措施来消灭这个错误。

某些古代作者破坏偶像的态度，我们时代的基督徒中某些对于图像存在偏见的倾向（比如新教）导致了把基督教的图像等同于偶像。这种混淆被特别粗率地归给古代教会，而对于古代教会，还是现代那些作家的观点，旧约中的禁令依然有效。但没有哪一位正教的信者会接受这种对于圣像和偶像的混淆。实际上我们知道，教会在其漫长的历史中一劳永逸地为二者划了一道清晰的界线。有关证据可以在古代作者的著作中或一世纪及以后的圣徒传中看到。

至于古代的作者，即使人们承认他们对于图像的反对是真实的（像尤西比乌那种情况），这些反对也只证明了图像的存在和作用，因为人们不会反对不存在或不重要的对象。而且这些作者中的大多数，在反对图像时，他们很清楚地所想到的就是异教的图像。因此，在这些人中被认为是最坚定地反对基督教图像的亚历山大的克莱门特写道："艺术具有欺骗的另一种幻象；因为它会引导你尽管不是去爱雕塑和绘画，却会去尊崇和敬拜它们，你说，这画像活的一样。让艺术被赞美吧，但不要让它假装成真的欺骗人"。

因此，克莱门特只是谈到"使人着迷和骗人的"图像把自己表现为真实的，他所反对的也仅仅是错误的、骗人的艺术。他在其它地方说：

"我们允许戴戒指作为记号。上面所镌刻的用来作为记号的图像应该是鸽子、鱼或者带有展开快帆的船；甚至可以像坡利克瑞特那样刻上七弦琴或像塞流古斯那样刻上锚；最后，也可以刻上站在海岸边的渔人，看到这可以让我们想起使徒和从水中拉出（就是新受洗的）的孩子"。

所有这些图像都是基督教的象征。很明显这里谈到两种图像——为基督徒喜爱并使用的图像；以及错谬的不能接受的图像。此外，克莱门特还把这一点具体化了，他批评一些基督徒在纹章上刻异教神祇的图像，在刀剑和弓箭上刻战神的图像，在酒杯上刻酒神的图像等等。——所有这些表现都与基督教不能相容。所有这些都表明了克莱门特对于图像的谨慎和警醒的态度。他确实只谈到图像世俗的用途，而没有提到礼拜对于图像的使用。我们也不知道他在这个问题上的观点如何。

但学术界从来没有接受一种对于基督教艺术的不变的态度；除了我们上面提到的之外，还有另一种观点。就是艺术史家，以圣尤斯丁（公元 100?-165）和圣雅典那哥拉（athenagoras，公元 133-190）这样的同样是古代的作者为根据，得出如下的结论："护教者对于基督教原则上对图像的反对没说过什么，他们只是提到那个时代很少有图像"。事实上，如果基督教不允许图像的话，我们在基督徒聚会的地方就不会发现一世纪基督教艺术的纪念物。另外一方面，如果这些图像在早期不存在的话，在接下来的几个世纪中广泛的对于图像的混淆就是不可理解的，也是无法解释的。

但还有其它的文本不断被引用来证明教会对于图像的反对。必须承认，这些比克莱门特的更有说服力，这就是大约 306 年在西班牙的埃尔韦拉召开的地方公会法典的 36 条："教堂里看不到绘画似乎对我们是好的，被敬拜和尊崇的不应该画在墙上"。然而这一文本的意义不是像有时候所相信的那样是没有争议的。确实，这里仅提到墙上的画，就是教堂建筑的巨大的装饰；其他类型的图像则没有提到。我们知道在西班牙，那个时候在圣器上、棺椁上以及其他事物上存在大量的图像。如果公会没有提到这些，那时因为它的决定可能是由于实际的原因作出的，而不是从原则上否定神圣的图像。我们不要忘记埃尔韦拉公会（它确切的时间还不知道）与戴克里先（Diocletian 245?-313?）的迫害是同时代的。在法典 36 条难道看不到保持"被敬拜和尊崇的对象"不受亵渎的努力吗？另一方面，埃尔韦拉公会总体的目标是纠正各个领域对于图像的滥用。在对图像的尊崇上不会还有其它的东西吗？

对于教会最关键的不是古代的某一段文字对于圣像的赞成或反对（编年史的事实），而是对于基督教启示的见证的赞成或反对。

在第一代基督徒的时期某个范围内对于图像的拒绝可以解释为对于图像态度上的某种混乱。这种混乱毫无疑问是因为缺少合适的艺术的和口头的语言。要对于所有这类混乱以及对艺术态度的多样化做出回答，人们不得不去寻找不致产生误解的艺术形式和口头表达。实际上，艺术领域中的情况同神学和礼拜中的情况是一样的。缺少清晰性和统一性是由于受造物接受、吸收和表达那些超越之物的困难。而且，基督选择犹太-希腊-罗马世界作为他道成肉身的世界，这一事实一定要被考虑到。在那个世界中，神道成肉身的现实和十字架的奥秘对一些人而言是羞辱，对另一些人而言是迂拙。因此羞辱与迂拙都存在于反映这些事件的图像中，即圣像中。但基督教的福音就是要向这个世界宣告。为了使人们逐渐地适应道成肉身这一难以想象的现实，教会首先用一种比直接的图像更容易接受的语言向他们宣讲，第一代基督徒的时期有如此丰富象征的主要原因似乎就存在其中。正如保罗所说，液体食物对于孩子是合适的。图像的圣像特点只是缓慢地艰难地渗透到人们的意识之中，并进入艺术的。只是不同历史时期的时代和需要才表明了图像的神圣特点，这也使得原始的象征消失，使基督教艺术从各种隐藏在其内容之下的异教因素中脱离开来，得到净化。

因此，尽管教会内部确实存在某种反对图像的倾向，但同样也有，而且主要的是一种根本的赞成图像的倾向，这种倾向越来越居于主导地位，而不是从外部形成的。这就是当教会的传统谈到曾经活在世上的主的圣像，及不久之后，即五旬节之后的圣母的圣像时所表达的倾向。这一传统表明在教会内部，从一开始就存在对于圣像的意义和范围的清楚的理解，而且教会对于图像的态度也是始终如一的，因为这一态度来自于神道成肉身的教义。这种图像因此就属于基督教的本质，因为它不仅是对于神话语的启示，也是对于神的形象的启示，这是由神-人的形象启示出来的。教会教导，图像是建立在三一神的第二位格的道成肉身基础之上的。这既非与旧约相割裂，也非与旧约相矛盾，如新教所认为的那样。相反，这清楚地应验了旧约，因为新约中图像的存在已经由旧约中的禁令暗示出来了。尽管这看起来有点奇怪，神圣图像对于教会而言恰恰产生于旧约中图像的缺乏。基督教图像的先驱不是异教的偶像，就如有时候人们认为的那样，而是道成肉身之前直接的图像学的缺乏，正如教会的先驱不是异教世界，而是古代的以色列，是神为见证他的启示而拣选的民。出现于《出埃及记》（20：4）和《申命记》（5：12-19）中对于图像的禁止是临时性的，只是与旧约有关的教导的方法，而不是在理论上的禁止。大马士革的圣约翰在解释这一禁令时引用圣经说："而且因为他们的顽梗，我也任他们遵行不美的律例"。（以西结书20：25）事实上，在禁止直接的、具体的图像的同时，神的诫命又建立了一些象征的图像，以及像帐幕和其中包含的一切这样的预示，而且其中最小的细节可以说都是神所指示的。

教会有关这一问题的教导在大马士革的圣约翰的三篇《论保卫圣像》中得到了明白的解释，这三篇文章就是为回应偶像破坏运动者而写的，那些人局限于圣经的禁令，把基督教的图像与偶像相混淆。通过比较旧约经文与福音书，圣约翰表明，基督教的图像绝非与旧约中的禁令相矛盾，正如我们说过的，恰是旧约的结果和总结，因为它产生于基督教的本质。他的推理可以概括如下：在旧约中。神通过声音、话语直接向他的民显明自己。他自己并未出现，仍然是不可见的。以色列人没有看见任何图像。在《申命记》（4：12）中，我们读到："耶和华在火焰中对你们说话，你们只听见声音，却没有看见形象"。过几节以后我们读到："所以你们要分外谨慎，因为耶和华在何烈山从火中对你们说话的那日，你们没有看见什么形象"。紧接下来就是禁令（4：16-19）：

> 惟恐你们败坏自己，雕刻偶像，彷佛甚么男像女像，或地上走兽的像，或空中飞鸟的像。或地上爬物的像，或地底下水中鱼的像，又恐怕你向天举目观看，见耶和华你的神为天下万民所摆列的日、月、星，就是天上的万象，自己便被勾引敬拜事奉它。

因此当神说到受造物时，他禁止表现它们的图像。但当说到他自己时，他也禁止做他的图像，强调他是不可见的这一事实。以色列民和摩西都没有见到过神的任何图像。他们只是听到过他的话。如果没有见到过神的像，他们就不能表现神的像。他们只能记下他神圣的话语，这也正是摩西所做的。他们怎能去表现那没有形体又不可见的，没有形状又没有限制的呢？但就在坚称圣经经文强调以色列人只听见话而没有看见图像时，大马士革的约翰发现了将来可能看见并表现神道成肉身的一个神秘的标记。"在这些经文中暗示的奥秘是什么呢"？他问。

> 这明显是禁止表现不可见的神。但当你看到没有形体的他为你而成为人时，你就可以表现他的人的方面。当不可见的披戴肉体变成可见的时候，就可以表现他出现的可见样式……当与父同质的子，虚己，取了奴仆的样式（腓立比书 2：6-7），因此在质和量上都是受限制的了，他已经取了肉体的形象，这时候就可以画他，把这位愿意成为可见的子表现给人，使人看见了。画他从圣母所生，在约旦河受洗，他泊（Tabor）山上变形……用话语、色彩在书上和板上画这一切。

可以说圣经对于表现神的禁令与以色列的整个命运是联系在一起的。选

民的目的是侍奉真神。他们的使命包括预备、预示新约中所启示的。这就是为
什么只有象征性的预示和对将来的启示。"律法不是图像"，大马士革的圣约
翰说，"但它就像掩藏图像的墙"。使徒保罗说："律法只是将来美事的影儿，
不是本物的真像"。（希伯来书10：1）换句话说，新约才是本物的真像。

但神给予摩西的有关被造物图像的禁令又如何呢？这一原则很明显只有
一个目的：禁止选民敬拜受造物而不敬拜造物主。"你们不能敬拜侍奉它们
（出埃及记20：5；申命记5：9）。事实上，考虑到以色列民对于偶像崇拜的
倾向，受造物及其图像很容易被神化被敬拜。亚当堕落以后，人以及全地，都
陷入堕落之中。这就是为什么人的形象为罪败坏，而受造之物的图像不能够使
人更接近真神却只能使他朝向相反方向，即偶像崇拜的原因。这种图像从根本
上就是不洁净的。

换句话说，受造物的图像不能代替神的图像，当耶和华在何烈山上说话
时，以色列民也没有看到神的图像。面对神，替代的受造物总是一种罪。因此
圣经说："惟恐你们败坏自己，雕刻偶像，彷佛甚么男像女像"。

但这条禁令很清楚是一个阶段，要保护选民的特定侍奉脱离败坏的行为。
这从神命令摩西按照在山上显现给他的样式来建造帐幕及其中的一切，包括
用金子锤制而成的基路伯（出埃及记25：18；26：1，31）可以清楚地看出来。
这一戒命首先表达了通过艺术传达灵性真像的可能性。而且，还不只是以一般
或任何地方表现基路伯的事情，因为犹太人也会很容易把这些图像偶像化，就
如对于其他受造物的图像一样。基路伯只能在帐幕中被表现为真神的仆人，这
是一个适合于敬拜的地方和态度。

这个一般规则的特例表明对于图像的禁令不是绝对的。大马士革的圣约
翰说，"所罗门造天像，造基路伯、狮子和公牛图像的时候，就获得了智慧的
恩典。这些受造物在唯一的真神被敬拜的圣殿附近被描绘的事实就消除了任
何对它们尊崇的可能。

神拣选特别的人按照山上所显示的样式建造帐幕。这不单单是自然的恩
赐以及跟从摩西教导的能力的问题："我也以我的灵充满了他（比撒列），使
他有智慧，有聪明，有知识，能做各样的工"，而在提到那些与比撒列一起做
工的人时说到："我更使他们有能力，能做我所吩咐的一切"。（出埃及记31：
3，6）这里清楚地表明服务于神的艺术不像其他艺术。换句话说，神的启示就
是礼拜艺术的原则。这里，圣经在礼拜艺术和一般艺术之间划了一道界线。这

种独特的性质和神的启示不仅是旧约的特征，而且也是神圣艺术的原则。这种原则当然在新约中也是有效的。

让我们回到大马士革的圣约翰的解释。如果在旧约中，神的直接的启示只是通过话语显明；在新约中，神的启示既通过话语又通过图像显示。不可见的变成可见的，不可描绘的变成可描绘的。现在神不仅通过话语和先知向人说话，他就在道成肉身的人格中显示自己。他"住在人中间"。大马士革的圣约翰说，在《马太福音》中（13：16-17），在旧约中说话的同一位主也为荣耀他的门徒及按他们的样式生活并跟随他脚步的人而说话：

但你们的眼睛是有福的，因为看见了；你们的耳朵也是有福的，因为听见了。我实在告诉你们：从前有许多先知和义人要看你们所看的，却没有看见；要听你们所听的，却没有听见。

很清楚，基督对他的门徒说他们的眼睛很幸运看到了他们所看的，耳朵听到了他们所听的，他指的是从来未被看见或听见的事，因为人都有看的眼睛和听的耳朵。基督的这些话并不适用于他的神迹，因为旧约中的先知也行过神迹（摩西、使死人复活，阻止下雨的以利亚等）。这些话的意思是门徒们直接看到了听到了先知所预言的将要到来的基督：道成肉身的神。"从来没人看见神"，福音书的作者圣约翰说，"唯有父怀里的独生子，将父表明出来"。（约翰福音1：8）

因此，新约明显的特点是话语和图像之间直接的联系。这就是为何教父和公会议在提到图像时，总不会忘记强调："我们所听到的，我们已经看到了。我们所听到的，我们已经在全能神的城中，我们的神的城中看到了"。因此，看到的和听到不能分开。大卫听到的只是先知的话，是对于新约中已经实现之事的预示。在这时，在新约中，人们已经获得了将要到来的神国的启示，而且这种启示既藉着话语也藉着图像——藉着道成肉身的神子——给予了他。

使徒以肉体的眼睛看见了旧约中仅仅以象征预示的："神，既无肉体，也无形象，在古代从不能被描绘。但现在他已经以肉身来到，并且就住在人中间，我描绘神可见的面容"。这是与旧约观点区别的核心。

我如雅各一样注视神的形象，但却以不同的方式。因为他只以属灵的目光看到了那应许将来要来的；而对于那已经在肉身中可见的基督的纪念却在我的心灵之中燃烧。

古代，先知以其属灵的眼睛看见了启示将来的预示（以西结、雅各、以赛亚……）。现在，人们以其肉体的眼睛看到了它们的启示的实现：神的道成肉身。福音书的作者圣约翰在《约翰一书》的开头有力地表达说："论到从起初原有的生命之道，就是我们所听见、所看见、亲眼看过、亲手摸过的"。

大马士革的圣约翰继续说：

> 因此，使徒以其肉体的眼睛看到神成为人，就是基督。他们看到他的受难、他的神迹、听到他的话语。我们跟从使徒的脚踪，也热切地盼望看见他，听到他。使徒面对面看到了基督，因为他有肉体的存在，但我们既不能直接看到他也不能听见他的话，但却能够读到写在经书上的话，这就使我们的听和我们的心灵成圣了。我们认为自己是幸运的，我们尊崇这经书，通过它我们可以听到神圣的话语，因此得以成圣。同样，通过他的图像，我们沉思基督身体的外貌，他的神迹和受难。这种沉思也使我们的看见得以成圣，由此我们的心灵也得以成圣。我们认为自己是幸运的，我们藉着将我们自己尽可能提升，超越身体的外貌达到对于神性荣耀的沉思而尊崇他的图像。

因此，如果我们通过我们肉体的耳朵听到的那些话来理解灵性之事，以肉体的眼睛来沉思同样引导我们达到灵性的沉思。

大马士革的圣约翰的这一论述不是表达他个人的观点，甚至也不是表达教会似乎是加在早期的教义之上的教导。这一教义是基督教教义自身不可分隔的一部分。它是基督教本质的一部分，正如基督的两性以及尊崇圣母的教义一样。大马士革的圣约翰只是将从一开始就存在的教义在八世纪加以系统化表达出来而已。他这样做是为了回应当时的一种形势，这种形势要求更多的情晰性，就如他在《论正教信仰》中将教会的一般教导系统化地表达出来一样。

旧约中所预示的一切都在宣告拯救的到来，拯救现在实现了，并借教父们以特别重要的表述概括为："神成为人为了使人能够成为神"。救赎的行为因此是以基督的人性，即成为人的神，以及在他旁边第一个成圣的人，即圣母为核心"。旧约所有的通过人、动物以及事物的历史表达出来的著作都围绕这两个核心的人物。因此，以撒的祭物，羊羔和铜蛇预表基督，而以斯帖，上帝子民的中保，盛着圣饼的金瓶，亚伦的杖等，预表圣母。预言的象征的实现在新约中藉两种核心的图像完成了：道成肉身的我们的主的图像，神的至圣母亲，达到神化的第一个人的图像。这就是为什么与基督教同时出现的第一批圣像描绘的是基督和圣母。而由传统来对此加以肯定的教会把所有的圣像学都建立在这两种图像——教会信仰的两大支柱——之上。

这种神的应许的实现使得人得以成圣，并且通过将其与被救赎的人性的联合而启示了过去的受造物，旧约中的人性。现在，道成肉身之后，我们可以把旧约中的先知和族长说成是对于被道成肉身之神的血所救赎的人性的见证。这些人的图像，像新约中的圣徒一样，不再会使我们陷入偶像崇拜，因为我们现在在人身上看到了神的形象。按照大马士革的圣约翰所说：

> 我们从神那儿接受了判断的能力，现在我们知道什么能够描绘，什么不能通过描绘来表达了。"这样，律法是我们训蒙的师傅，引我们到基督那里，使我们因信称义。但这因信得救的理既然来到，我们从此就不在师傅的手下了"。（加拉太书 3：24-25，参 4：3）

这意味着我们不能描绘人的恶；我们不能造像去荣耀魔鬼。我们造像是要荣耀神和他的圣徒，为了扬善避恶，为了拯救我们的灵魂。

图像和基督教最根本的联系是传统的源泉，据此教会从一开始就既用话语也用图像向世界宣扬基督教。这就是为何第七次大公会议的教父可以说："传统使得圣像从使徒传道的时候就存在"。图像与基督教之间的这种本质的联系解释了为什么图像出现于教会之内，同样也解释了为何尽管有旧约的禁令和偶尔的反对，图像仍然作为自明的事实，无声地控制着属于自己的位置。

4. 最初几个世纪的艺术

最初几个世纪神圣艺术的大多数杰出的作品，尤其是东部基督教的作品，受到了圣像毁坏运动的破坏，后来又受到十字军的破坏，或者是受到时间的毁坏。保存下来的主要是壁画，特别是在罗马。因此我们不知道第一批基督的或圣母的圣像是什么样的。但最初的艺术留下的很少的一些使我们猜测：第一批图像并非是纯粹自然主义的画像，而是一种全新的，关乎特定的基督教事实的图像。V·N·拉扎耶夫写道：

> 与古代，主要是其晚期相联系，这种艺术的精神化的形式从其存在的最初几个世纪起，就已经被赋予了一系列新的使命。基督教艺术远非古代的艺术，如一些著者（尤其是西贝尔）所认为的那样。最初的基督教艺术的新的题材不是纯粹的外在的事实。它所反映的是一种新的观念，一种新的宗教，一种对于现实完全不同的理解。

这些题材不可能适应于古代艺术的旧的形式。它需要的是一种将基督教的理想具体化的风格，因此，所有基督教画家的努力都在于发展这种风格。

拉扎耶夫并且在其他学者研究的基础上强调，在地下墓室的绘画中，这种新的风格已经形成了自身的基本特征。在这种艺术的帮助下，基督教不仅试图传达人眼所看见的，而且要传达不可见的，即正在被表述的精神性的内容。为了表达教义，最初的教会也使用异教的符号，包括来自希腊罗马神话中的一些对象。它也利用希腊罗马古代的艺术形式，但给与它们新的内容，因此也就改变了表达这些内容的形式。

换句话说，就如作为整体的人类的创造一样，基督教图像的形成现在是由基督教带到这个世界上的新的价值观所决定的了。随着新人的出现，与之相应的新的图像也出现了。基督教创造了自己的生活方式，自己的世界观，自己的艺术"风格"。与古代的世界的概念以及传达它的造型艺术的概念相对立，另一种艺术概念出现了，这是一种新的艺术观念，它脱离了古代的艺术建立其上的世界观。这种决定性的脱离是由生活自身，由吸收这种已被接受的启示的需要，以及反对破坏这一启示的完满性的异端的需要造成的。

地下墓室的艺术首先是教导信仰的艺术。它的大多数的主题，既象征地又直接地对应于神圣文本：旧约新约的经文以及礼拜著作和教父著作的文本。与这些众多直接的表达相伴随的是：象征性的语言也非常流行，并在最初几个世纪的教会中发挥着重要作用。这种象征性语言可以这么来解释，首先是由于通过艺术来表达不能直接表达的现实的需要。而且，基督教的圣事一直被地下墓室所隐藏，直到一定的时候。这是符合教父们所建立的规定，也是以圣经为根据的。耶路撒冷的圣西里尔（四世纪）提到象征的表达在教导基督徒时必须使用："虽然所有的人都可以听到福音，但好消息的荣耀只属于那些亲近基督的人"。这就是为什么主向那些不能听明白的人说比喻，然后在他们单独在一起时向他的门徒解释这些比喻。"实际上"，圣西里尔继续说道：

> 对那些新信者是辉煌荣耀的东西对不信者却是看不见的……人们不会对异教徒解释有关圣父、圣子、圣灵的奥秘教义，我们对于新信者甚至也不会谈论这些奥秘，但会以一种隐藏的方式表达，比如通过比喻，这样知道的信徒可以明白，而不知道的信徒也不会受到什么伤害。

因此基督教象征的含义是在那些新信者预备受洗时逐渐向他们揭示的。相反，基督教和外部世界的关系也需要某种密码似的语言。基督教无意向异教的和对立的外部世界揭示神圣的奥秘。

早期的基督教主要适用圣经中的象征——羊羔、方舟等。然而一旦异教徒进入教会，这些象征就不够用了，因为异教徒对这些象征经常是不明白。因此教会也接受一些可以传达教义某些方面内容的异教的象征。教会给与这些象征以新的含义，将其洁净，以免这些象征重又获得原来的意义。这些象征在那时就被用来表达在道成肉身中实现的拯救。

因此，为了使异教的皈依者更好地理解教义，教会就使用了一些古代的神话，这些神话在某种意义上与基督教的信仰是相呼应的。

我们会举出一些例子帮助理解这些艺术的目的，含义和内容，借此也理解一般意义上的教会的艺术的目的和含义。

除了基督直接的形象之外，我们发现了大量象征的表达，或者画在地下墓室中的（图 6），或者刻在棺木上面或下面的浮雕上的。首先在那些表现为人的形象的表达中，我们发现了好牧人的形象，这在一世纪就出现了。我们在罗马的多米提拉德地下墓室中发现了一些这样的表达。这一形象和羊羔的形象紧密联系在一起。这有圣经经文作为依据：比如先知以西结（以西结书 34）和大卫（诗篇 22）把世界表现为一个羊圈，牧羊人就是神。基督在谈到自己时将圣经中的这一图像概括为："我是好牧人"，他说（约翰福音 10：14），或"我已经打发人……到以色列家失丧的羊那儿"（马太福音 15：24）。基督教接受了这种圣像学的形象并给与其精确的、教义性的含义：好牧人——神道成肉身——将失丧的羊，即堕落的人性，背在自己身上。他将人性同自己神性的荣耀结合起来。是基督的行为而非他的历史的形式在这个场景中得到了表达。这种图像决不能同称为"以马内利"的婴孩基督联系在一起。

对于基督另一种象征性的表达是从古代的神话学中借来的：这种较为少见的表达将耶稣表现为俄耳甫斯，手拿竖琴，周围都是动物。这种象征常在基督教古代的著作中看到，从亚历山大的克莱门特开始。正如俄耳甫斯用竖琴驯服动物，使众山和树木陶醉一样，耶稣也以他神圣的话语吸引人，驯服自然的力量。甚至那些最初仅为装饰的对象通常也有隐含的意思，比如葡萄树在最初几个世纪的艺术中经常出现。这很明显是对基督话语的一种可见的转换：

就如枝子如果不连在树上，靠自己就不能结果子；你们如果不

住在我里面也不能结果子。我是葡萄树，你们是枝子。住在我里面
的，我也在他里面，他就能多结果子，因为离了我你们什么也不能
做。（约翰福音 15：4-5）

这些话和图像都有教会学和圣事的含义。葡萄树和枝子代表基督和教会：
"我是葡萄树，你们是枝子"。

但葡萄树的图像经常是以丰收或鸟吃葡萄的形象来实现的。在这种情况
中，葡萄树让基督徒想起最核心的圣事：圣餐。"葡萄树提供酒就如道提供
血"。亚历山大的克莱门特说。收葡萄的人和吃葡萄的鸟表达以基督的身体和
血喂养的基督徒的心灵。

在旧约中，葡萄树也是应许之地的象征，就如摩西打发去迦南地的人给他
带回的一束葡萄所表明的那样。因此在新约中，葡萄树也是天堂的象征，是给
那些接受基督的身体和血之人，也即教会成员的应许之地。装饰性的葡萄树继
续存在于今天东正教的艺术中，并具有同样象征的意义。

在最初的几个基督教世纪中，最为流行的象征之一是鱼。鱼在福音书的叙
述中所发挥的重要作用当然归功于这一象征被基督徒采用的事实。基督自己也
使用。湖、船、渔夫以及盛满鱼的网仅仅由于偶然的原因才没有成为许多圣经
中的场景框架。与渔夫谈话，基督很自然地使用那些他们非常熟悉并且能够理
解的图像；将他们呼召为使徒时，他称他们"得人的渔夫"（跟从我，我要叫
你们得人如得鱼一样"，马太福音 4：19；马可福音 1：17）。他将天国比作盛
满了各种鱼的渔网。鱼的图像也被用来比喻天国美好事物的象征（马太福音 7：
9-11，13，47-48；路加福音 5：10）。表示教师和皈依者的渔夫和鱼的图像能够
被充分的理解。但这一象征在基督教中被广泛地传播还有别的原因，其中最重
要的原因就是构成 ἰχθύς 这个词的五个字母（它包含了与基督直接对应的五个
词的开头的字母 Ιησούς Χριστός Θεού Υίός Σωτήρ）。这一图像在各处都能看到：
在壁画上，在棺木上，在悼词的铭文上，在各种对象上。基督徒把金属、石头
或珍珠母作成的小鱼戴在脖子上，上面还刻着："愿你拯救"，或"拯救"。

与鱼的图像的特别流行相对应的是在悼词铭文和许多基督徒著者中对鱼
在文学上同样显著的使用。然而，这一象征的价值对于最初几个世纪的基督徒
似乎是如此重要，以致于他们试图掩盖其意义，比起掩盖其它象征更长久，甚
至到了这样的地步：就我们从现存的材料来判断，在四世纪之前，没有人给与
它一个完整的解释。

　　鱼最初也是最本质的意义因此就是耶稣基督自身。一些古代的作家偶尔将我们的主称作"天国的鱼"。我们发现了一个船的图像，这是教会的象征，被鱼驮着：教会依赖于基督，它的建立者。为了表达通过洗礼与他成为一体的基督徒中间的基督，就画了很多小鱼围绕着大鱼。"我们是小鱼"，德尔图良写到："我们像我们的鱼耶稣基督一样生在水里，我们也只有待在水里才能被拯救"。因此鱼的象征引导到水的象征，就是洗礼的象征。

　　那些使用鱼的象征的著作和绘画中要特别强调的是这种象征的圣餐的含义。实际上，每一次当圣餐被描绘的时候，无论是一个宴会，一种圣礼的场景或一个简单的象征，鱼毫无例外地都会出现。这是一个事实。但是鱼从来没有被用作圣餐，它只是阐明饼和酒的含义。两种悼词铭文的特殊含义在基督教世界的两个不同的边界被发现：佛里吉亚和高卢，二者都可追溯到二世纪。第一个是希拉波利斯的阿伯修斯主教的铭文。他被教会尊崇为"与使徒相等同"。这段铭文取自圣徒自己所写的一段文字。作为一个经常旅行的人，他生活在罗马，足迹却遍及东方，"信心带领我到各处"，他写到。"无论哪儿都会以新鲜纯粹的，圣母所抓住的鱼喂养我；它也不断地用这鱼喂养朋友们；它还有美酒，当摆上时，就混合着水与饼一起摆上"。这里的鱼就是基督，饼和混合着水的酒已经表明了我们的圣餐行为。

　　另一处悼词铭文出现在法国，是奥顿的 Pectorius 的悼词。这是一首希腊文的离合诗，其中开头的字母形成了 IXΘΥ ΣΕΛΠΙΣ，就是"耶稣基督，神的儿子，救主，盼望"。在"宝库中涌流出的智慧的永恒潮水中，在更新心灵的"神圣的水中"，"天国之鱼的神圣家族获得了⋯⋯不朽的生命"。然后诗邀请读者取细粮，比如圣徒救主的蜜，吃"你握在手中的"鱼。

　　因此圣阿伯修斯从罗马到幼发拉底河，在各处不仅看到同样的教义和圣礼，而且看到同样的图像，仪式和教义所包含的同样的象征，就是鱼的象征。Pectorius 的铭文在基督教世界的另一端，高卢，表达了同样的事实。因此这两个材料向我们表明了鱼的象征是整个教会广泛使用的也是主要的象征。

　　另一个在地下墓室中非常流行的基督的象征是羊羔，它出现于一世纪。当我们讨论到在七世纪对它的压制时，就不得不回到这个图像。只要知道羊羔像鱼一样，尽管是基督主要的象征，也能表达一般的基督徒以及特定的使徒。羊羔从溪流中喝水表达基督徒从福音的教导中喝生命之水。如果有两只羊羔，就表示犹太的教会和外邦的教会。

羊羔作为基督主要的象征，代替我们主的直接的形象出现了好长一段时间，甚至像在变形和洗礼这样的历史场景中，不仅基督本人，连使徒或施洗约翰都被描绘成羊羔。

圣母在地下墓室中至少像基督一样得到经常的描绘。但虽然基督主要在象征中得到表现，圣母却是被直接地描绘。就我们到现在为止所看到的而言，可以说她早在二世纪就在不同圣像题材中出现了，比如在"领报"（普里西拉德地下墓室），"圣诞"（圣塞巴斯提安的墓室，四世纪），她也经常被单独描绘为举起胳膊祷告的妇女祈祷像等。这样的画像强调她在神面前为教会和世界代求的角色。她通常以这种姿态被描绘在地下墓室中神圣花瓶的下部。她有时也出现在被使徒彼得、保罗和其他人的环包中，或者和她的母亲圣安妮在一起。其中一个她扮演重要角色的场景是"博士来拜"。在基督教最初的几个世纪经常表现，博士来拜在礼拜年（liturgical year）是一个单独的节日，正如西方的信仰中所承认的那样。在东正教教会，它包含在圣诞的节日中。在罗马的地下墓室中，发现了十或十二幅博士来拜的图像，年代可以回溯到二至四世纪。圣母总是被描绘为坐着，手上抱着圣婴，与他一起接受博士的朝拜，这样的图像特别强调她作为上帝之母的尊贵。这样的圣像学的主题处理是当时非常迫切的问题，外邦人的地位的问题，就是说，非犹太人在教会中的地位的问题。这对于我们不再是问题了，但在最初的几个世纪，基督为之而来的以色列人非常敏感。这也是使徒们争论的渊源（使徒行传 11：1-4）并在使徒大会上被讨论（使徒行传 15）。这一问题在第一代基督徒的生活中有着重要的影响。（比如使徒行传 6：1）图像常常以不同的方式反映这一问题。博士来朝拜基督是那些民族的先驱，外邦教会，也即非犹太教会初熟的果子。这就是为什么最初几个世纪的基督教，通过博士来拜的描绘，强调非犹太的基督徒在教会中的地位，强调他们事功与以色列的基督徒事功具有对等的合法性的原因。

基督的图像，直接的或间接的，圣母的图像，紧跟其后的就是使徒、先知、殉道者、天使等的图像，简而言之，就是所有的基督教的圣像学。

一个可以帮助我们理解神圣艺术发展的非常清楚的例证，就是最早为人所知的圣母和圣婴的绘画。这是在普里西拉地下墓室的一幅壁画，一幅仍然完全是希腊式风格的绘画。为了表明这个带着孩子的女人是圣母，人们必须求助于一些外部的符号。这些外在的暗示包括在她旁边描绘一位圣经中的先知，在她头上描绘一颗星星。这里我们看到了前面提到过的圣餐图像中同样的原则。

这样一种细节将图像的意义转向一种完全不同的层面：它以一种拯救的内容将其发扬光大。同样，为了表明所描绘的带着孩子的妇女不仅仅是个妇女，而是上帝之母，外部的记号——先知和星星——是必要的。这里，先知左手握着一卷书或一本包含着预言的小书，用右手指着圣母头上的星星。这不是以赛亚在说："耶和华将成为你永远的光"吗？（以赛亚书 60：19）——事实上，星星是天国和天国之光的象征——这不是巴兰在宣告："有星要出于雅各，有杖要兴于以色列"吗？（民数记 24：17）圣母头上戴着面纱，这是已婚妇女的标记。她的婚姻状况就是一个已婚妇女，面纱是历史现实主义的一个重要的特征，这也仍然是东正教圣像学传统的一部分。这幅绘画既是一幅象征性的又是一幅历史性的绘画。这种历史真实与象征性的统一构成了基督教神圣艺术的基础。这时，教会的艺术语言，像其教义语言一样，还不具有接下来那些世纪所具有的精确性、清晰性和简洁性，后来的艺术语言就可以让我们无须先知将她指出就能认出她就是上帝之母。艺术语言正在形成的过程之中，地下墓室的壁画很好地显示出这种起源的第一步。

在地下墓室的艺术里我们看到的不仅正是神圣艺术的原则，而且还看到了它的外部特征，至少在其一般的倾向上。正如我们已经说过的，世俗的，无偏见的学者认为一种新的具有基督教特征的风格，在最初几个世纪的地下墓室中已经出现了，这种风格已经具有了后来描述教会艺术的那些本质的特性。这些艺术，我们再重复一遍，首先表达了教会的教导，并且是同神圣的文本是对应的。因此，它的目的不是反映日常生活，而是将福音的新光投诸其上。地下墓室的画像中看不到纪实性的、逸闻趣事式的以及心理学的特征。不可能通过这种艺术提供一种对于早期基督徒日常生活的描述。因此，在地下墓室的礼拜艺术中也看不到经常性的迫害和那时的殉道者的痕迹。生活在尼禄和戴克里先时代的基督徒艺术家毫无疑问会在圆形大剧场中看到这样残暴的场面，而且这些事件对于所有的弟兄而言都是荣耀和安慰。人们也想要看到基督徒反对异教的神祇达到高潮时的一些回忆。但在地下墓室中一个殉道者的场景都看不到。那个时代伟大圣徒的著作中也是如此。比如，圣保罗教导斥责谬误和罪恶等，但他只是一带而过，没有暗示他的属灵状态，也没有描述他所受的任何折磨。（哥林多后书 11：23-27）因此我们在这些艺术中找不到这些例证也没有什么可惊奇的。只是到后来，当迫害停止了，基督徒的痛苦成为历史以后，这些才被偶尔描绘。

同时，这些艺术又不能同生活分开。它不仅说着那个时代的艺术语言。而且与那个时代的现实生活密切相关。这种联系并不包含在逸闻趣事的绘画中，像世俗的绘画那样，而是包含在对于基督徒的日常问题的回答中。这种回答的本质就是艺术传递给观众的祷告的状态。从脸上或侧面看，这些人常常是处于祷告的姿态中，就是古代的祷告姿态中。特别流行于基督教最初的几个世纪，它获得了象征的价值。因此，在罗马的地下墓室中可以看到许多形象以这种姿态出现并且是祷告或教会的人格化的形象出现。这种祷告的状态成为大多数经常是戏剧化情境的主旨，比如亚伯拉罕的献祭，狮子坑中的但以理。被描绘场景的戏剧性更多的不是在于献祭的时刻而在于人的内在的、属灵的状态，即祷告的状态。时刻预备通过受难宣告自己信仰的基督徒因此就获得了一种不得不随时保持的内在态度。被描绘的是那些能够平静、坚定、教导的人，而不是那些可能令人厌恶或恐惧的人。这些图像所传达的也是有关救恩的教导。被献为祭的以撒获得拯救，就如诺亚和但以理，这描述了我们的救恩。除了祷告，苦难也被描绘，为了表现苦难具有的洁净的特点，并且提醒基督徒，所有人类的苦难都将成为神的荣耀。不是描绘人类行为的一些事件，而是这样的行为——比如职业。因此我们会看到一个女人在马厩里卖草药，一个船工在装载或卸载一船双耳陶瓶，正在工作的一个面包师，一个酿酒工人，一个马车夫，一个制桶工。

在最初几个世纪可以看到的基督教艺术的另一个重要的特征是，图像在细节上减少到最小的程度，而在表现上达到最大的程度。这种在方法上的简洁、节俭与圣经的简洁、柔和的特点相对应。福音书只是勾勒可决定人性历史的那些事件的几个线条。同样的，神圣的图画只描绘本质，细节只是在具有某种意义时才被保留。所有的这些特点都将我们直接带到东正教圣像的古典风格。从这时候起，画家要赋予他的作品最大的简洁性，在其中深刻的意义只能为那些由圣灵开启的眼睛所明白。艺术家必须从其艺术中将所有个人性的因素都过滤掉；他一直是匿名的（作品不署名），他最主要关注的是传递传统。同时他要放弃单纯为了自身的审美愉悦，使用所有可见世界的符号来暗示属灵的现实。确实，要将不可见的向肉体的眼睛描绘，混乱的模糊是不必要的。相反，作品必须非常清楚、简洁，就如教父们一样，他们在谈论属灵世界时使用特别清楚、有力的表达。

译自 Theology of the Icon by Leonid Ouspensky, Tr. by Anthony Gythiiel, St. Vladimir's Seminary Press, 1978, 35-50, 65-78 页

附录二　大马士革的约翰对那些谴责圣像之人的反驳（译文）

就我常常确信自己毫无价值而言，我应当在神面前保持沉默，并承认自己的缺陷，但一切适时的都是好的。我看到神建立在使徒和先知之上，以他的儿子基督为房角石的教会被抛在狂暴的海上，经受急浪的冲击，被恶灵的攻击摇动，混乱；我看到不虔诚之人想要撕裂的基督无缝的袍子上出现了裂缝，看到他的身体，即神的道和教会古老的传统，被砍成碎片。因此我认为保持沉默，闭嘴不言是不合理的，我想起圣经上的警告："你若退后，我的心就不喜悦你"，（希伯来书 10：38）还有"你若看见刀剑临到而不警告你的弟兄，我必在你手中追讨他的血"。（参以西结书 33：8）敬畏催逼我说话，真理比王的权威更强大。"我在君王面前为你作见证"，我听到高贵的大卫说，"我并不羞愧"。（诗篇 119：46）不，我更为激动想要说话。君王的命令远比他的臣民更为强大。尽管知道世俗君王的权柄从上面而来，至今却很少有人能去对抗其不合法的要求。

首先，我把教会的教导——我已经揭示其意义，这是我们的拯救——理解为一种支柱或基础，然后，如其所是，给与一匹装备很好的战马以激情。因为如果在过去为巨大的特权和圣徒圣洁的榜样为装饰的教会，要回到它最初的开端，要惧怕那无可惧怕的，我把这看为一场巨大的灾难。认为教会不能如其所是地认识神，认为教会堕落为偶像崇拜是令人悲哀的，因为要是教会从完美衰退到最为微不足道，这就如俊美的脸上一道永存的痕迹，以其难看毁坏了整体的美一样。一件小事如果产生了重大的后果就不再是小事，而且放弃我们的前辈所坚持的教会的古老的传统也确实不是无足轻重的小事。对于这些前辈，他们的行为我们应该遵守，他们的信心我们应该仿效。

因此，在我对你们说话之前，我首先恳求大能的神——一切都向它敞开，他也知道我的微小的能力和我真正的意图——祝福我嘴里的话，使我能够控制我的思想，引导我的思想朝向他，毫不偏斜地行在他面前，而不致落入一只似是而非的不知道左手的右手之中。我也要求所有神的子民，他的君尊的祭司中的精英，基督正统的羊群中的圣洁的牧者，以友爱来接受我的论述。他们不能驻足于我的卑贱，也不能寻求雄辩，因为我太了解自己的缺陷了。他们必须考虑思想本身。天国不在于言语，乃在于行为。征服不是我的目的，我举起的是为真理而战的手——一只甘心情愿为神引导的手。因此我依赖确定的真理作为我的帮助，我将进入我的主题。

我已经注意到真理本身的话语："主你的神是独一的"（申命记 6：4）"你要敬畏主你的神，单单侍奉他，不可有别神"；（申命记 6：13）还有，"不可为自己雕刻偶像，也不可作什么形象，仿佛上天、下地的百物"。（出埃及记 20：4）；以及"愿一切敬拜偶像的都蒙羞愧"；还有"让那不创造天地的神灭亡"。（耶利米书 10：11）神这样藉着先知、最终通过他借以创造年代的独生子向那些族长们谈及古老的时候。他说，"认识你独一的真神，并认识你所差来的耶稣基督，这就是永生"。（约翰福音：17：3）我相信一神，他是一切事物的源泉，没有开端，非受造的，不朽的，永远的，不可理解的，无形体的，不可见的，没有限制的，没有形式。我相信一位超物质的存在，三个实体之中一个神性，就是父、子和圣灵，我以对神的尊崇（adore）仅仅尊崇他。我尊崇一位神，一个神性但三个位格：父神，道成肉身的子神和神圣灵，一位神。我不会尊崇受造物过于造物主，但我尊崇受造物就如我自由主动地利用受造物，这样神可以提高我们的本性，使得我们成为他神性的参与者。与我的主我的王一起，我也敬拜（worship）穿上血肉之躯的神，这肉身不是象一件衣服或者构成三位一体中的第四个位格一样——神禁止这个。肉身是神的，并且在升天之后依然存在。人的本性并未丧失于神性之中，就如道成肉身之后依然是道，肉身成为道之后也依然是肉身，只是通过合一与道成为一。因此，我斗胆去画一幅不可见之神的像，不是作为不可见的神，而是为了我们的缘故作为通过血肉已经变成为可见的神的像。我不会画一幅不朽的神的像，我画的是神的可见肉身，因为不可能表现一个灵魂，何况产生灵魂的神呢？

辨方说：神给立法者摩西的命令是："你要单单尊崇（adore）敬拜（worship）主你的神，不可为自己制作什么形像，仿佛上天下地的事物"。他们真的错了，不认识圣经，因为字意让人死，灵意让人活——他们不能在字里找到隐含的意思。我可以公正地对这些人说，教你们前面观点的人也要教如下的内容。听立法者在《申命记》中的解释："主从火焰中对你们说话，你们听到他的声音，却没有看见形象"。（申命记 4: 12）以及紧接着的："所以你们要分外谨慎，主在何烈山从火中对你们说话的那日，你们没有看见什么形象，恐怕你们败坏自己，雕刻偶像，仿佛什么男像女像，或地上走兽的像，或天中飞鸟的像"。（申命记 4: 15-17）还有，"又恐怕你们举目向天观看，看见天上的日、月、以及所有的星星，便被勾引尊崇侍奉他们"。（申命记 4: 12）

你们看到这里的目的就是一个：不要尊崇受造物过于造物主，除他之外，单单把对神的敬拜归给他而非任何别物。因此就敬拜而言，他总是理解为对神的敬拜。比如他还说："除我之外你不可有别神，不可为自己雕刻偶像，也不可作什么形像。不可跪拜那些像，也不可侍奉他们，因为我是主你的神"。（申命记 5: 7-9）还有"拆毁他们的祭坛，打碎他们的柱像；用火焚烧他们的木偶，砍下他们雕刻的神像，因为你们不可侍奉别神"。（申命记 12: 3）更进一步说："不可为自己铸造神像"。（出埃及记 17: 29）

这些命令给予犹太人是因为他们很容易陷入偶像崇拜。但我们现在却相反，不再如婴儿要扶索学步。从神学上说，这些命令给与我们是要我们避免迷信的错误，在真理的知识上与神同在，单单敬拜神，享受他知识的充满。我们已经度过了幼儿的阶段，达到了成年的完全。我们从神那儿获得心灵的习惯，知道什么可以造像什么不可以造像。圣经说："你不能看见我的面"。（出埃及记 33: 20）

立法者具有的是什么样的智慧啊！如何描述不可见者？如何画不可思想者？如何给予无限者，不可度量者、不可见者以表达呢？如何给无限以形式？如何画不朽者？如何将神秘有限化？很明显，当你沉思这位作为纯粹的灵，为你的缘故成为人的神时，你能够给他穿上人的形式。当不可见者对于血肉之体成为可见的时候，你就可以画出他的形式的像。当作为纯粹的灵，没有形式或限制，在其本质的无限上不可度量，作为神而存在的他在实体和形象上披带上仆人的形式，并且成为肉身的时候，你就可以画他的像，并将他显示给那些愿意对其进行沉思的人。描述他不可言说的谦卑，由童贞女降生，在约旦河的受洗，在他泊（Thabor）山上的变形，他的全能的受难，死亡和神迹，对他神性的证明，在肉身中通过神的能力所行的奇事，他的救赎的十字架，他的坟墓，复活和升天。用持存的雕刻和色彩给予其表达，不用恐惧和担心，敬拜并不都是一样的。亚伯拉罕在购买双洞作为坟墓时拜锁辖的儿子，一个不认识神的不虔之人（创世纪 23：7；使徒行传 7：16）雅各拜他的哥哥以扫，也靠在他的杖上拜埃及人法老。（创世纪 33：3），他拜（worship），但并不尊崇（adore）。约书亚和但以理拜神的天使；（约书亚记 5:14），但他们不尊崇他。对于神的敬拜是一回事，给予价值的敬拜是另一回事。当我们谈论图像和敬拜时，让我们分析各自准确的含义。一幅图像是与原木具有一定差别的像，因为它不是对于原本准确的复制。因此，子是那不可见之神的活的、真实的、不变的像。（哥罗西书 1：15），在他里面显示着全部的父，在一切方面都与父相等同，只是在为父所生这一点上与作为生者的父相区别，子是被生的。父不是由子而来，子是由父而来。尽管不是在子之后，却是通过子，产生的父才是其所是。在神里面，也有对于他未来行为的表像和图画，比如说他的从永恒而来的不变的计划。神性是不变的，在他里面没有改变，也没有的变化的影儿。（雅各书 1：17）万福的丹尼斯（卡尔特会的[即伪狄奥尼修斯]）把神显现中的神性事物作为研究的对象，他说这些表像和图像事先都已规划好了。在其计划之中，神已经记下并安排了一切将要做的事情，那些在他们发生之前就不再改变的将来的事情。同样，一个人想要造房子，他就要首先制定思想出一个计划。而且可见之物是不可见之物和不可感触之物的图像，后者投向前者一道微弱的光。圣经给神和天使带上了形象。同一位圣人（万福的丹尼斯）解释为什么感性之物能够表达非感性之物，并给予非感性之物一种形式。非感性之物作为一种媒介，如果它不能充分表现物质的可见性，或者需要心灵的努力，按照我们的标准会被认为是不完全的。

圣经为了满足我们的需要，即便在我们面前提出一种不可感之物时，也将它置于肉身之中，这不是将那尽管是不可见的，但却被授予我们的本性，带到我们所需求的水平上的事物制作图画吗？某种原来并不存在的概念通过感官形成于脑子里，又被传递给判断的能力，加进脑子的贮存室里。格列高里在对于神进行论述时特别雄辩，他说心灵想要超越有形之物，但却做不到。因为神的不可见之物在创世以来通过图像都成为可见的了。（罗马书 1；20）我们在受造物中看到的形象可以模糊地让我们想到神，就如，比如说，当我们说到神圣的、值得崇拜的三位一体时，可以通过日、光、燃烧的光线或流动的泉水，或满溢的河流，或者心灵、语言，或玫瑰，或盛开的花或甜蜜的芳香来想象一样。

而且，一幅图像就是对于将来之物的表达，神秘地影射将要发生的事情。比如，约柜代表圣母，神的母亲的图像，杖和泥罐也是如此。蛇让我们想到他在十字架上征服了最初的蛇的咬伤；大海、水和云让我们想到洗礼的恩典。

还有，用图像表达已经发生的事情是为了记住神迹，荣光或羞辱，善或者恶，帮助那些以后看到这些图像的人，这样我们可以避恶趋善。这就是两类图像中的书写的图像，当神将律法刻在法版上，当他命令圣人的生活要被记录，可感的纪念物要被保存在记忆中时，就如约柜里的泥罐和杖。（出埃及记34：28；希伯来书9：4）因此我们现在在书上保存着图像和过去的善行。那么，或者拿走这些图像而与制定这些规则的神不一致，或者接受这些语言，并且使用合适的方式。谈到方式时，我们进入到敬拜的问题。

敬拜是敬奉和尊崇的象征。我们要知道有不同程度的敬拜，首先是我们向神表达的敬拜，神是唯一就其本性而言值得敬拜的对象。为了本性上值得敬拜的神的缘故而，我们也尊崇他的圣徒和仆人，比如约书亚和但以理敬拜天使，大卫敬拜神的圣所，他说："我们要进他的居所，在他脚凳前下拜"。（诗篇132：7）再如对于他帐幕的尊崇，当以色列的民众在帐蓬中尊崇神时，围绕耶路撒冷的圣殿站着，从各方注视着圣殿来敬拜，从那天起直到如今；再如对于神所设立的统治者的尊崇，象雅各对于他的哥哥以扫（创世纪33：3），以及法老，这位神所设立的王表达敬意。（创世纪47：7）约瑟受他的哥哥们敬拜（创世纪50：18），我意识到敬拜是建立在尊崇的基础之上的，就如亚伯拉罕向琐辖的儿子下拜。这样看来，或者丢弃敬拜，或者按照合适的程度完全接受它。

回答这个问题，只有一位神吗？你们回答，"是的，只有一位立法者"。那么他为什么会命令相反的事物呢？基路伯不也是受造物吗；那么神为什么允许人用手雕刻基路伯去遮盖施恩座呢？难道不是显而易见的吗？不可能制造神的像，他是无限制的、是不改变的，也不可能制造什么东西像神。受造物不能像神那样被敬拜。神允许有限的，在崇拜中向神的宝座屈膝的基路伯的像被制造，为了能够屈身遮盖施恩座。天上歌队的像遮盖神的隐秘是合宜的。你能说约柜、杖以及施恩座不是被制造的吗？它们不是由人手做成的吗？它们不正是你们所谓的可鄙的事物吗？帐幕是什么，难道不是像吗？难道不是一种样式，一个形象吗？因此圣使徒论到遵守律法的话说："他们供奉的事本是天上事的形状和影像"。就如当摩西将要完成帐幕之时，有话对他说："看"（他说），"你作各样的物件都要照着在山上指示的样式"。（希伯来书8：5；出埃及记25：40）但律法不是图像，它包含着图像。同一位使徒又说，"律法包含着将来美事的影儿，不是本物的真相"。

因为如果律法禁止图像，而自己又是图像的前身，那我们说什么呢？如果帐幕是一个形象，是一种样式的样式，为什么律法没有禁止造像呢？但根本不是这样，万物都有定时。（传道书3：1）在古代，非形体的和无限的神决不能被描画。但现在，当神披戴肉身而为眼见，并与人交流时，（Bar.3.38）我造我所见到的神的像。我不敬拜物质，我敬拜物质的神，他为我的缘故变成了物质，并且屈尊居住在物质之中，他通过物质来拯救我。我不会停止尊敬拯救我的物质。我崇敬它，尽管不是把它当作神。神怎么可能由无生命的物质中产生出来呢？如果神的身体是藉着合一（καθ υποστασιν）的神，它就是不变的。神的本性如以前一样存在，在时间中受造的身体是由一颗逻辑的，理性的心灵赋予生命的。此外我尊敬所有的事物，但却崇敬这个身体。藉着它——它充充满满地有神的能力和恩典——拯救临到了我。难道十字架的特别快乐而又被赐福的木头不是物质吗？难道骷髅地的庄严圣洁的山不是物质吗？赐生命的石头，就是作为我们复活源泉的圣墓不是物质吗？圣经至圣的书卷不是物质吗？给予我们生命之粮被赐福的桌子不是物质吗？用来做十字架、祭坛的盘子以及圣餐杯的金子和银子不是物质吗？在所有的这些事物之前，我们的主的身体和血不是物质吗？或者除去与这些事物相关的尊崇和敬拜，或者服从于教会有关敬拜图像，尊崇神和他的朋友们的传统，并在这一点上跟从圣灵的恩典。不要轻视物质，因为它并不是可鄙的。神所造的算不得什么，这是摩尼教的异端。唯有不从神儿来的，我们自己的发明，就是不合乎自然律的意志的自发的选择，也即罪，才是可鄙的。因此，如果你们因为图像是由物质产生的，就玷辱并放弃图像，想想圣经上的话："主晓谕摩西说：'看哪，犹大支派中，户珥的孙子、乌利的儿子比撒列，我已经提他的名召他。我也以我的灵充满了他，使他有智慧，有聪明，有知识，能做各样的工，能想出巧工，用金、银、铜制造各物，又能刻宝石，可以镶嵌，能雕刻木头，能做各样的工。我分派但支派中、亚希撒抹的儿子亚何利亚伯与他同工。凡心里有智慧的，我更使他们有智慧，能做我一切所吩咐的'"。（出埃及记31：1-6）还有，"摩西对以色列全会众说：'耶和华所吩咐的是这样：你们中间要拿礼物献给耶和华，凡乐意献的可以拿耶和华的礼物来，就是金、银、铜，蓝色、紫色、朱红色线，细麻，山羊毛，染红的公羊皮，海狗皮，皂荚木，点灯的油，并做膏油和香的香料，红玛瑙与别样的宝石，可以镶嵌在以弗得和胸牌上。你们中间凡心里有智慧的都要来做耶和华一切所吩咐的"。（出埃及记35：4-10）

在这里你们看到被你们变为可耻的物质的荣耀。还有什么比山羊的毛和颜色更无足轻重的吗？鲜红、紫红还有风信子的颜色有什么重要吗？现在想想人手的工作变成了基路伯的像。那么你怎么能把律法当成放弃它所命令之事的借口呢？如果你利用律法反对图像，又要遵守安息日，行割礼，很显然"如果你遵行律法，基督就与你们无益了，你们这要靠律法称义的，……从恩典中坠落了"。（加拉太书5：2-4）古代的以色列人没有看见神，但"我们面对面地见到了神的荣耀"。（哥林多后书3：18）

我们也借助于各方面的感觉来宣扬神，并尊崇最高贵的感觉，就是视觉。图像是一种可以记忆的事物，（它对于视觉）犹如话对于聆听的耳朵。图像对于不识字的人犹如书对于识字的人。图像对视觉说话就如话语对于耳朵；它可以使我们认识。因此神命令约柜要用不朽坏的木头造成，并且里外都用金包裹，并且法版，杖还有盛着吗哪的金罐都放了进去，为了记住过去和将来的样子。谁能说它们不是图像并且是影响深远的信息呢？它们不是挂在帐幕的墙上；面对它们的人一看见这些东西，他们就要近前来敬拜尊崇使用这些事物的神。显然这些事物不是因着自己而被敬拜，而是人们被引导通过它们记起过去的神迹，并且敬拜行奇事的神。它们是用于记忆的图像，不是神，但是通过神的能力它们可引向神的事情。

神还命令从约旦河里取出十二块石头，并且说明了原因。因为神说："日後你们的子孙问他们的父亲说这些石头的意思？告诉他们约旦河怎样因着神的命令变干，约柜和所有的人怎样获救"。（约书亚记4：21-22）那么，我们怎能不用图像记录我们的主拯救的痛苦和奇事呢？这样当我的孩子问我："这是什么"，我会说，神道成肉身，因着他的缘故，不仅以色列人过了约旦河，而且所有的人类都获得了最本源的喜乐。藉着他，人的本性从这个世界的最低处上升到高天之上，他以自己的位格坐在神为他预备的宝座上。

但敌人会说："制造基督或生他的母亲的图像就够了"。唉，这是多么愚蠢。按照你们的表现，你们绝对是反对圣徒的。因为如果你造基督的像而不造圣徒的像，很显然你们不是否认圣像，而是否认圣徒的圣像。你们确实制作基督的图像作为荣耀的图像，但却将圣徒作为不值得尊崇的而拒绝，把真理称作谬误。"我活着"，主说，"我要使荣耀我的得荣耀"。（撒母耳记上，2：30）神的使徒说："可见从此以后他不再是奴仆，乃是儿子，既是儿子，就靠着神为后嗣"。（加拉太书 4：7）还有，"如果我们和他一同受苦，也必和他一同得荣耀"。（罗马书 8：17）你们发动的不是反对图像的战争，而是反对圣徒的战争。靠在主怀里的圣约翰说，"我们必要像他"。（约翰一书 3：2）就如一个人碰到了火，就变成了火，不是因着本性，而是因为碰到了，因为燃烧和参与。我也是这么理解神的被钉十字架的儿子的身体的。那身体，通过参予与神性的合一，就是不变的神，不是由于从神而来的恩典，像先知们那样，而是藉着泉源自身。圣经说，神站在诸神的会中，（诗篇 82：1），因此圣徒就是诸神。圣格里高利用这些话说，"神站在诸神中"，意味着神区别他们不同的价值。圣徒活着的时候为圣灵充满，当他们死了，神的恩典住在他们的灵里，也住在他们坟墓中的身体里，因此也住在他们的像（likeness）和圣像里，不是藉着本性，而是藉着恩典和神的能力。

神指示大卫通过他的儿子为自己建造一座圣殿，预备一个居所。所罗门在建造圣殿时，造了基路伯，如《列王纪》所说的。他用金子包裹基路伯。以及周围所有的墙，他雕刻了基路伯，以及里面和外面的棕树，环绕周围，而不是仅仅两边，如果留心的话。还有公牛、狮子和石榴树。（列王纪上 6：28-29）难道用圣洁的形式和图像装饰主的殿墙不比用野兽和植物更合适吗？宣布"你不可雕刻任何偶像"的律法在哪里呢？所罗门接受了智慧的恩赐，想象天国，制造了基路伯，以及律法所禁止的公牛和狮子的像。现在如果我们制造基督的像，圣徒的像，他们的被圣灵充满不会增加我们尊敬的敬虔吗？就如那时人和圣殿都被血和燔祭洁净了（希伯来说 9：13）一样，现在基督的血在本丢·彼拉多面前作了见证，（提摩太前书 6：13），并且他自己也成了殉道者的初熟的果子，教会就建立在圣徒的血上。因此就如无生命的动物的符号和形式装点人的帐幕一样，殉道者则预备神的居所。

我们将基督描述为我们的王，我们的主，并不剥夺他的军队。圣徒构成了主的军队。让世俗的王在放弃王位和统治之前解散他的军队吧，让他在夺取他的那些征服了自己激情的勇士的荣誉之前脱掉紫袍吧。因为如果圣徒是神的后嗣，是与基督同作后嗣的，（罗马书 8：17）那么他们也是统治权的神的荣耀的参与者。如果神的朋友在基督的受苦上有份？他们为何不能即便在地上也接受一份基督的荣耀呢？"我不称你们为仆人"，我们的主说，"而称你们为我的朋友"。（约翰福音 15：15）那么我们能剥夺教会给与他们的尊荣吗？多么妄为，多么大胆的心啊，竟敢与神和他的命令对抗！拒绝敬拜圣像的你们，也不会敬拜神子，不可见之神的活着的像，（歌罗西书 1：15）以及他的不变的形式。我把基督的像当作具体化的神来敬拜；把圣母，我们所有人之母的像，当作神子之母的具体化来敬拜；把圣徒的像作为神的朋友的具体化来敬拜。他们抵挡罪到了流血的地步，跟从已经为他们流血的基督并为他流血。我记住行走在基督道路上的那些人的美德和苦难，以便使自己成圣，并为效法的热情所点燃。圣巴斯尔说："尊崇圣像会引导至它的原型"。如果你把教会提升为神的圣徒，你也要提升他们的纪念物。古代的圣殿不是以任何人的名字建立的。公义之人的死引起的是眼泪而不是欢宴。摸了尸体的人被认为是不洁的，（民数记 19：11）即使摩西的尸体也是如此。但对于圣徒的回忆却伴随着喜乐。人们会对雅各的尸体哭泣，而对司提凡的死却会喜乐。因此，或者放弃不合乎古代律法的对于圣徒的严肃的追思会，或者接受同样与古代律法对立的圣像，如你们所言。但不可能不对圣徒的纪念保持喜乐。圣使徒和教父对此都禁止。神从道成肉身时，就在除罪以外的一切事上都和我们一样，但与我们的本性不相混淆。他已经永远地使我们的身体成圣，我们也在一切的行为上都藉着他的神性以及与神性合一的肉体而成圣。从这时起，因着神性而不受伤害的神，神子，就选择了受难。他自愿地除去我们的罪债，并为我们付出了一份至完满至高贵的赎金。我们确实藉着子神圣的血自由地向神为自己恳求。自从他下到阴间几个世纪以来都被捆锁的灵魂那里，（彼得前书 3：19）使被掳的得自由，瞎眼的得看见，（马太福音 12：29）并捆绑那强者，我们就脱离了败坏。他以充分的权力升天，保持着他为我们所带的不朽的身体。并且自从我们以水和圣灵重生以后，我们就真是神的儿子和后嗣了。因此圣保罗称信徒为圣徒。（哥林多前书 1：2）所以我们对圣徒的死并不悲伤而是喜乐。我们这已经因信称义（罗马书 5：1），认识了独一真神的人，不再在律法之下（罗马书 6：14）。义人不受律法的限制（提摩太前书 1：9）。我们不为律法的文字所辖制，我们也不再作为孩童服侍神，而是已经成长为依靠粗粮的到了完全地步的成人，而不再依靠那些导致偶像崇拜之物。律法是好的，就如天尚未亮时，在黑暗中闪亮的光。

你们的心已经被照亮了，神的知识的活水已经碾过异教的狂风暴雨的海面，而且我们都会认识神。古代的产物都已过去。圣使徒保罗对使徒中最大的彼得说："你既是犹太人，若随外邦人行事，不随犹太人行事，怎么还勉强外邦人随犹太人行事呢"？（加拉太书 2：14）并对加拉太人说："我再指着凡受割礼的人确实地说，他是欠着行全律法的债"。（加拉太书 5：3）

古代那些不认识神的人拜假神。但现在，已经认识了神，或者毋宁说已经被神所认识，我们怎能再回到那懦弱无用的小学呢？（加拉太书 4：8-9）我已经看到了神的人形，我的灵魂已经被拯救了。我注视着神的像，就像雅各一样，（创世记 32：30），尽管以不同的方式。雅各以不朽的目光看见了，他宣告了将来的信息，而肉体可见到的神的图像在我的心里燃烧。使徒的影子，卷着的被褥，遗物能够治病和赶鬼。（使徒行传 5：15）为什么圣徒的影子和雕像不能被赞美呢？因此，或者除去对所有事物的敬拜，或者不要成为一个改革者。不可挪移你先祖所立的地界。（箴言 22：28）

他们不仅在著作中，而且在一些不成文的榜样的身上传递给我们教会的传统。圣巴斯尔在他著作的 27 卷 30 章中对安姆菲劳凯奥斯人讲说圣灵时，说："在教会珍贵的教导和教义中，我们藉着成文文件坚守一些，藉着密仪从使徒的传统中接受另一些"。二者对于心灵的成长具有同样的价值。只要能想到一点教会的训诫，任何人对此都不会争论。

因为如果我们忽视了不成文的惯例，那就会毫不费力地将与福音至为相关的事实都埋葬在遗忘中。这就是大巴斯尔的话的意思。我们怎么知道髑髅地这个圣地呢？怎么知道圣墓呢？不是借助于父辈传递给儿孙的传统吗？圣经记载我们的主在髑髅地被钉死，埋在约瑟从石头中凿出的坟墓里；（马太福音27:60）但不成文的传统确定了这些地点，以及类似的很多东西。三次浸水，面朝东方祷告，以及仪式的传统都是从何而来的呢？因此圣保罗说："所以弟兄们，你们要站立得稳，凡所领受的教训，不拘是我们口传的，还是信上写的，都要坚守"。（贴撒罗尼伽后书 2：15）既然那么多东西在教会里传递下来，而且直到今天都遵守着，为何贬损圣像呢？

如果你们举出的这些行为并不能控告我们对于圣像的敬拜，而是控告制作偶像的异教的敬拜，因为异教徒这么做是出于无知，你们就没有理由反对我们虔诚的行为。如果同样的魔法师和术士使用祈求，教会对于新信徒也使用；前者召唤恶魔，而教会呼求神反对恶魔。异教徒把图像提升为魔鬼，并称他们为诸神。我们却把圣像提升为具体化的独一的神，他的仆人和朋友，这些是反对邪恶敌人的。

再者，如果你提出大伊匹菲努斯完全拒绝圣像作为反对的理由，我要说，首先这部有疑问的著作是虚构的，不真实的。它署上了并没有写它的人的名字，这在过去是很普遍的做法。其次，我们知道万福的伊匹菲努斯反对把圣徒的尸体放在匣子里，宁愿他们被埋在地下，是希望使埃及人不把死人埋在地下，而是放在床上和椅子上的奇怪的习俗止息。因此，即使他真的写了这部著作，大伊匹菲努斯也只是希望纠正同一类的事情而禁止使用圣像。他不反对圣像的理由可以在他自己的教堂里找到，他的教堂至今还装饰着圣像。第三，例外对于教会不能成为法律，就如一只燕子不能成为夏天一样，对于神学家格列高利，对于真理，都是如此。一个表达也不能推翻传遍世界的整个教会的传统。

因此，要接受圣经和属灵作者们的教导。如果圣经确实称："外邦人的偶像是金的、银的，人手所造的"，（诗篇 135：15）这不是禁止尊崇物质的事物，或人手的造物，而是禁止尊崇魔鬼。

我们已经看到先知们敬拜天使、人、国王、不敬虔的人甚至杖。大卫说："你要尊崇他的脚凳"。（诗篇 99：5）以赛亚提到神的名字时说："天是我的座位，地是我的脚凳"。（以赛亚书 66：1）天和地是被造物，这无论对谁都是很显然的事情。摩西、亚伦和所有的以色列人都敬拜人手所造的。圣保罗，这位教会的宝贵的勇士，在给希伯来人的信中说："但现在基督已经来到，做了将来美事的大祭司，经过那更大更全备的帐幕，不是人手所造的"，那是"不是属乎这世界的"。还有："因为基督不是进了人手所造的圣所，这不过是真圣所的影像，乃是进了天堂"。（希伯来书 9：11，24）因此前面这些圣物，帐幕以及其中的一切，都是为人手所造的，但没有人否认这些都被尊崇。

译自 https://gutenberg.org/files/49917/49917-h/49917-h.html

后　记

　　我读书的时候，中世纪被描述为一个"黑暗"的世纪，基督教被认为是限制、阻碍科学和艺术发展的力量。读丹纳的《艺术哲学》，却发现他把中世纪描述为欧洲文化的四大高峰之一，哥特式建筑是伟大的艺术作品。但即便是他，也把进入哥特教堂的人描述为凄惨痛苦。读《诗篇》的时候，发现其中充满着强烈的欢欣喜乐，我疑惑，中世纪这些凄惨痛苦的人也读《诗篇》吗？我觉得自己真正接触中世纪是读了潘诺夫斯基《视觉艺术含义》中的《圣德尼修道院长絮吉尔》一文，一下子认识了中世纪两个伟大的人物：絮吉尔（今译于格）和贝纳尔多。两人都是修道院长，于是我开始关注中世纪的修道院。后来竟然在北京服装学院的图书馆里找到了王亚平先生著的《修道院的变迁》，这本书完全改变了我对于中世纪的印象。

　　接下里我又读了陈平翻译的《西方中世纪艺术史》，决定要研究中世纪的艺术，于是向学校申请了一个项目"欧洲中世纪视觉艺术研究"，当时任科技处长的潘老师给我打电话，说为学校考虑，还是按照上面提供的规划项目来申请，来做。我当时和他交流，提出有一些老师可以按规划申请项目，但也应该允许一些老师按自己的兴趣来申请，这样也能出一些重要的成果。我非常感谢潘老师，他同意了我的想法，把我这个项目批为重点项目，给了我三万块经费。我用这三万买了对于我的基督教图像研究有巨大帮助的一批外文书，当时还是通过图书进出口公司买的，有 Emile Male 的三种基督教图像志的经典著作，有 Hans Belting 的《相似与在场》，M·Didron 的《基督教图像志》等。我一边学，一边给学生讲，同时带研究生开始做中世纪的基督教艺术研究，逐渐地对于中世纪，对于基督教艺术开始变得熟悉起来。记得还曾应国家博物馆的邀请讲《圣母形象的演变》。

北师大的张欣老师邀请侯军、孙晨荟老师一起讲《基督教文艺》，与几位老师的切磋之中，获益良多，也更有热情去研究基督教艺术。后来北师大成立了"基督教文艺研究中心"，李正荣老师主持召开了"国际但丁学术会议"，在李老师的推动下，我也勉为其难，写了第一篇研究《神曲》的论文《〈神曲〉中天堂形象以圣母为中心的绘画特征》，对于《神曲》的研究让我对于中世纪有了更深的了解。2017年，宗教改革500周年，应黄保罗老师之邀为《国学与西学国际学刊》写了《宗教改革与西欧艺术图像志的变化》，系统地研究了宗教改革神学家对于图像的态度及对于西方艺术的影响。因为对于这个问题的兴趣，还和李正荣老师一起发起召开了"北方文艺复兴与艺术"学术研讨会。后来中国人民大学的梁坤老师也约我们几位在人大开设《基督教文艺》，大家讨论得多，给学生讲得多，更促进我进一步关注，更深入研究基督教艺术。在2021年但丁逝世700周年之际，李正荣老师应意大利方面之邀，主编一期 Sacra Doctrna，发表中国学者研究但丁的文章，李老师又推动我把原来8000多字的论文扩展到2万字，我再次细读《神曲》，系统研究了其中的圣母形象，写了《〈神曲〉中的圣母形象》一文。基督教艺术研究的文章比较难发，非常感谢中国人民大学的耿幼壮老师，他不仅每年都来主持我们的研究生论文答辩，我的《基督教图像与释经学》得到他的帮助发表在《基督教文化研究》上，去年的一篇《圣贝纳尔多与基督教艺术》也在张靖老师的帮助下发表于这个刊物上。

文章慢慢积累了一些，我也想对这些年的研究有个总结，但觉得还不到时候。这时候张欣老师提到明年是中心成立10周年，可以结集成书作个纪念。很感谢张欣老师的推动，这些文字可以结集在一起。我可以说自己是个基督教图像研究者了。上个月收到曲艺老师的大著《默默存想，与神同游》，其中很多文章她都给我分享过，我的文章也会征求她的意见，我们也一起有不少讨论。因为她也一直从事基督教艺术研究，且是名师高徒，我从她那里获益良多。

之所以拉拉杂杂说了这么多，意思是，没有这么多人的帮助。我的基督教图像的研究只能停留在满足一己之喜好上，无法生出文字，也无法和人交流，更不能向更大的范围传播。感谢以上提到的各位老师，和伴我一起研究，听我讲课的学生们。感谢一直听我说研究基督教图像，却看不到我的成果的妻子，孩子，感谢一起为我的工作代祷的弟兄姊妹。感谢一直给我力量，给我方向，给我灵感的天父。

《基督教文化研究丛书》

主编：何光沪、高师宁

（1-9 编书目）

初　编　（2015 年 3 月出版）

ISBN：978-986-404-209-8　　　　定价（台币）$28,000 元

册　次	作　者	书　名	学科别（／表示跨学科）
第 1 册	刘 平	灵殇：基督教与中国现代性危机	社会学／神学
第 2 册	刘 平	道在瓦器：裸露的公共广场上的呼告——书评自选集	综合
第 3 册	吕绍勋	查尔斯·泰勒与世俗化理论	历史／宗教学
第 4 册	陈 果	黑格尔"辩证法"的真正起点和秘密——青年时期黑格尔哲学思想的发展（1785 年至 1800 年）	哲学
第 5 册	冷 欣	启示与历史——潘能伯格系统神学的哲理根基	哲学／神学
第 6 册	徐 凯	信仰下的生活与认知——伊洛地区农村基督教信徒的文化社会心理研究（上）	社会学
第 7 册	徐 凯	信仰下的生活与认知——伊洛地区农村基督教信徒的文化社会心理研究（下）	社会学
第 8 册	孙晨荟	谷中百合——傈僳族与大花苗基督教音乐文化研究（上）	基督教音乐
第 9 册	孙晨荟	谷中百合——傈僳族与大花苗基督教音乐文化研究（下）	基督教音乐

册次	作者	书名	学科别
	王媛	附魔、驱魔与皈信——乡村天主教与民间信仰关系研究	社会学
第 10 册	蔡圣晗	神谕的再造，一个城市天主教群体中的个体信仰和实践	社会学
	孙晓舒 王修晓	基督徒的内群分化：分类主客体的互动	社会学
第 11 册	秦和平	20 世纪 50－90 年代川滇黔民族地区基督教调适与发展研究（上）	历史
第 12 册	秦和平	20 世纪 50－90 年代川滇黔民族地区基督教调适与发展研究（下）	
第 13 册	侯朝阳	论陀思妥耶夫斯基小说的罪与救赎思想	基督教文学
第 14 册	余亮	《传道书》的时间观研究	圣经研究
第 15 册	汪正飞	圣约传统与美国宪政的宗教起源	历史／法学

二 编 （2016 年 3 月出版）

ISBN：978-986-404-521-1　　　　　　定价（台币）$20,000 元

册次	作者	书名	学科别（／表示跨学科）
第 1 册	方耀	灵魂与自然——汤玛斯·阿奎那自然法思想新探	神学／法学
第 2 册	劉光順	趋向至善——汤玛斯·阿奎那的伦理思想初探	神学／伦理学
第 3 册	潘明德	索洛维约夫宗教哲学思想研究	宗教哲学
第 4 册	孙毅	转向：走在成圣的路上——加尔文《基督教要义》解读	神学
第 5 册	柏斯丁	追随论证：有神信念的知识辩护	宗教哲学
第 6 册	李向平	宗教交往与公共秩序——中国当代耶佛交往关系的社会学研究	社会学
第 7 册	張文舉	基督教文化论略	综合
第 8 册	趙文娟	侯活士品格伦理与赵紫宸人格伦理的批判性比较	神学伦理学
第 9 册	孙晨薈	雪域圣咏——滇藏川交界地区天主教仪式与音乐研究（增订版）（上）	基督教音乐
第 10 册	孙晨薈	雪域圣咏——滇藏川交界地区天主教仪式与音乐研究（增订版）（下）	
第 11 册	張欣	天地之间一出戏——20 世纪英国天主教小说	基督教文学

三　编　（2017 年 9 月出版）

ISBN：978-986-485-132-4　　　　　　　　定价（台币）$11,000 元

册　次	作　者	书　名	学科别（／表示跨学科）
第 1 册	赵　琦	回归本真的交往方式——托马斯·阿奎那论友谊	神学／哲学
第 2 册	周兰兰	论维护人性尊严——教宗若望保禄二世的神学人类学研究	神学人类学
第 3 册	熊径知	黑格尔神学思想研究	神学／哲学
第 4 册	邢　梅	《圣经》官话和合本句法研究	圣经研究
第 5 册	肖　超	早期基督教史学探析（西元 1~4 世纪初期）	史学史
第 6 册	段知壮	宗教自由的界定性研究	宗教学／法学

四　编　（2018 年 9 月出版）

ISBN：978-986-485-490-5　　　　　　　　定价（台币）$18,000 元

册　次	作　者	书　名	学科别（／表示跨学科）
第 1 册	陈卫真　高　山	基督、圣灵、人——加尔文神学中的思辨与修辞	神学
第 2 册	林庆华	当代西方天主教相称主义伦理学研究	神学／伦理学
第 3 册	田燕妮	同为异国传教人：近代在华新教传教士与天主教传教士关系研究（1807~1941）	历史
第 4 册	张德明	基督教与华北社会研究（1927~1937）（上）	社会学
第 5 册	张德明	基督教与华北社会研究（1927~1937）（下）	
第 6 册	孙晨荟	天音北韵——华北地区天主教音乐研究（上）	基督教音乐
第 7 册	孙晨荟	天音北韵——华北地区天主教音乐研究（下）	
第 8 册	董丽慧	西洋图像的中式转译：十六十七世纪中国基督教图像研究	基督教艺术
第 9 册	张　欣	耶稣作为明镜——20 世纪欧美耶稣小说	基督教文学

五 编　　（2019 年 9 月出版）

ISBN：978-986-485-809-5　　　　　　定价（台币）$20,000 元

册　次	作　者	书　名	学科别（／表示跨学科）
第 1 册	王玉鹏	纽曼的启示理解（上）	神学
第 2 册	王玉鹏	纽曼的启示理解（下）	
第 3 册	原海成	历史、理性与信仰——克尔凯郭尔的绝对悖论思想研究	哲学
第 4 册	郭世聪	儒耶价值教育比较研究——以香港为语境	宗教比较
第 5 册	刘念业	近代在华新教传教士早期的圣经汉译活动研究（1807～1862）	历史
第 6 册	鲁静如王宜强编著	溺女、育婴与晚清教案研究资料汇编（上）	资料汇编
第 7 册	鲁静如王宜强编著	溺女、育婴与晚清教案研究资料汇编（下）	
第 8 册	翟风俭	中国基督宗教音乐史（1949 年前）（上）	基督教音乐
第 9 册	翟风俭	中国基督宗教音乐史（1949 年前）（下）	

六 编　　（2020 年 3 月出版）

ISBN：978-986-518-085-0　　　　　　定价（台币）$20,000 元

册　次	作　者	书　名	学科别（／表示跨学科）
第 1 册	陈倩	《大乘起信论》与佛耶对话	哲学
第 2 册	陈丰盛	近代温州基督教史（上）	历史
第 3 册	陈丰盛	近代温州基督教史（下）	
第 4 册	赵罗英	创造共同的善：中国城市宗教团体的社会资本研究——以 B 市 J 教会为例	人类学
第 5 册	梁振华	灵验与拯救：乡村基督徒的信仰与生活（上）	人类学
第 6 册	梁振华	灵验与拯救：乡村基督徒的信仰与生活（下）	
第 7 册	唐代虎	四川基督教社会服务研究（1877～1949）	人类学
第 8 册	薛媛元	上帝与缪斯的共舞——中国新诗中的基督性（1917～1949）	基督教文学

七　编 （2021 年 3 月出版）

ISBN：978-986-518-381-3　　　　　　　　定价（台币）$22,000 元

册　次	作　者	书　名	学科别（／表示跨学科）
第 1 册	刘锦玲	爱德华兹的基督教德性观研究	基督教伦理学
第 2 册	黄冠乔	保尔．克洛岱尔天主教戏剧中的佛教影响研究	宗教比较
第 3 册	宾静	清代禁教时期华籍天主教徒的传教活动（1721～1846）（上）	基督教历史
第 4 册	宾静	清代禁教时期华籍天主教徒的传教活动（1721～1846）（下）	
第 5 册	赵建玲	基督教"山东复兴"运动研究（1927～1937）（上）	基督教历史
第 6 册	赵建玲	基督教"山东复兴"运动研究（1927～1937）（下）	
第 7 册	周浪	由俗入圣：教会权力实践视角下乡村基督徒的宗教虔诚及成长	基督教社会学
第 8 册	查常平	人文学的文化逻辑——形上、艺术、宗教、美学之比较（修订本）（上）	基督教艺术
第 9 册	查常平	人文学的文化逻辑——形上、艺术、宗教、美学之比较（修订本）（下）	

八　编 （2022 年 3 月出版）

ISBN：978-986-404-209-8　　　　　　　　定价（台币）$45,000 元

册　次	作　者	书　名	学科别（／表示跨学科）
第 1 册	查常平	历史与逻辑：逻辑历史学引论（修订本）（上）	历史学
第 2 册	查常平	历史与逻辑：逻辑历史学引论（修订本）（下）	
第 3 册	王澤偉	17～18 世紀初在華耶穌會士的漢字收編：以馬若瑟《六書實義》為例（上）	语言学
第 4 册	王澤偉	17～18 世紀初在華耶穌會士的漢字收編：以馬若瑟《六書實義》為例（下）	
第 5 册	刘海玲	沙勿略：天主教东传与东西方文化交流	历史
第 6 册	郑嫒元	冠西东来——咸同之际丁韪良在华活动研究	历史

册次	作者	书名	学科别
第 7 册	刘影	基督教慈善与资源动员——以一个城市教会为中心的考察	社会学
第 8 册	陈静	改变与认同：瑞华浸信会与山东地方社会	社会学
第 9 册	孙晨荟	众灵的雅歌——基督宗教音乐研究文集	基督教音乐
第 10 册	曲艺	默默存想，与神同游——基督教艺术研究论文集（上）	基督教艺术
第 11 册	曲艺	默默存想，与神同游——基督教艺术研究论文集（下）	
第 12 册	利瑪竇著、梅謙立漢注 孫旭義、奧覓德、格萊博基譯	《天主實義》漢意英三語對觀（上）	经典译注
第 13 册	利瑪竇著、梅謙立漢注 孫旭義、奧覓德、格萊博基譯	《天主實義》漢意英三語對觀（中）	
第 14 册	利瑪竇著、梅謙立漢注 孫旭義、奧覓德、格萊博基譯	《天主實義》漢意英三語對觀（下）	
第 15 册	刘平	明清民初基督教高等教育空间叙事研究——中国教会大学遗存考（第一卷）（上）	资料汇编
第 16 册	刘平	明清民初基督教高等教育空间叙事研究——中国教会大学遗存考（第一卷）（下）	

九 编　（2023 年 3 月出版）

ISBN：000-000-000-000-0　　　　　定价（台币）$56,000 元

册　次	作　者	书　名	学科别（／表示跨学科）
第 1 册	郑松	麦格拉思福音派神学思想研究	神学
第 2 册	任一超	心灵改变如何可能？——从康德到齐克果	基督教哲学
第 3 册	劉沐比	論趙雅博基本倫理學和特殊倫理學之串連	基督教伦理学
第 4 册	王务梅	论马丁·布伯的上帝观	基督教与犹太教

第 5 册	肖音	明末吕宋之中西文化交流（上）	教会史
第 6 册	肖音	明末吕宋之中西文化交流（下）	
第 7 册	张德明	基督教五年运动与民国社会（上）	教会史
第 8 册	张德明	基督教五年运动与民国社会（下）	
第 9 册	陈铃	落幕：美国新教在华传教事业的终结（1945～1952）	教会史
第 10 册	黄畅	全球史视角下基督教在英国殖民统治中的作用——以 1841～1914 年的香港和约鲁巴兰为例	教会史
第 11 册	杨道圣	言像之辩：基督教的图像与图像中的基督教	基督教艺术
第 12 册	张雅斐	晚清聖經人物漢語傳記研究——以聖經在華接受史的視角	基督教艺术
第 13 册	包兆会	缪斯与上帝的相遇——基督宗教文艺研究论文集	基督教文学
第 14 册	张欣	浪漫的神学：英国基督教浪漫主义略论	基督教文学
第 15 册	刘平	明清民初基督教高等教育空间叙事研究——中国教会大学遗存考（第二卷：福建协和神学院）	资料汇编
第 16 册	刘平、赵曰北主编	传真道于中国——赫士及华北神学院百年纪念文集（第一册）	论文集
第 17 册	刘平、赵曰北主编	传真道于中国——赫士及华北神学院百年纪念文集（第二册）	
第 18 册	刘平、赵曰北主编	传真道于中国——赫士及华北神学院百年纪念文集（第三册）	
第 19 册	刘平、赵曰北主编	传真道于中国——赫士及华北神学院百年纪念文集（第四册）	
第 20 册	刘平、赵曰北主编	传真道于中国——赫士及华北神学院百年纪念文集（第五册）